臺灣歷史與文化 研究輯刊

十六編

第 1 冊

近代臺灣股票市場發展之研究（1899～1962）（上）

張俊德 著

花木蘭文化事業有限公司

國家圖書館出版品預行編目資料

近代臺灣股票市場發展之研究（1899～1962）（上）／張俊德 著
— 初版 — 新北市：花木蘭文化事業有限公司，2019〔民 108〕
目 8+222 面；19×26 公分
（臺灣歷史與文化研究輯刊 十六編；第 1 冊）
ISBN 978-986-485-845-3（精裝）
1. 證券市場 2. 金融史 3. 臺灣

733.08   108011617

ISBN-978-986-485-845-3

9 789864 858453

臺灣歷史與文化研究輯刊
十六編　第 一 冊
ISBN：978-986-485-845-3

近代臺灣股票市場發展之研究（1899～1962）（上）

作　　者　張俊德
總 編 輯　杜潔祥
副總編輯　楊嘉樂
編　　輯　許郁翎、王筑、張雅淋　美術編輯　陳逸婷
出　　版　花木蘭文化事業有限公司
發 行 人　高小娟
聯絡地址　235 新北市中和區中安街七二號十三樓
　　　　　電話：02-2923-1455／傳眞：02-2923-1452
網　　址　http://www.huamulan.tw 信箱 hml 810518@gmail.com
印　　刷　普羅文化出版廣告事業
初　　版　2019 年 9 月
全書字數　349066 字
定　　價　十六編 10 冊（精裝）台幣 20,000 元　　　版權所有 · 請勿翻印

近代臺灣股票市場發展之研究（1899～1962）（上）

張俊德　著

作者簡介

張俊德，國立中興大學歷史碩士、國立中興大學歷史博士。具服務證券期貨業多年經歷，曾任證券期貨業相關之營業員、講師、分析員等職。研究專長領域爲經濟史、金融史、臺灣經濟史、臺灣金融史、臺灣證券發展史、投資行爲、投資策略等領域。現已發表期刊與學位論文有〈試論臺灣公共政策制定與臺北市美國商會之關係（2000～2014）〉、〈企業家言論與股價關連之研究──以張忠謀爲例〉、〈近代臺灣股票制度發展之研究（1899～1962）〉等。

提　　要

　　金融史研究是經濟史研究中的重要分支，而金融史研究的重要核心之一就是掌握資本的流動以及其制度之形成與變遷，即梳理資本市場發展與規模的脈絡，藉以與經濟發展盛衰的觀察視角相互呼應。而掌握資本流動最具效率的切入視角，就是對股票市場制度發展之研究。然而，現今諸多對於臺灣股票市場制度相關研究，多集中於股票市場之經濟模型建構與股票交易實務等層面之研究，且趨向研究成果碎片化之傾向。缺乏對臺灣股票市場發展演進與脈絡的宏觀掌握，以及對股票市場制度之創建與變遷等面向的探討，也未有系統性闡述臺灣股票市場制度發展之相關論述。

　　故本著作旨爲填補此研究領域之不足，藉以探討 1899 年至 1962 年間臺灣股票市場發展之歷程，並循股票市場所具備之「股票發行」與「股票流通」兩項市場功能爲研究脈絡之經緯，考察梳理從日治時期股份制度企業出現以來至戰後臺灣證券交易所開業建立股票集中交易市場爲止之臺灣股票市場發展與演變之史實。並據此深入研究與探討臺灣股票市場起源、交易形式、交易標的、市場規模、管理制度以及證券商發展等領域，藉以拼湊出一幅近代臺灣股票市場發展面貌的歷史圖像。

表目次

圖目次

第一章　緒　論

一、股票市場之定義

　　證券市場是由股票市場與債券市場所構成。股票市場則是由一級股票發行市場與二級股票流通市場所組成（圖 1-1）。股票發行市場是由股份制企業自行發行或經由銀行、證券商等金融機構代理發行所構成。股票發行方式則有三種發行方式，其一為公開發行，係指對不特定人（公眾）以公開方式招

圖 1-1　證券市場結構圖

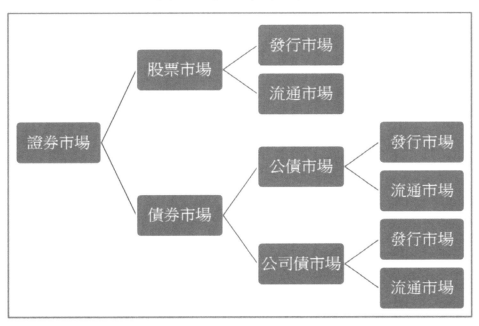

資料來源：本研究繪製。

募認購所有股份；其二爲發起人認購，係指股份制企業發起人股東自行認購所有股份；其三爲公開發行與發起人認購同時進行，意即部分股份開放給公眾認購，部分股份由發起人股東認購。

股票流通市場則由政府設置或證券業者組成會員組織，具有組織化、嚴格的規章、明確的交易與監督制度、採集中公開競價方式進行交易等所構成的集中市場（Stock Exchange Market）。以及由證券業者自然形成，並無明顯組織化，除證券業者道德自律外，沒有或較少規範的約束、以議價方式進行的交易、交易地點爲各自店面櫃檯所構成的店頭市場（Over-the-Counter，OTC）或稱櫃檯市場、場外交易市場所組成。

二、研究目的與背景

股票市場是衡量一個國家或地區之經濟枯榮最迅速以及最簡明的指標，同時也是衡量當地企業籌資發展能力與投資價值是否優劣的櫥窗。若以更上層的眼光來看，股票市場的發展變遷，往往顯示出其國家之社會制度變化的樣貌。這種影響的範圍就具有時間與空間的流動性，也就符合歷史研究從變化中找尋經驗教訓之旨趣。

也因爲股票市場有著經濟櫥窗的美稱，股票市場對經濟表現的好壞具有領先指標的意義。當預期經濟不好時，股票市場會率先轉趨低迷，而當預期經濟好時，股票市場則會領先轉趨熱絡。由於股票市場具有這種領先經濟表現的特性，所以藉由研究股票市場來解析經濟變遷與發展的樣貌，是一種具有解釋力的途徑之一。同時，股票市場的構成，是由諸多股份制企業的股權交易所構成，故可透過股票市場的研究來爲企業制度與產業發展等之研究領域提供有益的貢獻。

再者，欲想要瞭解一國經濟之好壞，國力之興衰，最便捷的觀察視角只有三項。其一爲人才的流動，其二爲資本的流動，其三爲商品的流動。擁有亮眼經濟表現的國家必定會吸引人才的競逐，資金的擁入，商品供應的多元及創新與優質服務等增益現象。反之，若是經濟疲弊的國家，人才就會出走，資本會停止流入甚至轉爲流出，而商品供應的多元與創新無以爲繼，服務逐漸喪失優質等惡化現象。所以對上述三項觀察視角的掌握，可以迅速的瞭解一國的經濟現況。

金融史研究是經濟史研究中的重要分支，而金融史研究的重要核心之一

就是掌握資本的流動以及其制度之形成與變遷，即梳理資本市場發展與規模的脈絡，藉此與前述經濟發展盛衰的觀察視角相互呼應。而掌握資本流動的最具效率的切入視角，就是對股票市場發展歷史的研究。與此同時，透過股票市場發展歷史的研究，可藉由掌握股票市場所發揮之功能脈絡，即具有反映產業結構、資本流動以及財富再分配等功能，提供經濟史研究的輔助。

現今諸多對於臺灣股票市場的研究，主流可分為兩種類別，其一為經濟學門，主要以股票市場與經濟之關連研究，如將總體經濟數據、VIX 恐慌指數〔註1〕、企業營收、貨幣發行量、匯價、油價、國內外股價指數等將各種數據予以交叉分析並研究其間之關連關係；或股票市場制度面研究，如融資融券制度對於經濟之分析研究，以及證券交易所得稅對金融發展與經濟發展的影響研究等；或國內外重大事件對股票市場與經濟的影響研究，如恐怖攻擊、總統大選、戰爭等關連研究。

其二為財務金融學門，主要以股票市場投資實務研究，如利用各項股價技術分析理論研究股票投資策略、金融資產波動性研究、股價價格發現功能與流動性研究等；或跨國家市場間比較研究，如對美國、日本、歐洲、中國大陸等地股票市場與臺灣股票市場之研究；或各種資產定價模型之研究等。

歷史學門對於臺灣股票市場的研究更是鳳毛麟角，相關研究極為缺乏。若以歷史學門的觀點看待經濟學門、財務金融學門或其他學術領域關於臺灣股票市場之研究，都缺乏對時間與空間的掌握，且都有過於偏重學門專業而有碎片化之傾向。在研究材料或數據資料方面的時間限度缺乏關注長期性的變化，在其論述範圍則缺乏宏觀視野的整體性觀點。雖然單一項目的研究成果豐富，且都集中於股票市場之經濟模型建構與股票交易實務等層面，但鮮少對於臺灣股票市場歷史演進，以及制度建立與變遷等面向的探討。

臺灣股票市場的起源於何時？這項來自於西歐的制度又是如何引進的？引進股票市場制度後在臺灣的發展演變情形又是如何？股票市場制度引進後的參與者又是哪些人或組織所構成的？股票市場規模、資本形成、交易規模、

〔註1〕 VIX 指數（Volatility Index）又稱 VIX 波動指數，1993 年由美國芝加哥選擇權交易所（Chicago Board Options Exchange, CBOE）發佈，內容以指數選擇權隱含波動率加權平均後所得之指數。該指數反映出美國標準普爾 500 指數（Standard & Poor's 500，S&P 500）在未來 30 天的期望走向，同時也反映投資者願付出多少成本去面對投資決策中的風險，因此被用於反映投資者對市場後續發展趨勢的恐慌程度，故又稱為「恐慌指數」。

股票用途等等問題，雖然有部分論述提及，但是卻都沒有提供足夠的解釋，以及深入的探討，一筆帶過的情況居多。尤其是在臺灣股票集中市場建立以前的「股票店頭市場時代」，〔註2〕相關討論相當缺乏。

前述臺灣股票市場起源於何時？以此問題意識為例，戰後相關論述認為臺灣股票市場的起源有三個時間點，其一為 1953 年政府公告實施扶助自耕農政策時，即耕者有其田政策；〔註3〕其二為 1954 年 3 月 1 日政府實施耕者有其田政策以公營事業補償地價措施股票發放日；其三為 1962 年 2 月 9 日臺灣證券交易所開業。這三個起源時間點的論述，前二者皆認為起源接來自於耕者有其田政策的實施，第三種則認為集中市場成立才算是起源。

此三種立論各有緣由，但是這些論述，僅能說是政府遷臺後的股票市場起源，忽略歷史是由人類不斷累積的過往足跡所形成的，政府遷臺前尚有清代與日治時期。以晚清的上海於 1862 年就出現股票買賣的現象，〔註4〕1873 年 1 月成立的輪船招商局則是中國第一家以股票公開發行籌資的股份制企業。而日本東京股票交易所於 1878 年成立。臺灣經歷清代與日治兩個時期，與中國大陸及日本關係密切，不僅曾受其治理，商貿往來更是頻繁，沒理由未能形成股票市場。

僅舉此例就具足以考察其真實歷史之意義。其餘尚有交易制度、市場景況、法令規章等方面，值得建構與還原出一個近似完整的歷史樣貌。故為填補及挖掘臺灣股票市場之發展變遷與制度演變等相關史實，並從中歸納整理出經驗教訓，是為本研究最大的研究目的。尤其在此研究領域中，相關歷史研究與論述極為缺乏的背景下，更是應該將臺灣股票市場發展變遷的歷史樣貌展現出來。

三、研究回顧

臺灣股票市場的歷史研究是不受前人重視或忽視的領域，缺乏充足的研

〔註2〕臺灣股票市場正式擁有集中市場，是 1962 年成立臺灣證券交易所後才出現的，此前皆為店頭市場的形式而存在，故本研究稱之為股票店頭市場時代。

〔註3〕林煜宗，〈臺灣證券市場之檢討〉，《臺灣的金融發展》（臺北：中央研究院經濟研究所，1985 年），頁 205～206。

〔註4〕1862 年 8 月 9 日《上海新報》刊載一則股票轉讓廣告：「茲者今有新做火輪船生意股份，目下將自己一股欲照股頂出。如各客商倘或合意順者，請至公司洋行末士爹鼻臣面議價目可也。」，參見劉逖，《上海證券交易所史（1910～2010）》（上海：上海人民出版社，2010 年），頁 26。

究成果，也無豐碩的論述積累。尤其是股票集中市場形成前的「股票店頭市場時代」，相關歷史研究與論述更是少見。

在臺灣證券交易所設置前，基於呼籲政府設置或設置過程中提供意見，當時少數學者專家在撰述論文時，較會以回顧歷史的敘述方式，在論文中述及股票市場的狀況，但多以上海證券市場的討論居多，關於日治時期臺灣股票市場的著墨相當的少，彷彿日治時期的臺灣股票市場不存在般。更多的討論，則是以描述 1953 年耕者有其田政策實施後至 1962 年臺灣證券交易所設置前，當時臺灣股票市場或證券業者之狀況。

臺灣證券交易所成立後，相關論文就很少再提及臺灣股票「股票店頭市場時代」的情形，轉而皆以臺灣證券交易所設置後，其交易發展情況、專業制度設計、股價報酬率評估工具、市場波動性等面向作討論，且偏重專業化導致碎片化而失去釐清歷史脈絡所需之整體性與宏觀角度。即便有類似回顧歷史的討論也以 1962 年臺灣股票集中市場建立為起始，彷彿此前店頭市場不存在般。近年（2000 年後至今）與本研究主題相關之研究幾乎沒有，僅一篇期刊論文及一篇學位論文。這也突顯本研究的在此研究領域的重要性。

在論文部分，圍繞本研究主題及其研究時間斷限，戰後關於我國股票市場發展研究較早的論述是 1952 年 11 月 10 日刊載於《中國經濟》〔註5〕一篇提為〈我國證交業務之史的檢討〉〔註6〕，作者為熊國清。該文探討從清末至政府遷臺前證券市場與證券業者的發展演變過程，未提及臺灣股票市場的發展情況，是以大陸地區證券之發展為討論對象，屬從上海直接銜接戰後臺灣的論述模式。

其次則為1952 年 11 月 25 日由經濟部編印，屬內部參考不公開的《經濟參考資料》第 48 期中〈設立證券交易所問題之檢討〉〔註7〕一文。該文主要討論證券交易制度與證交所建立問題等為論述方向，其中對於當時中國上海證券市場與日治時期臺灣股票市場發展之歷程，有粗淺的回顧與論述，但並未對日治時期臺灣股票市場發展情形做更深入之探討。然而，該篇對後人研

〔註5〕 《中國經濟》，英文題名：The China Economist，由中國經濟月刊社以每月一期的月刊形式發行，發行期間為 1950 年 10 月至 1996 年 4 月，共發行 547 期。
〔註6〕 熊國清，〈我國證交業務之史的檢討〉，《中國經濟》，第 26 期，1952 年 11 月 10 日。
〔註7〕 經濟部，〈設立證券交易所問題之檢討〉，《經濟參考資料》，第 48 期，1952 年 11 月 25 日。

究仍具有方向指標意義的參考，如日治時期的股票交易方式、有價證券商運作方式等皆有簡略論述。

林希美於 1955 年所撰〈從市場觀點論當前證券交易問題〉〔註 8〕認為臺灣於日治時期，證券行號亦曾達如今二百餘家之多，並有現貨與期貨之買賣。從事現貨買賣與期貨買賣的證券業者是分別專營，各有所屬。並有成立同業公會，組織臺灣有價證券股份有限公司，負責處理公會之營業部分事宜。該文同時對 1954 年政府撥發之四家公營事業股票的市況予以探討，認為股票市場有炒作投機盛行跡象，若無臺灣省財政廳派員監視證券行號，則一般散戶將受投機之害。

熊國清於 1959 年所撰〈建立證券市場的基本問題和途徑〉〔註 9〕概述日治時期至政府遷臺後臺灣證券市場的發展情況，對日治時期臺灣股票市場的敘述篇幅很少，主要敘述以 1953 年至 1957 年各年份臺灣股票市場的市況及對當時證券交易狀況分析與建議，但其中對於日治時期臺灣總督府於 1941 年 5 月 11 日公布實施〈有價證券業取締規則〉的敘述將公布時間誤植為民國 36 年（1947 年）6 月。〔註 10〕

林希美於 1959 年所撰〈對於建立證券市場的認識〉〔註 11〕一文，以美國紐約證券交易所及戰後日本證券交易所之發展演變、組織構成等討論，認為當時政府正推動建立證券交易所應採會員制為宜，同時應先建立證券交易法規並使法院法官能先深入理解熟用相關證交法令後，以避免與證券管理之主管機關產生法律見解不協調的狀況。

謝勵茲於 1960 年所撰〈臺灣近年的證券概況及建立證券市場問題〉〔註 12〕一文認為臺灣證券交易在政府接收臺灣初期（指 1945 年）便已存在，當時市況非常沈寂，因為股票公債種類極少，且流通於市面的也不多。至 1953 年政

〔註 8〕 林希美，〈從市場觀點論當前證券交易問題〉，《財政經濟月刊》，第 5 卷第 11 期，1955 年 10 月；林希美，〈從市場觀點論當前證券交易問題（續）〉，《財政經濟月刊》，第 5 卷第 12 期，1955 年 11 月。

〔註 9〕 熊國清，〈建立證券市場的基本問題和途徑〉，《中國經濟》，第 107 期，1959 年 8 月。

〔註 10〕 熊國清，〈建立證券市場的基本問題和途徑〉，《中國經濟》，第 107 期，1959 年 8 月，頁 7。

〔註 11〕 林希美，〈對於建立證券市場的認識〉，《中國經濟》，第 107 期，1959 年 8 月。

〔註 12〕 謝勵茲，〈臺灣近年的證券概況及建立證券市場問題〉，《中國經濟》，第 118 期，1960 年 7 月。

府因實施耕者有其田政策後，證券商如雨後春筍般的出現，證券交易頻繁，甚為活躍。

　　洪榮助於 1969 年所撰〈臺灣證券市場之研究〉〔註13〕認為臺灣初期證券市場，是以政府接收臺灣後至民國 51 年（1962 年）2 月 9 日臺灣證券交易所成立為止。臺灣初期證券市場，在證券發行方面，僅有民國 35 年修正公佈之〈公司法〉為管理法令；在證券流通方面，亦僅有民國 44 年（1955 年）7 月修正公佈之〈臺灣證券商管理辦法〉，對證券商加以管理，故在該法公布前對證券商之設立漫無限制。臺灣初期證券市場，屬店頭交易方式，經常有交易之證券，約有十餘種，以農林、工礦、臺紙、臺泥四大公司股票之交易量為最多。該文未述及日治時期臺灣股票市場之發展，且〈臺灣證券商管理辦法〉公布實施前，政府是以大陸時期制定之〈交易所法〉及輔以〈國家總動員法〉第十八條管理遷臺初期之證券市場與證券商，故其認為以 1955 年之〈臺灣證券商管理辦法〉管理證券商之論述，仍待商榷。

　　黃貴松於 1990 年所撰〈股票店頭市場在我國資本市場之角色與發展〉〔註14〕主要以 1988 年 2 月間，由證券商同業公會籌辦股票櫃檯買賣業務後，所形成的店頭市場為研究論述主題，並以美國及日本股票店頭市場發展經驗檢討臺灣股票店頭市場功能與缺失，在研究時間斷限與本研究不契合。

　　蔣國屏於 1991 年所撰〈中國證券市場發展史之研究（1883～1991）〉〔註15〕中論述證券市場在中國的起源、沿革與發展，並區分為清末、民國、臺灣三個階段，並根據各階段證券市場的發展展開討論。該文結論認為臺灣證券市場的國際化應借鑒於清末證券市場的國際化發展歷程，以及參考民國時期對債券之運用經驗來推動臺灣經濟建設。

　　然而，此項結論顯然是呼應當時臺灣經濟發展的時空環境所形成的，是否符合當前需求仍值得商榷。該文的貢獻主要體現在具有方向指標的意義，相關論述基本仍是以描述史實為基調，而關於臺灣證券市場的部分，對於日治時期臺灣證券市場的討論幾乎沒有，僅有點綴性質的用一小段篇幅帶過，

〔註13〕洪榮助，〈臺灣證券市場之研究〉，臺北：國立政治大學財政學系碩士論文，1969 年。

〔註14〕黃貴松，〈股票店頭市場在我國資本市場之角色與發展〉，臺北：國立臺灣大學商學研究所碩士論文，1990 年。

〔註15〕蔣國屏，〈中國證券市場發展史之研究（1883～1991）〉，臺北：國立政治大學歷史研究所碩士論文，1991 年。

仍是以臺灣證券交易所成立之後的發展爲其主要討論，故雖然該文所討論
之研究時間斷限涵蓋本研究，但關連程度很低，本研究則可塡補此一研究之
不足。

　　林坤鎭於 2011 年所撰〈淺談我國證券市場百年發展史〉〔註 16〕是近年
（2000 年後）罕見關於臺灣股票市場發展史領域的論文，該文從 1911 年民國
創建起開始論述我國證券市場發展概況直至 2011 年止，其中將發展概況分爲
大陸時期與政府遷臺後兩個時期，並未述及臺灣日治時期，同屬從上海直接
銜接戰後臺灣的論述模式。

　　該文認爲臺灣證券交易所的成立，是「重建」我國證券市場，雖未提出
起源爲何，但從前後文與文章結構可以得出，是指繼承自大陸時期以來之
發展，因政府遷臺，所以「重建」我國證券市場。該文雖未討論日治時期
臺灣股票市場發展情況，但對於政府遷臺後股票市場的發展脈絡整理仍有參
考性。

　　洪嘉鴻逾 2013 年所撰〈近代臺灣證券市場的成立與發展（1885～1962）
——歷史的延續與斷裂〉〔註 17〕是與本研究主題相同的論文，不論研究時間
斷限與研究範圍皆相同。該論文將臺灣證券市場之發展區分爲日治時期臺灣
（1898～1945）、上海證券市場、戰後初期（1945～1949）、戰後臺灣（1950
～1962）等四部分。

　　該文對於日治時期臺灣證券市場發展的論述，在問題意識的選擇具有參
考性，如證券交易所設立、證券商發展、股票市場投資標的等均有著墨，但
是充滿不少值得商榷的問題，且深度與廣度均呈現鬆散不足的情形。

　　諸如該論文題名研究時間斷限爲 1885 年至 1962 年，但內文並無 1885 年
至 1895 年仍屬清代臺灣之討論，且其研究方法中卻又敘述該論文研究時間斷
限爲 1895 年至 1962 年，〔註 18〕不知此爲論文題目或研究方法何者爲誤植，
從內文無清代臺灣相關論述判斷應爲論文題目誤植。

　　該文對於證券市場的性質定義不明，雖然有按商品類別區分出股票市場

〔註 16〕 林坤鎭，〈淺談我國證券市場百年發展史〉，《證券暨期貨月刊》，第 29 卷第 9
　　　　 期，2011 年 9 月。
〔註 17〕 洪嘉鴻，〈近代臺灣證券市場的成立與發展（1885～1962）——歷史的延續與
　　　　 斷裂〉，南投：國立暨南國際大學歷史學系研究所碩士論文，2013 年。
〔註 18〕 洪嘉鴻，〈近代臺灣證券市場的成立與發展（1885～1962）——歷史的延續與
　　　　 斷裂〉（南投：國立暨南國際大學歷史學系研究所碩士論文，2013 年），頁 7。

與債券市場，但並未按職能去解釋證券市場（或股票市場）的發行市場功能以及流通市場功能。

同時，也未區分日治時期臺灣股票市場實際同時存在以在日本東京股票交易所掛牌上市屬「在臺日人資本」會社股票爲交易標的之「日本內地臺灣株股票市場」以及以臺灣「本地臺人資本」會社股票爲交易標的之「臺灣島內株股票市場」此兩種股票市場。不論是交易方式、交易標的或是交易市況等這兩種股票市場均呈現明顯差異。

而關於日治時期臺灣證券商之發展部分，該文僅列舉 1924 年間所存在的有價證券商，共有專營二家，兼營二十八家，合計三十家。實際從事的業者不僅於此。根據本研究的研究成果，1920 年至 1930 年間依據當時法令而有商業登記記錄之有價證券業者就有專營業者十四家，兼營業者八十家，合計九十四家，其中六十七家是在 1924 年以前創立的。

顯見其對於臺灣有價證券商的梳理有所不足。該文對於日治時期臺灣股票市場的相關管理法令、市場規模、股票交易情況等面向也未做討論，對於日治時期臺灣股票市場的發展，缺乏整體宏觀的敘述建構。

在專書部分，臺灣銀行經濟研究室編《臺灣金融之研究》〔註 19〕一書認爲證券交易在臺灣日治時期雖未設立證券交易所，但證券會社林立，照日本東京、大阪等地行情進行交易，交易相當活躍，故臺灣民眾對證券交易已有相當的認識。政府接收臺灣初期，由於日本政府所發行公債不再履行付息還本，日本或臺日合資企業所發股票具見凍結，復以政府接收臺灣初期全盤經濟尚未復興，又見通貨膨脹、物價飛漲，遂使民眾失去長期儲蓄及投資興趣。至 1949 年政府發行公債及 1953 年下半年實施土地改革，政府爲補償地主地價所發放公營事業股票，證券交易始復見活躍。

臺灣省政府新聞處編撰《臺灣經濟發展的經驗與模式》〔註 20〕一書認爲臺灣之有證券市場，始於民國 42 年（1953 年）春間。其原因爲政府實施耕者有其田政策，徵收地主土地，爲補償被徵收土地的地主，採取發放實物土地債券以及四大公司（臺泥、臺紙、農林、工礦）股票給予地主當作補償。因此使這些土地債券、股票以及政府所發行的愛國公債等流通於市面，故而才

〔註 19〕臺灣銀行經濟研究室，《臺灣金融之研究》（共二冊），臺北：臺灣銀行，1969年。

〔註 20〕臺灣省政府新聞處，《臺灣經濟發展的經驗與模式》，臺中：臺灣省政府新聞處，1985 年。

形成臺灣證券市場。

黃天麟所撰《金融市場》〔註21〕一書認爲我國資本市場的發展，大抵可以1962年臺灣證券交易所成立爲界，此前我國之資本市場系經由店頭市場進行交易，缺乏集中交易市場；1962年臺灣證券交易所成立以後，我國之資本市場開始奠立基礎而逐漸展開活動。

臺灣證券交易所編撰《臺灣證券交易所三十年史》〔註22〕一書，以1962年臺灣證券交易所開業爲敘述起點，分別對證券交易所組織沿革、上市證券及證券商等發展變革與各項證券交易管理等制度變遷有較詳盡的敘述，是研究臺灣證券交易所開業情形以及開業後各項證券交易制度變遷不可或缺的重要參考文獻。

葉榮鐘所著《近代臺灣金融經濟發展史》〔註23〕一書，從彰化銀行的發展爲視角觀察日治時期到戰後政府遷臺初期臺灣金融經濟發展之演變，認爲日治時期以彰化銀行業務之發展，在有價證券交易部分，1914年時爲四十六萬日圓，1920年時已達一百九十六萬日圓增加四倍有奇。由於日治時期利率低廉，存放款利率差額甚微，金融業者爲開闢盈餘來源，對於證券投資，各銀行均甚致力。彰化銀行在這方面，每年證券交易之利潤佔盈餘之相當數字，以1918年論，是年彰化銀行盈餘十二萬六千九百日圓，有價證券交易的利益即有六萬九千餘日圓約佔一半以上之數字。

彭光治所著《股戲──走過半世紀的臺灣證券市場》〔註24〕一書，是目前對於臺灣股票市場發展史相關著作中，有著較爲完整論述的著作，但該書是以臺灣證券交易所成立（1962年）爲主要起始時間，論述至2000年爲止的臺灣股票市場的發展概況，關於日治時期乃至於臺灣證券交易所成立之前關於臺灣證券市場發展的歷史敘述雖有所提及，但相關篇幅相當的少，缺乏對於日治時期與政府遷臺初期股票市場交易的詳盡討論。

張紹台、王偉芳、胡漢揚編撰《臺灣金融發展史話》〔註25〕一書認爲我

〔註21〕黃天麟，《金融市場》，臺北：作者自行出版，1987年。

〔註22〕臺灣證券交易所，《臺灣證券交易所三十年史》，臺北：臺灣證券交易所，1992年。

〔註23〕葉榮鐘，《近代臺灣金融經濟發展史》，臺北：晨星出版有限公司，2002年。

〔註24〕彭光治，《股戲──走過半世紀的臺灣證券市場》，臺北：早安財經文化有限公司，2003年。

〔註25〕張紹台、王偉芳、胡漢揚編撰《臺灣金融發展史話》，臺北：臺灣金融研訓院，2005年。

國資本市場的發展是以 1962 年臺灣證券交易所成立為界，此前之證券市場都是經由店頭市場進行交易，沒有一個集中市場。同時也認為證券管理委員會之建立，是來自於 1960 年 1 月美籍顧問符禮思（George M. Ferris）來華考察時所提交的一份關於臺灣建立證券交易所之研究報告。

臺灣證券交易所《臺灣證券交易所 50 週年慶口述歷史專輯》〔註 26〕一書，以口述歷史方式，以臺灣證券交易所設立後為起點，並分別按證券交易所、證券交易法、交易制度變革、證券商管理以及監督管理等項，記錄各項目實際參與相關工作者的經歷。該書雖有部分內容提及臺灣證券交易所開業情形，但並未如前述《臺灣證券交易所三十年史》一書詳盡，且並未涉及本研究主題之研究時間範圍，但對於證券交易所開業後的臺灣股票市場發展變遷仍具重要參考性。

綜上，回顧戰後臺灣股票市場之相關研究，以歷史發展脈絡而言，對於 1945 年以前屬日治時期臺灣股票市場相關研究相當缺乏，即便有所敘述，也僅為鋪墊主題的附屬論述，甚至寥寥數筆帶過。1945 年日本投降後至 1953 年政府遷臺初期關於臺灣股票市場之發展則無相關研究。1953 年政府實施耕者有其田政策後至 1962 年臺灣設立證券交易所前，關於臺灣股票市場發展之研究雖有較多論述，但集中反映當時情況的論述居多，且深度與廣度亦有所不足，相關論述則有忽視或無視日治時期臺灣股票市場發展之現象。據此揭示，目前此研究領域缺乏完整闡釋與釐清臺灣股票市場發展歷史脈絡之相關論述與研究成果。

再以專題的視角而言，對於臺灣股票市場之起源、交易管理制度的衍生、市場交易標的、市場發展的景況等也缺乏充足詳盡的討論。以戰後對臺灣經濟有著重大影響的美援為例，美援對於臺灣股票市場由股票店頭市場制度轉型為股票集中市場制度並建立臺灣證券交易所有著相當重要的貢獻，但卻未見有相關之研究成果與論述。此外，對於臺灣股票市場中具有關鍵角色的證券業者之生態發展，不論是起源、規模、分布、發展樣貌等均無相關論述與研究。對於 1899 年至 1962 年間臺灣股票市場的規模，同樣也無相關之論述。

不論從時間或是專題而言，臺灣股票市場「股票店頭市場時代」之歷史

〔註 26〕臺灣證券交易所，《臺灣證券交易所 50 週年慶口述歷史專輯》，臺北：臺灣證券交易所，2012 年。

研究與論述，雖然不算是完全空白，但此研究領域近年未受充足的重視與關注是相當顯見的。故本研究旨在填補此領域研究之不足，並藉此還原與建構出「股票店頭市場時代」的臺灣股票市場樣貌，期以為此研究領域鋪設豐碩成果之路。

四、研究方法及範圍

（一）研究方法

本研究依循證券市場結構，並以其中股票市場為主要研究對象，不含債券市場之研究，故主題不以證券市場為題，以免混淆。

在研究方法論部分（圖 1-2），首先按股票市場的職能區分為一級股票發行市場與二級股票流通市場，並定義股票市場形成的標準，以是否出現股票發行市場發行行為以及股票流通市場流通行為，有其中一種行為出現，便視為市場已然成立。對於這利用「市場職能」的考察梳理，有助於釐清與解釋在沒有集中市場交易的「前交易所時代」市場是如何的運作與發展的。

圖 1-2　本研究理論架構圖

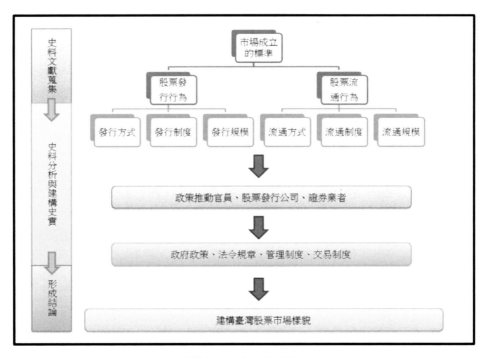

資料來源：本研究繪製。

　　股票市場確認成立後，仍將股票發行與股票流通之市場職能梳理其市況發展情形，對於發行市場的梳理，可以解析出企業股本形成與股票發行方式、股票市場規模等課題。而對於流通市場的解析，則可得出交易方式、股票運用、與經濟發展是否關連等課題。並同時考察隨市場發展所衍生的政策、法令、制度、管理、市場規模、參與者等面向之演變，藉此建構出整體股票市場體系樣貌。

　　諸如在建構與估算日治時期臺灣股票市場中屬臺灣島內株股票市場流通規模部分，因日治時期股票交易相關史料記載僅有價格記錄，並無成交量、成交金額等記錄。故本研究是以（一）彰化銀行歷年股權轉換率，（二）臺灣商工銀行、新高製糖株式會社、臺灣倉庫株式會社等三家會社股權異動率，（三）日治時期株式會社以股票向銀行質押借貸率等數據，取樣共計六種數值，並採其簡單算術平均數與中位數，分別估算日治時期臺灣股票市場中屬臺灣島內株股票市場的流通規模。政府遷臺後，由於 1956 年後有開徵證券交易稅，故依其徵收額可計算政府遷臺後至臺灣證券交易所開業前，臺灣證券市場之流通規模。

　　在證券商的部分，日治時期是以四千多筆商業登記的登載內容為依據，並分別依年代、地區、專營或兼營的方式來建構日治時期證券商的整體樣貌。戰後臺灣則因媒體報刊資料多有相關報導，以及臺灣省政府財政廳於 1954 年、1955 年均辦理過證券商登記，大抵可從中建構證券商發展狀況。

　　整體而言，研究方法仍是以史料蒐集、史料梳理以及運用計量史學方法來解析史料，並將解析成果彙整導入形成結論。

（二）研究範圍

　　本研究是以股票市場為主體。前人研究多以證券市場或資本市場為名，也有採狹義認為證券市場等同於證券交易所，實際上這些不是一個精準的用法，如資本市場的定義：證券市場就其所包含的商品類別，可以區分為交易股票為主的股票市場，以及交易債券（公債、公司債等）為主的債券市場。由於本研究討論不涉及債券，故以股票市場為為主要研究範疇，定義上也較為精準。

　　臺灣日治時期部分，焦點著重在臺灣島內株股票市場的研究，雖然同時也存在日本內地臺灣株股票市場之交易，但臺灣島內株股票市場是屬於臺灣本地自然演化所形成的，且日本內地臺灣株股票市場交易之臺灣股票，大抵

都是日人所控制與掌握，臺人無置喙之餘地，若要嚴格定義，較為接近現代臺灣企業赴海外股票市場發行股票的意味，故本研究聚焦臺灣島內株股票市場，藉以突顯股票交易雖由日人引進，但在臺人仿效後，其發展仍有不容忽視的市場地位。

戰後中華民國政府時期部分，焦點圍繞從日產接收開始至建立資本市場這段時間臺灣股票市場之發展，其中包含與之相關的各項政府政策（穩定金融、土地改革、公營轉民營）、政府態度、管理及交易制度的演變、相關法令規章的制定、美援經費的積極支持等。藉以梳理臺灣證券交易所開業前的股票市場發展樣貌。

（三）研究時間斷限

受限於史料，在清代臺灣部分，通過同時期中國內地的股票市場發展可以推斷，臺灣在股票交易市場中，應已有些許洋商股票之交易，但並非臺灣本土企業之股票，而股票發行市場因尚處於傳統合股形式的商業組織型態，並未引進股份制企業，因此不具備形成股票發行市場的條件，由於沒有直接且明顯的史料支撐，故本研究並未對清代臺灣股票交易部分展開討論，在此僅拋出問題，留待有更多史料開發之積累後，才能有更精準翔實關於清代臺灣股票市場之研究。

日本領臺後，受惠於日本現代化程度較高，治理技術較為深化的背景，相關史料記載雖呈現零散碎化的情況，但仍能透過把梳整理與解析勾勒出臺灣股票市場發展之輪廓，故本研究採株式會社臺灣銀行在臺灣公開募集股票之公開發行為，宣告臺灣股票市場正式成立的 1899 年為研究時間斷限的起點，而以臺灣證券交易所開業的 1962 年為研究時間斷限的終點。在 1962 年臺灣證券交易所開業前屬於股票店頭市場時代，開業後則進入股票集中市場時代，故本研究主題乃屬店頭市場時代的臺灣股票市場發展史之研究。然而，歷史是綿延而無法割裂的，故在研究中仍有部分會述及研究時間斷限範圍外之情況。

五、章節架構與史料文獻

本研究之章節架構，除緒論與結論外、內文圍繞本研究主旨並按時間順序共分為：日治時期臺灣股票市場；日治時期臺灣證券交易所設置問題與有價證券業之發展；戰後日產接收、政府遷臺初期施政與臺灣股票市場之復甦；

政府遷臺後臺灣股票市場之發展；臺灣證券集中市場之建立等五章探討，全文合計為七章。

第二章分為三個部分討論日治時期臺灣股票市場發展情況，其一為日治時期股票市場相關法令規章之制定修正演變情況以及以臺灣島內株股票市場為中心的市場發展概況之探討，藉以釐清日治時期股票市場之管理與架構。其二則以日治時期銀行業為例，探討銀行業在創立時期股本形成之方式以及成立後遇有增資需求時所採用的增資方式，藉此梳理銀行業在創設股本或增資股本時辦理股票發行之脈絡。

其三為討論日治時期由臺籍業者為主力所形成之臺灣島內株股票市場之發展，並以彰化銀行歷年股權變動率、株式會社股權異動率、株式會社質押股票借貸率等史實數據，以此估算臺灣島內株股票市場的流通市場規模，並以臺灣島內株式會社資本金數據建構臺灣島內株股票市場的發行市場規模，藉以反映日治時期臺灣股票市場的樣貌。

第二章主要使用之史料文獻為日本國立檔案館（国立公文書館）以及日本國立國會圖書館（国立国会図書館）所藏日本明治、大正、昭和時期之敕令、法律、政令、命令、告示、訓令、官書等文獻檔案，以及臺灣總督府檔案、《臺灣總督府府報》、《臺灣鹽業檔案》、《臺灣日日新報》、《臺灣經濟年鑑》、《臺灣銀行十年誌》、《臺灣銀行十年後誌》、《臺灣銀行二十年誌》以及《彰化銀行百年史》等有關之記錄與記載。

其中最為繁瑣辛勞的便是從歷年《臺灣日日新報》中蒐集臺灣島內株股票市場相關會社之股價，由於《臺灣日日新報》對於未在日本東京股票交易所掛牌上市之臺灣會社股價，是採不定期刊載的方式報導，且對於個股股價並非連續性記載，常有斷裂的情況，有時長達年餘或數年皆無股價記錄，故蒐集臺灣會社之股價記載，達某些月份須逐日翻查檢索的境地，所翻查報紙頁面高達千頁以上。即便如此，仍有諸多會社之歷年股價未能完整呈現，付之闕如。

而在日本東京股票交易所掛牌之臺灣會社股價，雖《臺灣總督府府報》有 1908 年至 1925 年相關記錄，所缺 1925 年後之相關股價記錄，需由《臺灣日日新報》的報價記錄填補其缺，但《臺灣日日新報》也非採固定格式報導，相關個股有此他無的現象比比皆是，尤以臺灣電力會社之股價為甚，必須依靠《臺灣日日新報》對於臺灣島內株股價之記載填補。經本研究比對臺灣島

內株股價報導與在日本股票市場上市之臺灣會社股價是採一致價格報價，故臺灣電力會社歷年股價才得以建立。

第三章旨在探討日治時期臺灣證券交易所設置問題，並梳理民間發起的交易所設置請願運動、臺灣總督府對此問題的立場、臺灣總督府參與推動之過程等，藉以尋求為何日治時期臺灣並未設置證券交易所之因。

其二，旨在探討日治時期臺灣股票市場中有價證券業在不同年代的發展情況，並以臺籍經營者為核心，討論其個人背景以及是何因緣得以經營此業等討論。而關於日治時期臺灣有價證券業者，在過往此領域之相關研究甚少被提及，其發展變化情形更無詳盡之論述。本研究期透過對日治時期臺灣證券業者之討論，並據此梳理經營日治時期有價證券業中臺籍經營者的背景經歷之探討，釐清證券從業者的角色與定位，藉以填補相關研究領域不足之處。

主要使用史料以《臺灣日日新報》、《臺灣總督府檔案》、中央研究院臺灣史研究所臺灣日記知識庫以及《臺灣會社銀行錄》、《臺灣商工便覽》、《會社、銀行、商工業者名鑑》、《臺灣會社年鑑》等所記載約四千多筆商業登記為核心，將之歸納整理與解析，藉以建構與探討證券業發展之情況。在證券業臺籍經營者部分則以《臺灣官紳年鑑》、《臺灣經濟界の動きと人物》、《臺灣の事業界と人物》、《臺灣人士鑑》以及臺灣總督府所編《臺灣列紳傳》等史料，根據前述有價證券業之商業登記所載會社代表人整理與耙梳其相關背景與經歷。

第四章主要討論戰後政府接收臺灣後股票市場之發展，即日產接收時期（1945～1950）。其次為探討政府因在大陸遭逢失敗，喪失大陸統治權，將首都遷往臺灣臺北，臺灣即進入政府遷臺時期。政府為使其甫至臺灣的統治能夠穩定，便開始推動一系列抑制通貨膨脹、穩定經濟金融等措施。在臺灣經濟金融情勢稍事安定後，為深化統治基礎與強化治安，便著手推行包含耕者有其田政策在內之土地改革，而此項土地改革的結果，卻直接促成臺灣股票市場的復甦。

其三，為探討政府在推動耕者有其田政策時，所採搭發公營事業股票補償地主徵收地價措施，其政策實施過程、公營事業資產重估、公營事業股票補償配發方式與配發比例等面向，藉以梳理導致臺灣股票市場復甦之脈絡。主要使用史料為政府相關檔案，《聯合報》、《徵信新聞》、《臺灣民聲日報》等

相關史料。

　　第五章旨在探討政府遷臺後臺灣股票市場之發展，主要分爲二期，分別是政府遷臺初期（1950～1954）、公營事業轉民營時期（1954～1962），並據此對流通市場與發行市場分別探討其演變情形。其次，是對政府遷臺後證券業發展之探討。主要使用史料部分則有政府接收日產相關檔案、政府機關公報、《臺灣行政長官公署檔案》、《經濟部檔案》、《臺灣銀行檔案》、《民報》、《聯合報》、《徵信新聞》、《臺灣民聲日報》等相關史料記載，其中僅《經濟部檔案》便調閱達三十九卷，頁數達二千八百餘頁，其餘各類檔案與新聞報導亦不遑多讓。

　　第六章旨在探討臺灣建立證券集中交易市場與設置證券交易所的過程。其中包含（一）政府對於建立證券市場以及管理證券業者施政態度，由消極轉爲積極之演變原因分析，（二）爲建立證券市場打造適當投資環境之法律規章的制定與修正，（三）證券交易所籌設階段所採行的各項方法，如赴海外考察團、成立證券市場研究小組、派員赴海外受訓考察、聘請外籍顧問等，（四）美援經費積極支持臺灣建立證券市場等方面之討論。

　　其次，爲臺灣證券交易所建立後初創時期各項制度設計、修正等演變情況之討論。主要使用史料爲政府機關公報、《經濟部檔案》、《臺灣省臨時省議會檔案》、《美援會檔案》、《臺灣證券交易所三十年史》、《聯合報》、《徵信新聞》、《臺灣民聲日報》等相關史料記載。

第二章　日治時期臺灣股票市場之發展

　　1899 年 4 月 16 日，臺灣銀行創立委員會於《臺灣日日新報》上刊登株式會社臺灣銀行股東募集公告，這是臺灣這片土地上，首次出現現代股份制企業公開募集股份的股票公開發行行為，認購股份者僅需郵寄申請書與證據金（訂金），便可成為股東，同時這也宣告臺灣股票市場正式成立。

　　此前雖有臺灣鐵道株式會社與臺北倉庫株式會社〔註 1〕公開募股欲成立在臺灣當地的股份制企業，但由於募集對象與地區僅在日本內地，並不包含臺灣。臺灣人想要認購，必須透過日人股票掮客代為在日本內地認購，故株式會社臺灣銀行雖然是官營企業，但仍不失其成為開創臺灣股票市場首家股份制企業的地位。臺灣銀行在臺灣股票公開發行的行為，不但是臺灣股票市場的發軔，同樣也是臺灣商業組織進入現代股份制度企業的開始。

　　本章旨探討臺灣股票市場自日治初期出現以來，從管理法令、企業資本形成、股票發行、流通市場、投資標的以及市場規模等的討論，藉以勾勒出日治時期臺灣股票市場中本島株股票市場的發展樣貌，並利用微觀的視角，補足過往研究此領域偏重於股票集中市場成立後之發展，忽略集中市場成立前，店頭市場早已存在已久的歷史事實。

第一節　市場管理法令與市況

　　日治時期有關臺灣股票市場管理法令，臺灣總督府在 1941 年以府令實施

〔註 1〕 顏義芳編譯，《臺灣總督府公文類纂殖產史料彙編》（南投：國史館臺灣文獻館，2002 年），頁 222。

〈有價證券業取締規則〉以前，大抵以日本內地實施的證券管理法令爲依據。而日治時期臺灣股票市場並非由一元結構所形成的發展，實際上則是以「日本內地臺灣株股票市場」與「臺灣島內株股票市場」此二元結構共同發展所構成的。故本節以政策、管理法令以及臺灣股票市場發展情況爲探討主旨，並依據史實資料梳理其脈絡，藉以還原日治時期臺灣股票市場之發展樣貌。

一、政策與法令

日本領臺後，日本政府於 1896 年制定〈應於臺灣施行法令相關之法律〉（臺灣ニ施行スヘキ法令ニ關スル法律，明治 29 年 3 月 31 日法律第 63 號，又稱六三法）的法令中，賦予臺灣總督府在其轄區內制定與法律等同效力之律令權限。〔註2〕1906 年時，日本政府重新制定〈應於臺灣施行法令相關之法律〉（臺灣ニ施行スヘキ法令ニ關スル法律，明治 39 年 4 月 11 日法律第 31 號，又稱三一法），對於臺灣總督府的制定律令的權力予以限縮，該法規定臺灣總督府制定之律令不得與本國法令抵觸。〔註3〕

而在 1921 年制定〈應於臺灣施行法令相關之法律〉（臺灣ニ施行スヘキ法令ニ關スル法律，大正 10 年 3 月 15 日法律第 3 號，又稱法三號）時，規定臺灣總督府府令只具備法律補充的地位，只有在本國沒有法令，而臺灣本地需要或基於臺灣特殊情況，本國法令不適合在臺灣施行的情形下，才可以制定律令施行。〔註4〕

前揭日治時期臺灣法制變化的情形，可知除了臺灣需要或有特殊情況可以臺灣總督府府令施行外，日本中央所制定之法令是適用於臺灣本地的。證券相關規則與法令，在 1941 年臺灣總督府發佈〈有價證券業取締規則〉前，是沒有專屬於臺灣本島證券相關之法令的，故應爲沿用日本本土之相關法令爲其法律依據。基於相關證券法令是沿用日本中央的法令規範，相關證券交

〔註2〕 大藏省印刷局，〈臺灣ニ施行スヘキ法令ニ關スル法律〉，《官報》（明治 26 年 3 月 31 日，第 3823 號）（東京：大藏省印刷局，1896 年），收錄於日本國立國會圖書館，書誌 ID：000000078538，頁 489～490。

〔註3〕 大藏省印刷局，〈臺灣ニ施行スヘキ法令ニ關スル法律〉，《官報》（明治 39 年 4 月 11 日，第 6831 號）（東京：大藏省印刷局，1906 年），收錄於日本國立國會圖書館，書誌 ID：000000078538，頁 297。

〔註4〕 大藏省印刷局，〈臺灣ニ施行スヘキ法令ニ關スル法律〉，《官報》（大正 10 年 3 月 15 日，第 2583 號）（東京：大藏省印刷局，1921 年），收錄於日本國立國會圖書館，書誌 ID：000000078538，頁 361。

易的原則與規範，對當時臺灣證券市場仍是有影響。故對於日本證券相關法令沿革之梳理，有助於理解臺灣本島地區證券市場之情形（表 2-1-1）。

表 2-1-1　日治時期證券相關法令一覽表

法令名稱	施行年	廢止年	修正	存續	位階	主管機關	適用地區
株式取引所條例	1878	1893	6 次	15 年	法律	大藏省	全國
商品取引所法	1893	1950	9 次	57 年	法律	農商務省	全國
有價證券割賦販賣業法	1918	1947	0 次	29 年	法律	大藏省	全國
取引所令	1914	1922	6 次	8 年	敕令	農商務省	全國
取引所令	1922	1950	7 次	28 年	敕令	農商務省	全國
有價證券業取締法	1938	1947	2 次	9 年	法律	商工省	全國
有價證券引受業法	1938	1947	1 次	9 年	法律	大藏省	全國
有價證券業取締規則	1941	1945	0 次	4 年	府令	臺灣總督府	臺灣
有價證券賣買取引取締方針	1942	1945	0 次	3 年	府令	臺灣總督府	臺灣
日本證券取引所法	1943	1947	2 次	4 年	法律	大藏省	全國

資料來源：本研究整理製作。

　　日本關於證券交易的重要法令，最早是在明治 11 年（1878 年）5 月 4 日太政官布告第 8 號〈株式取引所條例〉，該法令規定股票交易所的創立，必須要有十人以上的發起人，資本金二十萬日圓以上；召開創立總會時，參與者所持股份須超過資本金半數；證券交易所開業時，其營業保證金須達資本金三分之二以上，且必須爲現金或政府公債；證券交易所之主管機關爲大藏省，由大藏卿爲主管官員；營業許可期爲五年，期滿後依大藏省審核營業狀況後始可繼續許可營業。〔註 5〕

　　在證券買賣交易部分，買賣雙方可約定以交易金額百分之五當作證據金交易，其後再由買賣雙方另行約定補足餘額；買賣手續費爲成交金額千分之一至千分之二之間。〔註 6〕這爲日本建立證券交易制度提供了法源依據。

〔註 5〕　內閣官報局，〈株式取引所條例（明治 11 年 5 月 4 日）〉，《法令全書》（東京：內閣官報局，1878 年），收錄於日本國立國會圖書館，書誌 ID：000000440426，頁 3～4。

〔註 6〕　內閣官報局，〈株式取引所條例（明治 11 年 5 月 4 日）〉，《法令全書》（東京：內閣官報局，1878 年），收錄於日本國立國會圖書館，書誌 ID：000000440426，頁 7。

　　〈株式取引所條例〉於明治 26 年（1893 年）3 月 4 日被法律第 5 號〈商品取引所法〉（又題名為〈取引所法〉）替代而廢止。〈商品取引所法〉主要規定為「交易所」一個地區只能設置一所；營業許可時間為十年；交易所類型分為株式會社組織與會員組織兩種；買賣方式有三種，分別為直接交易、延期交易與定期交易；有價證券買賣期限為二個月，後又修改為三個月（昭和 4 年 3 月 29 日法律第 29 號）；〔註7〕主管機關為農商務省，由農商務大臣為主管官員。〔註8〕此法是將米、棉絲、蠶絲、株券等商品之交易法令集中定為同一法令。該法經過九次修改，直至昭和 25 年（1950 年）才廢止。

　　昭和 18 年（1943 年），日本政府以有價證券投機交易過當，尤其是股票交易的投機行為，為將投機交易排除，使股票價格得以公正，以及讓市場資金的動員，可以適當安排至生產擴充所需資金上。〔註9〕因此制訂〈日本證券取引所法〉（昭和 18 年 3 月 11 日法律第 44 號）。

　　該法賦予「日本證券交易所」在有價證券市場的超然地位，對於類似的證券市場設施以及在此設施交易的人員都歸為違法行為，並對此制定相關罰則。設置類似設施者，處兩年以下懲役及五千日圓以下罰金，在此設施交易者，處一年以下懲役及三千日圓以下罰金。

　　該法同時也規定，日本證券交易所資本金為二億日圓，日本政府出資五千萬日圓，成為最大股東，並設置主務大臣（大藏大臣）為其管理。主務大臣的權限可對證券價格是否公正與證券交易是否融洽予以裁定，對於有價證券市場開業與關閉也擁有裁量權。〔註10〕可見主務大臣之權限相當的大，同時也顯示日本政府藉此控制與操縱證券市場價格的企圖相當強烈。

　　故該法制定的真實目的，乃為配合日本政府戰時經濟管制，而將當時日

〔註7〕　大藏省印刷局，〈取引所法中左ノ通改正ス〉，《官報》（昭和 4 年 3 月 28 日，第 672 號）（東京：大藏省印刷局，1929 年），收錄於日本國立國會圖書館，書誌 ID：000000078538，頁 790。

〔註8〕　大藏省印刷局，〈取引所法〉，《官報》（明治 26 年 3 月 4 日，第 2901 號）（東京：大藏省印刷局，1893 年），收錄於日本國立國會圖書館，書誌 ID：000000078538，頁 37～38。

〔註9〕　眾議院事務局，《第八十一回帝國議會眾議院　日本證券取引法案外四件委員會議錄（速記）第二回》（昭和 18 年（1943 年）2 月 3 日，第六類第三號，內閣印刷局），收錄於日本國立國會圖書館，頁 3。

〔註10〕　大藏省印刷局，〈日本證券取引所法〉，《官報》（昭和 18 年 3 月 11 日，第 4846 號）（東京：大藏省印刷局，1943 年），收錄於日本國立國會圖書館，書誌 ID：000000078538，頁 322～328。

本內地十一所股票交易所（東京、大阪、京都、名古屋、橫濱、廣島、博多、長崎、神戶、新潟、長岡，參見表 2-1-2），全部合併成為「日本證券交易所」一所，並藉此完全統制證券市場，而該法正是為此提供的法律依據。

表 2-1-2　1935 年時日本全國（含殖民地）各地股票交易所一覽表

單位：日圓

地區	交易所名稱	創立年月	創立資本金	1935 年時資本金
日本	新潟（米穀、株式）取引所	1877 年（明治 10 年）3 月	－	200,000
	東京株式取引所	1878 年（明治 11 年）5 月	200,000	50,000,000
	大阪株式取引所	1878 年（明治 11 年）6 月	200,000	45,000,000
	京都（證券、米穀）取引所	1884 年（明治 17 年）8 月	100,000	5,000,000
	博多株式取引所	1893 年（明治 26 年）12 月	30,000	1,500,000
	廣島株式取引所	1893 年（明治 26 年）12 月	50,000	500,000
	名古屋株式取引所	1894 年（明治 27 年）1 月	70,000	6,000,000
	長崎株式取引所	1894 年（明治 27 年）4 月	－	500,000
	橫濱（株式、蠶絲）取引所	1894 年（明治 27 年）5 月	200,000	6,500,000
	長岡（米穀、株式）取引所	1894 年（明治 27 年）6 月	－	102,000
	神戶（證券、蠶絲、正米）取引所	1896 年（明治 29 年）9 月	200,000	3,500,000
滿洲	大連（株式、商品）取引所	1920 年（大正 9 年）2 月	10,000,000	5,000,000
朝鮮	朝鮮（證券、米豆）取引所	1932 年（昭和 7 年）1 月	6,599,000	6,599,000

資料來源：志摩源三編，〈證券取引所設置問題〉，《臺灣金融經濟月報》（臺北：臺灣銀行，昭和十年十一月號，1935 年），頁 2。

綜上，日本證券交易相關法令，最早是以〈株式取引所條例〉為起點，是以交易股票及國債為主體，同時將股票交易規則納入〈株式取引所條例〉內管理，其主管權責機關為大藏省，大藏省位階相當於財政部。1893 年，制定〈商品取引所法〉取代〈株式取引所條例〉，乃是將所有類似交易特性的商

品〔註 11〕，統一納入此法中，主管機關變更爲農商務省。交易主體轉變爲所有商品，主要爲米、棉花、棉絲、有價證券等。1922 年，又以〈取引所令〉（大正 11 年 7 月 31 日敕令第 353 號）將國債與地方債的權限移出農商務大臣管轄。〔註 12〕

1943 年，爲戰時經濟管制掌控市場以及避免市場投機之故，而另行制定〈日本證券取引所法〉，將日本國內所有證券交易所合而爲一，並擁有證券之價格與流通裁量權，其主管權責又回歸大藏省，與此同時，前述〈商品取引所法〉、〈取引所令〉並未廢除或替代，形成多法並存的現象，直至日本戰敗。從法令演變的角度而言，當時日本政府對於證券交易的專業是不充足的，同時也缺乏對證券交易可提供推展金融現代化以及將資金有效分配運用的認知。

在證券業者相關法令部分，日本政府於 1918 年 4 月 1 日實施的〈有價證券割賦販賣業法〉（大正 7 年 4 月 1 日法律第 29 號）是最早針對證券商制定的法律。該法主要規範以接受委託並用分期方式支付代金購買證券（公債、股票、公司債等）的業者。從事此有價證券割賦販賣業的會社，額定資本金須達十萬日圓，實收資本金須達五萬日圓；其主管機關爲大藏省，主務大臣爲大藏大臣。〔註 13〕

1938 年，日本政府制定實施〈有價證券業取締法〉（昭和 13 年 3 月 29 日法律第 32 號）以及〈有價證券引受業法〉（昭和 13 年 3 月 31 日法律第 54 號）。對有價證券業者有更深入的規範。

〈有價證券業取締法〉是首部針對證券業者做出規範的法律。此法排除銀行業、有價證券割賦業、信託業對於有價證券業務經營之相關規範，僅針對有價證券仲介業（證券經紀商）予以規範。

該法主管機關爲商工省（1925 年由農商務省分割成立），主務大臣爲商工大臣；營業許可爲五年，許可時間期滿，經主務大臣審核同意及繳納許可金

〔註 11〕 若將證券視爲一般商品，其交易特性與米穀、棉花、棉絲、蠶絲等大宗物資的交易特性相似。

〔註 12〕 大藏省印刷局，〈取引所令〉，《官報》（大正 11 年 7 月 31 日，第 2999 號）（東京：大藏省印刷局，1922 年），收錄於日本國立國會圖書館，書誌 ID：000000078538，頁 770。

〔註 13〕 大藏省印刷局，〈有價證券割賦販賣業法〉，《官報》（大正 7 年 4 月 1 日，第 1696 號）（東京：大藏省印刷局，1918 年），收錄於日本國立國會圖書館，書誌 ID：000000078538，頁 5～6。

後可以延續許可時間。

　　該法也限制破產者須復權、受禁錮以上刑罰者，執行期滿三年後、交易所會員被除名者，除名期滿三年後，才可取得營業許可；營業保證金、營業地點、分店代理店設置等，都須經主務大臣許可；業者必須定期提交營業報告書供行政官廳查閱；行政官廳可對於業者財務、營業等狀況隨時實施檢查，在必要時可限制營業或停業。〔註14〕

　　〈有價證券引受業法〉是針對證券代理發行的業者所訂定的規範。證券代理發行的業務，主要是受株式會社的委託，為其辦理股份募集、發行股票等業務。該法限制資本金須達二百萬日圓以上的會社才可經營。

　　主管機關為大藏省，主務大臣為大藏大臣；從事此業的會社每個營業年度必須提供營業報告書供主管機關審查，主管機關可隨時派員檢查業者的財務與營業狀況，並在必要時可限制營業或停業；業者於每個營業年度必須編制貸借對照表並公布刊登在新聞報紙上。〔註15〕

　　臺灣總督府於1941年5月11日以府令第108號發佈實施〈有價證券業取締規則〉，這是臺灣本地首次針對證券業者的法令。該規則將證券業的營業許可、可流通證券種類、經營者資格等全部納入臺灣總督的裁量權限內，與母法〈有價證券業取締法〉中主務大臣之權限一致，擁有營業許可、審查、限制營業、停業等權限。〔註16〕

　　1942年，臺灣總督府制定〈有價證券賣買取引取締方針〉，對臺灣本地證券交易規則做出更深入的規範，如委託購買證券時預先支付的證據金、交易手續費等，規定與日本內地標準一致、禁止業者接受客戶下單時，採事後付款的行為等規範。〔註17〕

　　綜上，對於證券業者管理與規範之相關法令演變，顯見戰前日本證券業

〔註14〕　大藏省印刷局，〈有價證券業取締法〉，《官報》（昭和13年3月29日，第3368號）（東京：大藏省印刷局，1938年），收錄於日本國立國會圖書館，書誌ID：000000078538，頁889〜890。
〔註15〕　大藏省印刷局，〈有價證券引受業法〉，《官報》（昭和13年3月31日，第3370號）（東京：大藏省印刷局，1938年），收錄於日本國立國會圖書館，書誌ID：000000078538，頁1036〜1037。
〔註16〕　「有價證券業取締規則」（1941年05月11日），〈府報第4185號〉，《臺灣總督府府（官）報》，國史館臺灣文獻館，典藏號：0071034185a001。
〔註17〕　「有價證券賣買取引取締方針」（1942年05月01日），〈自昭和十七年至昭和十八年經濟統制諸法令二關スル〉，《臺灣總督府檔案》，國史館臺灣文獻館，典藏號：00011149037。

有三種型態的業者存在，分別是從事分期交易的證券割賦業者、證券買賣仲介的證券經紀商以及證券代理發行的證券引受業者，此三種不同型態的業者都有制定該業專屬法令予以規範。

　　臺灣本島在整個日治時期都沒有設置證券交易所，但是存在銀行業、信託業、有價證券業等與證券買賣交易的業者，以及擁有店頭市場模式之股票交易市場，雖然也適用日本內地法令，但其特殊性讓臺灣總督府頒定相關府令規範之。從這個角度而言，揭示日本政府對於臺灣證券市場的發展過於保守與輕視，並未使其隨臺灣本地經濟發展而充分發揮證券市場資金運用之功能。

　　究其原因，應為資金運用與吸引游資，應往日本內地集中，若殖民地臺灣充分發揮資金運用與吸收游資功能，將無助於日本政府掌握市場與控制資金的企圖，甚至會因臺灣經濟發展出色，而導致日本內地資金往臺灣流入。

　　實際上，臺灣本地的投資魅力與前景在日治時期都相當吸引投資人。當時日本殖民政策雖奉行驅離外國資本的政策，但臺灣投資環境的魅力，仍是大量吸引日人資本的投入。這點僅從會社數成長與資本金規模發展就能得到明顯的趨勢變化，而這種發展同樣是日本殖民當局所不樂見的。

　　因日本對臺殖民政策，是以將臺灣發展成為日本之米、糖供應基地，財政目標僅須達成臺灣本地自給自足，讓日本財政負擔減輕即可。〔註 18〕若吸收過多日人資本投資臺灣，反而無益於日本本土經濟的提升。

二、股票市場概況

　　隨著日本領臺後，日本資本進入臺灣，從事股票交易的股票掮客也隨之而來，當時的股票交易標的，是以日本東京與大阪兩地之股票交易所，掛牌交易的日本株式會社股票為主。1899 年，臺灣銀行股票在 9 月 26 日正式開業前，便已經在日本東京股票交易所上市流通。根據 1899 年 8 月 25 日《臺灣日日新報》的報導，大阪證券交易所中臺灣銀行股票行情為 32 日圓，〔註 19〕超過臺灣銀行募集股本首次繳納四分之一股金的 25 日圓。〔註 20〕顯

〔註 18〕 杉山伸也，《日本經濟史：近世──現代》（東京：株式會社岩波書店，2012年），頁 324。

〔註 19〕 〈臺灣銀行珠の相場〉，《臺灣日日新報》，1899 年 8 月 25 日，第 2 版。

〔註 20〕 臺灣銀行創立時首次公開募集股份，發行面額 100 日圓的股票，依據當時日本法令，申購者僅需先支付股金的四分之一當作定金，即 25 日圓，以取得認購資格，之後再補足剩餘股金餘額。

見當時臺灣銀行股票相當受到市場的歡迎與期待。

　　當時的股票買賣流程大致是，先透過股票掮客下單給在日本相關交易所的股票經紀商，再由股票經紀商於交易所內競價交易，成交後再赴交易標的之株式會社辦理股票交割等後續。而這些股票掮客都是從日本來到臺灣的，有的開設小型店鋪招攬生意，也有日本內地證券會社來臺開設支部，還有主以銷售日本國債、公債的會社兼營股票買賣，其他如銀行業、信託業、無盡業等金融業除本業經營外也參與證券、股票買賣之業務。

　　此一時期，從事這種股票交易的業者皆以日人為多數，臺灣人涉入此業的相當稀少，有的僅為其他業種以兼營模式參與。臺灣人正式進入此行業，則要到 1919 年蔡蓮舫創設專營業務的臺灣證券株式會社後才算正式開始。

　　在買賣股票的客層方面，也是以在臺的日人為主要客戶，臺灣人會買賣股票的相當的少。〔註 21〕當時臺灣人中對股票交易有興趣的大致上為富裕地主家族出身者或有能力在留學國外的人士以及經商者等精英階層。

　　一般民眾對股票交易的接受度很低，且此情況一直到 1940 年代都還是如此。據日人於 1941 年（昭和 16 年）的調查，臺灣證券買賣交易的客戶，都是以在臺日人為主，臺灣人習慣於買賣土地、家屋或將財物儲藏在家裡，對於公債、股票（株券）等有價證券的認識與投資觀念缺乏。〔註 22〕

（一）以臺灣島內株股票市場為中心的股票流通市場

　　日治時期在臺灣交易之股票可以分成二種流通市場。其一為 1899 年臺灣銀行成立後的「日本內地臺灣株股票市場」（以下稱日本內地臺灣株市場）。主要標的為在東京與大阪兩地之股票交易所，掛牌上市交易的臺灣本地會社股票。如臺灣銀行、臺灣製糖、東洋製糖、明治製糖等會社股票，〔註 23〕其股東組成皆為日本人之會社。其交易方式為委託日人所開設的有價證券商，複委託下單至日本內地之股票交易所，以集中市場制度交易。

　　其二為 1911 年 3 月後逐漸形成的「臺灣島內株股票市場」（以下稱臺灣

〔註 21〕　經濟部，〈設立證券交易所問題之檢討〉，《經濟參考資料》，第 48 期，1952年 11 月 25 日。

〔註 22〕　臺灣經濟年報刊行會，《臺灣經濟年報》（臺北：南天書局有限公司影印國際日本協會昭和 16 年（1941）版，1996 年），頁 276。

〔註 23〕　「臺灣銀行及各製糖會社株券時價」（1908 年 10 月 14 日），〈府報第 2549 號〉，《臺灣總督府府（官）報》，國史館臺灣文獻館，典藏號：0071012549a005。

島內株市場）。其主要標的為臺灣本地株式會社股票，如新高製冰、臺灣煉瓦、新竹製腦、新竹電燈、基隆輕鐵等會社股票，〔註 24〕其股東組成皆為臺灣本地人之會社。其交易方式為委託日人或臺人所開設的有價證券商或股票掮客，透過證券業者間之聯繫與敲定，在各自營業處或約定處所完成交易，此為店頭市場模式之交易。

另若有須下單至日本內地臺灣株市場交易的訂單，則會由接單的業者，再以複委託的方式交易。複委託又分為在臺日人業者直接下單至日本內地股票市場之證券商，以及臺人業者須先下單給在臺日人業者，再由日人業者下單至日本內地股票市場之證券商。

此兩種市場之相關訊息來源也是有所分別，日本內地臺灣株市場由於擁有集中市場且有法令規範的股票交易所，交易訊息相當豐富。當時在臺灣都是透過來自東京所拍發之電報，再經由媒體整理刊載後，始取得市場交易之訊息。臺灣島內株市場由於沒有組織化的集中市場，僅有鬆散且無組織的店頭市場，交易訊息的取得，需要透過媒體派員至經營仲介股票買賣的商號或會社調查取得。當時媒體最常見的取材地點是現今臺北市大稻埕地區。

以日治時期報紙發行量最大的《臺灣日日新報》來說，《臺灣日日新報》對於臺灣島內株市場所編製的行情表，本研究目前找到最早是在 1911 年 3 月 3 日第 2 版中所刊載的行情表（圖 2-1-1），是由當時位於臺北市大稻埕鴨寮街八番地的「一三美商會」所提供。

此前《臺灣日日新報》都是以掛牌於東京、大阪等日本內地股票交易所之臺灣會社股票為報導對象，且常態性為其編製相關股價之行情表（圖 2-1-2）。

1911 年之後《臺灣日日新報》開始不定期針對臺灣島內株式會社（含未在日本內地股票交易所上市之股票）股票編製買賣行情表（圖 2-1-3），並刊載於《臺灣日日新報》上。由於媒體開始關注，開始編製相關股票買賣行情表，並予以刊載於報紙上。顯見當時臺灣島內株市場已具備顯著的規模，吸引了媒體的注意。故本研究據此認為臺灣島內株市場是 1911 年以後開始逐漸形成發展的。

〔註 24〕〈臺灣諸株現況　時局の影響如何〉，《臺灣日日新報》，1914 年 8 月 17 日，第 2 版。

圖 2-1-1　1911 年 3 月 3 日刊載於《臺灣日日新報》之臺灣島內株市場
行情表

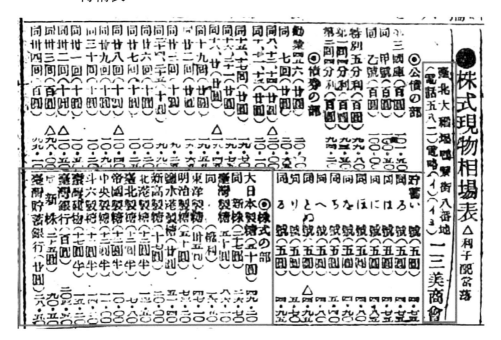

資料來源：《臺灣日日新報》，1911 年 3 月 3 日，第 2 版。

圖 2-1-2　《臺灣日日新報》刊載之東京株式行情表

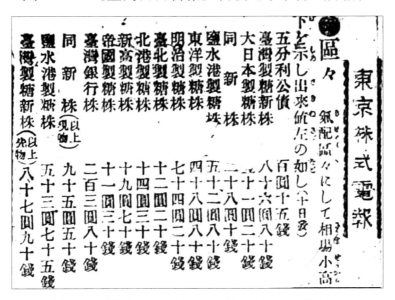

資料來源：《臺灣日日新報》，1911 年 3 月 12 日，第 5 版。

圖 2-1-3　《臺灣日日新報》刊載之臺灣株式行情表

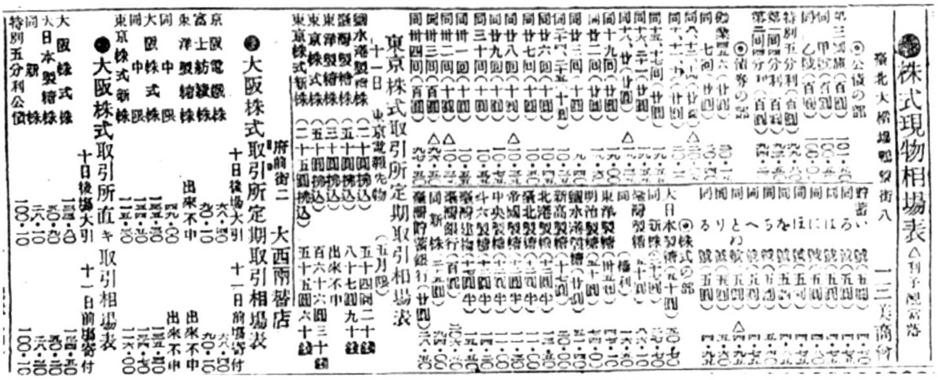
株式現物相場表

東京株式取引所定期取引相場表

大阪株式取引所定期取引相場表

大阪株式取引所直キ取引相場表

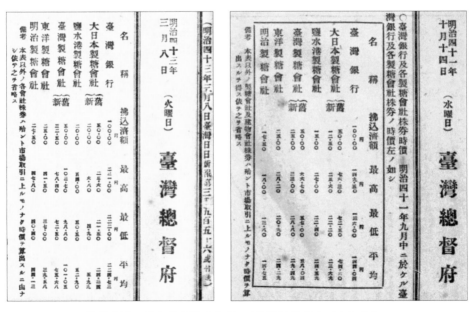

資料來源：《臺灣日日新報》，1911 年 3 月 12 日，第 5 版。

另《臺灣總督府府報》自 1908 年 8 月起至 1925 年 7 月止，皆有對在東京股票交易所掛牌上市交易之臺灣銀行及幾家臺灣糖業會社等股票，採逐月編製股票行情時價表（圖 2-1-4）。但關注焦點只在東京股票交易所掛牌之糖業會社股票，對於臺灣本島內其他未掛牌之會社股票與其他產業則缺乏關注，顯見糖業在臺灣總督府推動農業臺灣政策中，扮演相當重要的產業角色。就

圖 2-1-4　《臺灣總督府府報》臺灣銀行及各製糖會社株券時價表

（明治四十三年三月八日臺灣日日新報第三千五百五十六號附錄）

臺灣總督府

明治四十三年三月八日（火曜日）

名稱	拂込濟額	最高	最低	平均
臺灣銀行	一〇〇・〇〇	二三一・〇〇	二二三・〇〇	二二四・七三
大日本製糖會社（舊）	五〇・〇〇	二五・六〇	二一・五〇	二四・三四
大日本製糖會社（新）	二〇・〇〇	六・八〇	四・九〇	五・九九
鹽水港製糖會社	二〇・〇〇	五四・〇〇	五〇・五〇	五二・九〇
臺灣製糖會社（舊）	五〇・〇〇	一〇三・七〇	九八・八〇	一〇一・〇五
臺灣製糖會社（新）	三二・五〇	七八・四〇	七二・五〇	七五・六八
東洋製糖會社	二五・〇〇	四一・五〇	三七・〇〇	三九・五八
明治製糖會社	二七・五〇	四七・八〇	四〇・四〇	四四・一三

備考　本表以外ノ各會社株券ハ殆ント市場取引ニ上ルモノナク時價ヲ算出スルニ由ナシ依テ之ヲ省略ス

臺灣總督府

明治四十一年十月十四日（水曜日）

○臺灣銀行及各製糖會社株券時價　明治四十一年九月中ニ於ケル臺灣銀行及各製糖會社株券ノ時價左ノ如シ

名稱	拂込濟額	最高	最低	平均
臺灣銀行	一〇〇・〇〇	一四九・五〇	一三六・〇〇	一四四・〇四
大日本製糖會社（舊）	五〇・〇〇	七六・三〇	七二・五〇	七四・六〇
大日本製糖會社（新）	一二・五〇	二五・六〇	二三・二〇	二三・六九
鹽水港製糖會社	一五・〇〇	二七・〇〇	二二・四〇	二四・五九
臺灣製糖會社（舊）	五〇・〇〇	六六・七〇	五七・〇〇	五八・〇四
臺灣製糖會社（新）	二五・〇〇	三三・〇〇	二八・八〇	二九・四九
東洋製糖會社	二五・〇〇	二八・二〇	二〇・九〇	二四・二九
明治製糖會社	一七・五〇	一八・〇〇	一三・八〇	一四・七五

備考　本表以外ノ製糖會社及建物會社株券ハ殆ント市場取引ニ上ルモノナク時價ヲ算出スルヲ得ス依テ之ヲ省略ス

資料來源：國史館臺灣文獻館，《臺灣總督府府（官）報》。

涵蓋層面與連續時間皆有所不足，僅能作爲當時股票市場行情參考之輔助。以市場訊息取得的角度而言，當時臺灣本地所能獲取的股票市場交易訊息相當有限，且時效性也較弱。

（二）市場標的

1、日本內地臺灣株股票市場

日治時期由日人所開設規模比較大的會社，會將會社股票在日本各地股票交易所掛牌上市交易，尤以東京股票交易所爲主。當時臺灣比較大型的會社多屬糖業會社，故日本內地臺灣株市場交易的臺灣股票是以糖業會社爲主要標的。

《臺灣總督府府報》關於臺灣本島糖業諸會社在東京股票交易所交易價格的有追蹤記載，追蹤時間爲 1908 年（明治 41 年）8 月起至 1925 年（大正 14 年）7 月爲止，採每月平均股票交易時價方式記載，其記載除幾家主力型會社外，其中也有會社因合併、解散或其他原因下市未交易，故股票價格之記載多有遺漏（表 2-1-3）。

依據《臺灣總督府府報》所追蹤的股票標的，在明治時期（1908～1912）有：臺灣銀行、大日本製糖、鹽水港製糖、臺灣製糖、東洋製糖、明治製糖、帝國製糖、新高製糖、臺北製糖、中央製糖、北港製糖、斗六製糖、高砂製糖等十三家會社股票。

大正時期（1912～1925）則有：臺灣銀行、大日本製糖、鹽水港製糖、臺灣製糖、東洋製糖、明治製糖、帝國製糖、新高製糖、臺北製糖、中央製糖、北港製糖、斗六製糖、埔里社製糖、南日本製糖、臺東拓殖製糖、沖臺拓殖製糖、臺南製糖、臺東製糖等十八家會社股票。

另據《臺灣日日新報》所載〈東京株式〉，除糖業會社外，尚有臺灣電力株式會社在日本內地臺灣株市場的股票交易價格，如臺灣電力會社 1926 年 1 月 13 日的交易價格爲每股 28.4 日圓。〔註25〕

然而，《臺灣日日新報》之記載，對於臺灣島內會社在日本內地臺灣株市場交易報價僅有鹽水港製糖（簡稱：鹽糖，下同）、大日本製糖（日糖）、臺灣製糖（灣糖、臺糖）、帝國製糖（帝糖）、明治製糖（明糖）、東洋製糖（洋糖）等六家會社較常有股價記載；臺灣銀行（臺銀）、臺灣電力（臺電）、新

〔註25〕　〈東京株式〉，《臺灣日日新報》，1926 年 1 月 13 日，第 2 版。

高製糖（新高糖）、臺南製糖（臺南糖）等會社則偶有股價記載。前述臺灣總督府所追蹤之糖業會社股價，亦有多家未曾為《臺灣日日新報》所記載，這也突顯日本內地臺灣株市場投資標的的主流。

其他未載於《臺灣總督府府報》及《臺灣日日新報》內之日本東京股票交易所掛牌交易的臺灣會社，據《會社四季報　昭和十六年第四輯》、《會社四季報　昭和十七年第三輯》記載尚有臺灣拓殖株式會社與臺灣興業（製紙業）等二家。〔註26〕

表2-1-3　1908年至1925年日本內地臺灣株市場臺灣會社歷年股價

時間	臺灣銀行	大日本製糖	鹽水港製糖	臺灣製糖	東洋製糖	明治製糖	帝國製糖	新高製糖
	股價（日圓）							
1908	150.64	69.47	33.64	78.84	34.65	26.56	－	－
1909	182.51	16.03	41.95	80.92	32.09	35.13	－	－
1910	193.90	39.92	45.46	96.11	42.63	57.97	－	－
1911	186.00	48.00	59.37	80.27	54.38	80.00	19.10	23.25
1912	177.16	49.00	55.08	73.17	45.53	70.20	26.26	36.22
1913	161.00	53.00	51.22	70.05	53.49	65.80	24.41	49.11
1914	158.85	51.60	42.06	63.58	43.40	60.09	22.89	31.83
1915	172.10	81.99	74.62	92.45	87.57	87.49	51.60	61.82
1916	180.66	110.56	116.89	127.88	213.31	136.41	105.49	121.59
1917	225.50	90.34	87.77	111.60	131.87	117.70	117.62	114.37
1918	194.50	109.88	88.33	109.52	118.08	110.85	87.56	108.36
1919	172.00	162.71	173.84	158.35	166.18	168.65	157.67	210.77
1920	124.00	81.24	80.53	78.56	68.47	79.54	57.34	61.77
1921	138.00	93.37	72.62	67.57	62.36	73.45	33.72	51.29
1922	101.00	85.30	61.40	51.10	50.50	70.50	20.70	46.70
1923	74.50	112.60	69.00	58.70	57.50	84.70	44.40	65.80
1924	79.50	107.74	64.97	69.75	61.80	83.90	46.85	72.74
1925	59.40	104.90	67.40	73.70	63.00	85.40	48.10	67.80

資料來源：依據1908年8月至1925年7月《臺灣總督府府報》製作。

〔註26〕　東洋經濟新報社編，《會社四季報　昭和十六年第四輯》（東京：東洋經濟新報社出版部，1941年），頁308～309；東洋經濟新報社編，《會社四季報　昭和十七年第三輯》（東京：東洋經濟新報社出版部，1942年），頁300～301。

2、臺灣島內株股票市場

臺灣島內株市場股票標的之記載，主要以《臺灣日日新報》不定期刊載之股票行情表為依據。但《臺灣日日新報》所刊載的股票行情，有兩個侷限，其一為資料來源大致是以少數幾家有價證券仲介業者提供而來，〔註27〕而有價證券仲介業者所提供的標的，應為交投較為熱絡的標的，或為該有價證券仲介業者擁有貨源的標的為主，並未涵蓋所有流通標的。其二為媒體版面有限，即便取得足夠詳細之資料，也難免必須取捨篩選，交投熱絡的股票標的必然是優先選擇。基於此前提，仍是足以反映出日治時期臺灣島內株市場發展的樣貌，以及透過交投熱絡標的的分析，能為日治時期臺灣經濟金融發展史提供另一種角度的觀察視野。

1911 年至 1920 年間，臺灣島內株市場較受人注目的熱門股票標的，約有十七種產業別四十五家會社的股票標的（表 2-1-4）。其產業分布依序排列為製糖業十一家、銀行業六家、輕鐵業四家、開墾開發業四家、土地建物業三家、製造業三家、電燈業二家、食品業二家、漁業二家，其餘如信託、鐵道、化工、瓦斯、農產、製酒、海運、劇場等各為一家。從此熱門股票標的排序也可以反映出此時期製糖業與銀行業的發展受到投資者的矚目。

表 2-1-4　1911 年至 1920 年臺灣島內株市場熱門股票標的一覽表

產業別	標的名稱	產業別	標的名稱	產業別	標的名稱	產業別	標的名稱	產業別	標的名稱
銀行	臺灣銀行	製糖	鹽水港製糖	製糖	中央製糖	開墾開發	臺灣殖產	製造	新竹製腦
	彰化銀行		東洋製糖		斗六製糖		臺灣產業		臺灣煉瓦
	嘉義銀行		新高製糖	鐵道	紅咸鐵道		臺灣興業		臺灣製麻
	新高銀行		北港製糖	輕鐵	基隆輕鐵	土地建物	中部臺灣產業	化工	臺灣肥料
	臺灣商工銀行		臺北製糖		臺北輕鐵		打狗土地	瓦斯	臺灣瓦斯
	臺灣貯蓄銀行		帝國製糖		員林輕鐵		打狗整地	農產	鳳梨罐詰
信託	臺灣興業信託		大日本製糖		牛罵頭輕鐵		臺灣土地建物	製酒	埔里社製酒
電燈	新竹電燈		臺灣製糖	食品	新高製冰	漁業	臺灣水產	海運	基隆荷役
	嘉義電燈		明治製糖		臺灣醬油		臺灣漁業	劇場	臺中劇場

資料來源：依據 1911 年至 1920 年《臺灣日日新報》整理製作。

〔註27〕如 1911 年的股票行情便是由臺北市大稻埕地區一三美商會所提供，1940 年代則是由臺灣有價證券業組合所提供；參見〈株式現物相場表〉，《臺灣日日新報》，1911 年 3 月 3 日，第 5 版；〈島內株仲值表〉，《臺灣日日新報》，1943 年 2 月 21 日，第 2 版。

1920 年至 1930 年間，臺灣島內株市場較受人注目的熱門股票標的，約有二十四種產業別五十家會社股票標的（表 2-1-5）。其產業分布依序排列較多為製糖業六家、銀行業六家、製造業四家、食品業四家、炭礦業三家、電力二家、電燈二家等，顯示此時期熱門股票標的排序，仍以製糖業與銀行業的較受到投資者的矚目，另外也開始遍及其他產業。

表 2-1-5　1920 年至 1930 年臺灣島內株市場熱門股票標的一覽表

產業別	標的名稱	產業別	標的名稱	產業別	標的名稱	產業別	標的名稱	產業別	標的名稱
銀行	臺灣銀行	土地建物	臺灣土地建物	製糖	沙轆製糖	炭礦	基隆炭礦	漁業	臺灣水產
	彰化銀行		打狗土地		臺中製糖		臺灣炭業		臺灣漁業
	嘉義銀行	製造	臺灣製麻		朝日製糖		新高炭礦	製鹽	臺灣製鹽
	新高銀行		臺灣煉瓦		內外製糖	鐵道	臺北鐵道	製酒	高砂麥酒
	臺灣商工銀行		臺灣製紙		新竹製糖		臺灣軌道	肥料	臺灣肥料
	華南銀行		臺灣製腦		高砂製糖	輕鐵	基隆輕鐵	石材	臺灣石材
保險	天成火災	食品	日本芳釀	電燈	新竹電燈		臺中輕鐵	畜產	臺灣畜產
信託	臺灣興業信託		藤田豆粕		嘉義電燈	紡織	臺灣紡織	汽車	臺灣自動車
倉庫	臺灣倉庫		大正醬油	電力	臺灣電力		臺灣織物	木材	東洋木材
	南洋倉庫		海南製粉		電氣興業	鐵工	臺灣鐵工	開墾開發	日本拓殖

資料來源：依據 1920 年至 1930 年《臺灣日日新報》整理製作。

1930 年至 1940 年間，臺灣島內株市場較受人注目的熱門股票標的，約有二十七種產業別四十八家會社股票標的（表 2-1-6）。其產業分布依序排列較多為銀行業六家、製造業四家、食品業四家、鐵道業三家、電力二家等，顯示此時期熱門股票標的排序以銀行業居冠。但值得注意的，若以衍生產業的角度觀察，可以發現，銀行業、無盡業、保險業、信託業等合計有十家標的，有衍生出金融產業鏈的產業型態。這點在鐵道業與輕鐵業合計有五家標的，也具有相同發展趨勢。

另外也可以發現與民生生產相關的產業，如瓦斯、製鹽、食品、紡織、劇場等產業，自出現在熱門標的以來，始終都有投資者參與投資。1930 年至 1940 年間是屬於世界範圍內全面性的經濟動盪時期，能夠保持都有投資者，顯示此時期臺灣島內株市場仍有一定的活力。

表 2-1-6　1930 年至 1940 年臺灣島內株市場熱門股票標的一覽表

產業別	標的名稱	產業別	標的名稱	產業別	標的名稱	產業別	標的名稱
銀行	臺灣銀行	製造	臺灣煉瓦	電燈	臺灣電燈	食品	大正醬油
	勸業銀行		臺灣製腦		新竹電燈		臺南製冰
	三和銀行		臺灣製麻	農產	鳳梨罐詰		東光油脂
	臺灣商工銀行		臺灣製紙	畜產	臺灣畜產		海南製粉
	彰化銀行	鐵道	臺灣軌道		昭和家畜	製鹽	臺灣製鹽
	華南銀行		臺北鐵道	漁業	臺灣水產	鐵工	臺灣鐵工
無盡	南部無盡		新高軌道	炭礦	基隆炭礦	鑛業	臺灣鑛業
	臺灣勸業無盡	輕鐵	基隆輕鐵		臺灣炭業	紡織	臺灣織物
保險	大成火災		臺中輕鐵	肥料	臺灣肥料	開墾開發	日本拓殖
信託	臺灣興業信託	電力	臺灣電力	瓦斯	臺灣瓦斯	劇場	臺灣劇場
土地建物	臺灣土地建物		合同電氣	倉庫	臺灣倉庫	製酒	高砂麥酒
	打狗土地	爆竹	臺灣爆竹		南洋倉庫	市場	中央市場

資料來源：依據 1930 年至 1940 年《臺灣日日新報》整理製作。

　　同樣的現象也出現在 1940 年至 1943 年時期（表 2-1-7），此時已經進入戰爭時期，但是從熱門股票標的所顯示的情形，則是約有三十種產業別六十五家會社股票標的，不但產業別保持增長，股票標的數量也增加。

　　其產業分布依序排列較多為銀行業六家、製造業五家、食品業五家、鐵道業五家、製糖業四家、土地建物業三家、開墾開發業三家等。此時期受到投資者矚目的仍以銀行業居冠，若考量衍生產業則以金融產業較為受到投資者的重視。

　　此時期熱門股票標的數目增加的主要原因，應為此時從事有價證券的業者開始逐漸形成證券業的泛會員組織（或稱產業組合），有關股票買賣行情、投資標的、市場訊息等情報交換較為整合與進步之故。另一方面，也顯示臺灣島內株市場的規模有所成長所致。

　　綜上，1911 年至 1943 年間，日治時期臺灣島內株市場的投資標的，涵蓋範圍遍及當時臺灣本地主要的產業，如銀行業、製糖業、開墾開發、土地（含房地產業，以下同）、電力等政策開發性高的基礎產業，以及電燈、肥料、食品、製造、鐵道、輕鐵、紡織、製酒、汽車等與民生相關度高的產業。

表 2-1-7　1940 年至 1943 年臺灣島內株市場熱門股票標的一覽表

產業別	標的名稱	產業別	標的名稱	產業別	標的名稱	產業別	標的名稱
銀行	臺灣銀行	製造	臺灣製紙	製糖	臺灣製糖	電力	臺灣電力
	勸業銀行		臺灣製麻		明治製糖		合同電氣
	三和銀行		臺南製麻		沖繩製糖		東部電氣
	臺灣商工銀行		臺灣煉瓦		臺東製糖	電燈	臺灣電燈
	彰化銀行		臺南煉瓦	倉庫	臺灣倉庫		花蓮港電燈
	華南銀行	食品	臺灣製粉	化工	臺灣化成	輕鐵	基隆輕鐵
	臺灣貯蓄銀行		東光油脂		臺灣電化		臺中輕鐵
保險	大成火災		海南製粉	鑛業	臺灣鑛業	畜產	畜產興業
信託	臺灣興業信託		大正醬油	炭礦	基隆炭礦		臺灣畜產
	大東信託		合同鳳梨		臺灣炭業	閥門製造	臺灣バルブ工業
無盡	臺灣勸業無盡	鐵道	臺北鐵道	鐵工	日本アルミ	瓦斯	臺灣瓦斯
土地建物	臺灣土地建物		南邦交通		臺灣鐵工	紡織	臺灣織物
	打狗土地		臺灣交通	開墾開發	臺灣拓殖	劇場	臺灣劇場
	高雄地所		臺灣軌道		日本拓殖	市場	中央市場
製酒	高砂麥酒		新高軌道		臺灣興業	木材	花蓮木材
肥料	臺灣肥料	爆竹	臺灣爆竹	汽車	東海自動車	製鹽	臺灣製鹽

資料來源：依據 1940 年至 1943 年《臺灣日日新報》整理製作。

　　此外，也可以看到臺灣銀行、大日本製糖、帝國製糖等在日本內地臺灣株市場掛牌上市的股票，也出現在臺灣島內株市場中交易，顯示日治時期臺灣股票市場，並未有場內交易與場外交易的分別。但未在日本內地各交易所掛牌的臺灣企業股票則是無法在日本交易的。因為當時日本已有集中市場，不容許場外交易的存在。相對而言，屬於日本殖民地的臺灣，在股票交易這部分，是享有較高的自由度。

　　再者，從中也可以觀察到銀行業自始至終都是相當熱門的投資標的，其次則為製糖、鐵道、輕鐵、開墾開發等產業。從產業分類的角度解析，臺灣島內株市場受到投資人青睞的投資標的主要是以受政策扶持的產業、大型基礎建設相關產業以及資金供應的銀行業為主體。雖然也有新興的產業（自動

車、鋁業、門閥等）受到重視，但投資傾向仍以穩定度較高、風險較低以及與民生較為相關的產業，顯然是日治時期臺灣投資者的選擇偏好。

（三）臺灣股票市場主要產業及股價指數編製

股價指數為一種最直觀反映國家或地區，所有產業股價表現樣貌以及整體投資績效表現的指標。股價指數的編製方法有很多種，如現今臺灣所使用的「發行量加權股價指數」（簡稱：加權股價指數，TAIEX），是以總發行市值除以當日基價乘以 100 為其計算公式。〔註28〕這種方式需要詳細的股票發行量與成交價以及明確定義每日基價之起始日期始得計算。

日治時期臺灣股票市場乃為店頭市場，股價相關資料僅有股價記錄，且侷限於日治時期臺灣流通於市面之各會社股票大抵皆缺乏連續無斷裂之完整資料，故無法採用如加權股價指數般較為複雜之股價指數編製法。

但為突顯日治時期臺灣股票市場發展情形，同時也是此研究領域首次採用指數編製方式，藉以還原日治時期臺灣股票市場的發展面貌。本研究將日治時期臺灣主要產業會社，參酌的股價記錄連續與完整之程度，並以算術平均計算股價，採樣選取共計二十四家會社（表 2-1-8），編製其 1914 年至 1943 年之歷年股價行情表。分別按銀行業與製糖業（表 2-1-9）、其他各產業會社（表 2-1-10、表 2-1-11）等兩類編製。

所取樣主要產業會社，分別為銀行業：臺灣銀行、彰化銀行、臺灣商工銀行、華南銀行等四家；製糖業：大日本製糖、明治製糖、臺灣製糖、鹽水港製糖等四家；土地建物業（不動產業）：打狗土地、臺灣土地建物等二家；食品業：大正醬油、高砂麥酒等二家；製造業：臺灣製麻、臺灣煉瓦、臺灣製紙等三家；電力業：臺灣電力；鹽業：臺灣製鹽；礦業：臺灣炭業；倉庫業：臺灣倉庫；肥料業：臺灣肥料；交通業：基隆輕鐵；水產業：臺灣水產；織物業：臺灣織物；爆竹業：臺灣爆竹，共計十四種產業二十四家會社。

依據本研究所編製之股價行情表，採「簡單算數平均指數」編製方式，製作臺灣股票市場歷年股價指數。並分為臺灣股票市場綜合股價指數（包含日本內地臺灣株市場及臺灣島內株市場）、日本內地臺灣株市場股價指數、臺灣島內株市場股價指數等三種指數。雖取樣會社標準以股價連續性與完整度

〔註28〕臺灣證券交易所，〈發行量加權股價指數編製要點〉，臺灣證券交易所網站：https://www.taiwanindex.com.tw/files/indexfile/2.pdf，上網日期：2018 年 10 月 13 日。

為原則，但受限史料有限，仍有相當數量之股價闕如。故僅能以此大抵反映日治時期臺灣股票市場的發展樣貌，藉以拋磚引玉，期以後續更多史料出土，得以將其填補更完備。

表 2-1-8　臺灣股票市場股價指數採樣選取主要會社一覽表　　單位：日圓

產業別	會社名	創立時間	創立資本金	1942 年資本金	1940 年後股票發行量（股）
銀行	臺灣銀行	1899 年 08 月	5,000,000	30,000,000	300,000
	彰化銀行	1905 年 06 月	220,000	4,800,000	96,000
	臺灣商工銀行	1910 年 07 月	1,000,000	5,000,000	100,000
	華南銀行	1919 年 01 月	10,000,000	2,500,000	50,000
製糖	大日本製糖	1896 年 01 月	300,000	96,170,000	1,923,400
	臺灣製糖	1900 年 12 月	1,000,000	64,200,000	1,284,000
	明治製糖	1906 年 12 月	5,000,000	58,000,000	1,160,000
	鹽水港製糖	1907 年 03 月	5,000,000	60,000,000	1,200,000
製造	臺灣製麻	1912 年 12 月	2,000,000	1,400,000	28,000
	臺灣煉瓦	1913 年 07 月	3,000,000	3,000,000	60,000
	臺灣製紙	1919 年 10 月	1	240,000	4,800
土地建物	臺灣土地建物	1908 年 04 月	1	1,500,000	30,000
	打狗土地	1912 年 07 月	1,000,000	500,000	10,000
食品	高砂麥酒	1919 年 01 月	2,000,000	3,000,000	60,000
	大正醬油	1920 年 04 月	1	1,000,000	20,000
電力	臺灣電力	1919 年 08 月	30,000,000	7,740,000	1,548,000
倉庫	臺灣倉庫	1916 年 08 月	1,000,000	2,000,000	40,000
鹽業	臺灣製鹽	1919 年 07 月	1	5,000,000	100,000
肥料	臺灣肥料	1910 年 06 月	1	2,000,000	40,000
炭礦業	臺灣炭業	1920 年 04 月	1,000,000	1,000,000	20,000
交通	基隆輕鐵	1912 年 04 月	200,000	600,000	12,000
織物	臺灣織物	1920 年 03 月	1,500,000	195,000	3,900
爆竹	臺灣爆竹	1916 年 03 月	650,000	13,000
水產	臺灣水產	1911 年 03 月	1	－	

資料來源：依據竹本伊一郎，《臺灣會社年鑑》（昭和十七年版），臺北：臺灣經濟研究會，1941年及《臺灣會社年鑑》（昭和十八年版），1942 年整理製作。

表 2-1-9　1914 年至 1943 年臺灣島內株市場銀行業與製糖業歷年股價

單位：日圓

時間	臺灣銀行	彰化銀行	臺灣商工銀行	華南銀行	大日本製糖	明治製糖	臺灣製糖	鹽水港製糖
1914	158.85	–	–	–	51.60	60.09	63.58	42.06
1915	172.10	–	–	–	81.99	87.49	92.45	74.62
1916	180.66	–	–	–	110.56	136.41	127.88	116.89
1917	225.50	–	–	–	90.34	117.70	111.60	87.77
1918	194.50	–	–	–	109.88	110.85	109.52	88.33
1919	172.00	120.00	91.00	41.00	162.71	168.65	158.35	173.84
1920	124.00	75.00	72.00	71.00	81.24	79.54	78.56	80.53
1921	138.00	48.50	47.50	68.00	93.37	73.45	67.57	72.62
1922	101.00	41.50	41.00	45.00	85.30	70.50	51.10	61.40
1923	74.50	32.70	50.00	75.00	112.60	84.70	58.70	69.00
1924	79.50	27.00	50.00	28.90	107.74	83.90	69.75	64.97
1925	59.40	20.50	18.00	15.00	104.90	85.40	73.70	67.40
1926	62.00	23.50	28.20	11.30	107.20	96.70	82.90	71.90
1927	62.50	31.00	24.00	9.00	92.80	90.10	80.80	48.10
1928	71.50	32.00	13.70	6.20	87.00	85.10	85.10	25.10
1929	56.50	37.00	24.00	10.00	70.90	75.90	72.60	16.80
1930	43.20	36.00	17.20	6.00	39.00	55.20	58.10	–
1931	49.30	24.00	13.00	5.00	36.10	60.60	67.50	–
1932	49.20	22.10	12.80	6.00	73.90	99.90	108.20	–
1933	94.50	31.00	21.00	9.50	85.90	105.50	114.50	–
1934	87.50	28.20	21.00	8.80	77.00	110.50	111.30	35
1935	76.20	28.50	21.80	9.20	73.30	106.60	–	45.5
1936	94.10	31.50	24.00	9.70	94.90	–	–	51.7
1937	94.00	37.00	37.50	20.50	111.5	115.9	114.9	87
1938	87.30	34.80	34.50	19.50	113.7	–	–	58.3
1939	107.00	37.00	37.50	22.00	87.00	110	111.5	66
1940	133.50	53.50	57.00	30.50	107.50	118	123	83
1941	111.90	50.00	51.50	26.00	83.50	102.5	102.9	56.5
1942	120.00	48.50	50.00	27.00	90	107.7	108	63.4
1943	129.60	51.00	54.00	33.00	80.3	96	96	64.6
平均	106.99	40.07	36.49	24.52	90.12	96.25	92.59	68.17

資料來源：依據 1914 年至 1925 年《臺灣總督府府報》及 1914 年至 1943 年《臺灣日日新報》
　　　　　彙集整理製作。

表 2-1-10　1914 年至 1943 年臺灣島內株市場土地等各業會社歷年股價

單位：日圓

時間	打狗土地	臺灣土地建物	臺灣製麻	臺灣電力	臺灣倉庫	臺灣製鹽	臺灣肥料	臺灣煉瓦
1914	10.00	31.00	6.00	–	–	–	14.00	6.00
1915	–	28.50	–	–	–	–	–	4.50
1916	10.00	29.00	12.50	–	–	–	14.00	5.50
1917	13.00	30.50	16.00	–	–	–	22.00	8.50
1918	13.00	34.00	19.00	–	16.00	–	55.00	19.80
1919	33.00	99.00	40.00	29.00	31.00	–	50.00	70.00
1920	–	98.00	33.00	24.50	–	20.00	–	64.00
1921	44.00	73.00	20.00	29.00	45.00	7.00	–	40.50
1922	38.00	65.50	10.00	30.50	38.00	10.00	–	31.50
1923	30.00	57.00	–	26.50	30.00	–	25.00	28.00
1924	–	50.00	6.00	24.00	30.00	6.50	25.00	24.00
1925	–	41.50	15.50	25.50	21.00	5.00	26.00	–
1926	15.00	40.00	–	31.50	21.00	5.50	41.00	20.00
1927	–	39.00	–	29.00	–	7.50	37.00	26.50
1928	25.00	31.00	–	34.50	24.00	5.50	33.00	–
1929	28.00	27.80	–	36.00	24.00	5.00	30.50	–
1930	–	22.50	–	32.50	21.60	–	19.00	31.00
1931	35.00	20.00	–	30.50	21.00	5.00	14.00	–
1932	31.00	11.00	7.00	24.50	21.50	6.00	14.00	25.00
1933	34.00	20.00	16.00	38.20	22.50	10.00	20.00	30.50
1934	37.50	22.00	20.30	55.70	22.80	14.00	15.80	33.30
1935	40.00	19.50	21.00	48.20	–	15.50	17.60	32.80
1936	45.00	19.30	23.00	54.60	21.80	25.00	20.00	39.00
1937	80.00	37.50	18.00	53.10	29.00	39.50	40.50	71.00
1938	75.00	35.50	17.30	50.40	27.50	34.00	41.50	64.50
1939	75.00	38.00	26.00	56.00	27.00	37.20	52.00	85.00
1940	90.50	57.00	31.00	64.40	37.00	37.00	64.00	74.00
1941	80.00	51.00	31.00	59.00	38.00	40.70	55.00	71.00
1942	75.00	56.00	36.00	67.00	38.00	42.00	–	71.00
1943	71.00	43.00	41.50	73.30	41.00	41.50	50.00	71.00
平均	42.83	40.90	21.19	41.10	28.20	19.06	31.84	40.30

資料來源：依據 1914 年至 1943 年《臺灣日日新報》彙集整理製作。

表 2-1-11　1914 年至 1943 年臺灣島內株市場食品等各業會社歷年股價

單位：日圓

時間	大正醬油	高砂麥酒	臺灣炭業	基隆輕鐵	臺灣製紙	臺灣織物	臺灣爆竹	臺灣水產
1914	–	–	–	19.00	–	–	–	9.50
1915	–	–	–	25.00	–	–	–	8.20
1916	–	–	–	20.00	–	–	–	10.00
1917	–	–	–	25.00	–	–	–	19.50
1918	–	–	–	26.50	–	–	–	18.50
1919	–	19.00	–	35.00	–	–	–	18.00
1920	11.00	24.00	14.00	–	–	–	–	17.50
1921	–	8.50	5.00	25.00	–	–	–	19.50
1922	–	3.00	–	25.00	2.00	3.00	–	15.00
1923	–	–	–	20.00	–	–	–	–
1924	5.50	2.00	0.40	20.00	4.50	0.80	–	10.00
1925	5.50	1.50	3.00	–	5.50	8.00	–	7.00
1926	–	–	–	–	3.50	–	–	–
1927	–	–	3.40	–	–	–	–	–
1928	10.00	–	–	–	–	–	110.00	–
1929	10.00	–	2.50	–	1.50	–	120.00	–
1930	–	3.00	–	–	1.55	–	–	–
1931	4.00		–	47.00	–	–	90.00	–
1932	3.50	3.30	1.00	42.00	–	–	90.00	4.00
1933	3.50	6.80	2.00	44.00	6.50	14.50	110.00	3.00
1934	4.20	48.00	2.50	43.00	40.00	14.50	110.00	–
1935	4.50	47.00	2.90	–	49.00	28.00	90.00	4.00
1936	4.50	48.50	3.70	45.00	49.00	23.00	91.00	5.00
1937	5.00	54.00	5.50	51.00	57.00	19.90	100.00	9.00
1938	4.50	54.00	7.00	52.00	57.00	33.00	60.00	9.00
1939	6.00	60.00	11.00	53.00	57.00	47.00	50.50	–
1940	10.50	66.00	15.00	54.00	69.00	60.20	50.00	–
1941	–	60.00	–	51.00	70.50	55.00	50.00	–
1942	13.00	58.50	15.50	47.00	67.00	65.00	–	–
1943	16.00	65.00	15.50	–	70.00	110.00	55.00	–
平均	7.13	33.27	6.46	36.64	35.91	34.42	84.04	10.98

資料來源：依據 1914 年至 1943 年《臺灣日日新報》彙集整理製作。

　　從圖 2-1-5 臺灣股票市場綜合股價指數的表現分析，大抵反映 1914 年至 1943 年臺灣本地的投資績效與投資信心，並間接反映經濟發展情勢。在第一次世界大戰期間（1914～1918），日本經濟因填補戰時歐陸列強無暇顧及的國際貿易空間，以及供應大量軍需物資，導致出現一波強勁的戰時經濟榮景。臺灣也同步受惠，出現一股投資熱潮。一戰戰後因參戰諸國財政崩壞與經濟殘破，貿易需求大減，導致日本經濟由盛轉衰。由於戰時生產設施擴張過甚以及國際貿易衰退幅度過大，於是出現戰後經濟危機，此後餘波蕩漾，又經歷關東大地震、昭和金融恐慌〔註 29〕、世界經濟大蕭條等經濟惡化局面，臺灣也深受其影響。

圖 2-1-5　1914 年至 1943 年臺灣股票市場綜合股價指數

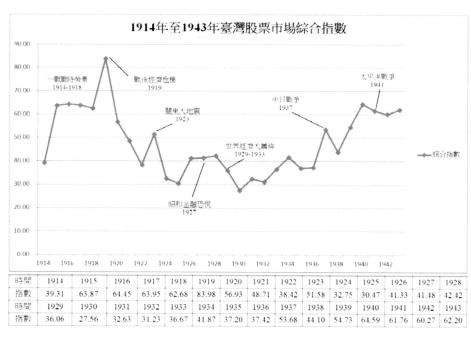

時間	1914	1915	1916	1917	1918	1919	1920	1921	1922	1923	1924	1925	1926	1927	1928
指數	39.31	63.87	64.45	63.95	62.68	83.98	56.93	48.71	38.42	51.58	32.75	30.47	41.33	41.48	42.42
時間	1929	1930	1931	1932	1933	1934	1935	1936	1937	1938	1939	1940	1941	1942	1943
指數	36.06	27.56	32.63	31.23	36.67	41.87	37.20	37.42	53.68	44.10	54.73	64.59	61.76	60.27	62.20

資料來源：本研究繪製。

〔註29〕　昭和金融恐慌，係指 1927 年 3 月發生於日本的一場金融危機。日本經濟因受惠於第一次世界大戰期間填補歐美列強無暇顧及所遺留的市場，使日本經濟出現飛躍式的成長，形成戰爭景氣的現象。戰後第一年 1919 年更是出現比戰時更加繁榮的景氣，但好景不長，隔年 1920 年世界經濟急轉直下，出現戰後經濟危機，日本經濟大受打擊，隨後在 1923 年發生的關東大地震，讓日本經濟更是雪上加霜，終於在 1927 年爆發金融危機，由於當時處於昭和天皇剛登基，故稱這場危機為昭和金融恐慌。

　　但值得注意的則是臺灣股票市場股價指數落底在 1930 年，此後直至 1943 年為止，基本趨勢都是往上。若從投資績效與投資信心的角度觀察，顯示臺灣經濟早於世界掙脫經濟大蕭條困境的時間。此時國際經濟情勢遭逢經濟大蕭條所導致的惡化局面仍未見底。1929 年至 1933 年美國甚至急速陷入建國以來最嚴重的經濟蕭條，失業率從 3.2%竄升至 24.9%，有九千多家銀行暫停營業或倒閉；當時世界上許多國家經濟情勢與美國不相上下。〔註30〕經濟大蕭條的轉折在 1933 年，此時已有不少國家的經濟開始從惡化趨緩轉為復甦。

　　日本經濟同樣受經濟大蕭條之影響而惡化，但從前述臺灣本地投資績效表現的觀點論，顯然臺灣經濟受此影響程度較淺。此後臺灣股票市場經歷中日戰爭與太平洋戰爭，但受影響程度都不高，整體趨勢維持向上不變。

　　圖 2-1-6 為臺灣本地資本所形成的臺灣島內株市場股價指數，顯示臺灣本地的投資績效與信心在 1925 年是底部，反而在昭和金融恐慌與世界經濟大蕭條期間的表現，並未出現底部。

圖 2-1-6　1914 年至 1943 年臺灣島內株市場股價指數

時間	1914	1915	1916	1917	1918	1919	1920	1921	1922	1923	1924	1925	1926	1927	1928
指數	13.64	16.55	14.43	19.21	25.23	53.92	45.41	34.73	26.32	38.63	18.16	13.79	20.90	22.18	29.04
時間	1929	1930	1931	1932	1933	1934	1935	1936	1937	1938	1939	1940	1941	1942	1943
指數	26.69	17.54	25.27	18.76	22.49	28.58	26.96	29.33	39.55	36.70	42.42	50.36	52.05	47.30	51.78

資料來源：本研究繪製。

〔註30〕 Nouriel Roubini & Stephen Mihm 著、陳儀譯，《末日博士危機經濟學》（臺北：大塊文化出版股份有限公司，2010 年），頁 35。

　　以趨勢發展而言，1925 年後轉折向上，此後趨勢發展皆未出現轉折變化，這突顯臺灣即使面臨經濟或金融危機的發生僅導致回檔現象而已，這也反映此時臺灣本地投資績效與信心的表現優於其他國家或地區。

　　圖 2-1-7 為日本內地臺灣株市場股價指數，是以臺灣會社赴日本東京股票交易所掛牌交易的股票所編製而成，反映的仍是臺灣股票市場的情況，並非反映日本股票市場的情況。能夠在日本股票市場掛牌交易，大抵皆為臺灣最重要的主力會社，以現今的觀點論，可以視為臺灣本地的「藍籌股」或大型「權值股」〔註31〕。

圖 2-1-7　1914 年至 1943 年日本內地臺灣株市場股價指數

時間	1914	1915	1916	1917	1918	1919	1920	1921	1922	1923	1924	1925	1926	1927	1928
指數	75.24	101.73	134.48	126.58	122.62	144.09	78.06	79.00	66.63	71.00	71.64	69.38	75.37	67.22	64.72
時間	1929	1930	1931	1932	1933	1934	1935	1936	1937	1938	1939	1940	1941	1942	1943
指數	54.78	45.60	48.80	71.14	87.72	79.50	69.96	73.83	96.07	77.43	89.58	104.90	86.05	92.68	89.97

資料來源：本研究繪製。

　　在股價指數表現部分，趨勢大體與臺灣島內株市場一致，但底部形成時間為 1930 年，前述臺灣股票市場的走勢顯然受此影響。以趨勢發展論，日本內地臺灣株市場自 1919 年日本一戰後經濟危機以來，就是一路下滑的走勢，

〔註31〕　藍籌股或權值股是相同意義的稱呼，泛指在產業中處於知名度高、公司規模大、市佔率高、營業利益穩定、市場認同度大的公司股票。

直至 1930 年落底爲止才轉折向上，此後雖維持向上的趨勢，但走勢相較於臺灣島內株市場的表現較爲平緩。這顯示當時臺灣重要會社在投資績效與信心表現具有相當程度的保守性。

　　圖 2-1-8 爲臺灣股價指數與日本東京股價指數之比較，顯示臺灣股票市場趨勢走向與日本東京股票市場相似，但對遇上經濟或金融危機時，臺灣股票市場投資表現要優於日本，如 1927 年昭和金融恐慌，臺灣股票市場 1928 年才開始下滑，只走了約二年空頭市場，1930 年便出現底部轉折而上。

圖 2-1-8　1921 年至 1943 年臺灣股價指數與東京股價指數比較

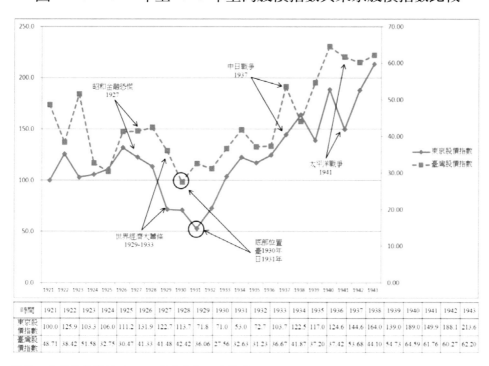

時間	1921	1922	1923	1924	1925	1926	1927	1928	1929	1930	1931	1932	1933	1934	1935	1936	1937	1938	1939	1940	1941	1942	1943
東京股價指數	100.0	125.9	103.3	106.0	111.2	131.9	122.7	113.7	71.8	71.0	53.0	72.7	103.7	122.5	117.0	124.6	144.6	164.0	139.0	189.0	149.9	188.1	213.6
臺灣股價指數	48.71	38.42	51.58	32.75	30.47	41.33	41.48	42.42	36.06	27.56	32.63	31.23	36.67	41.87	37.20	37.42	53.68	44.10	54.73	64.59	61.76	60.27	62.20

說明：東京股價指數以 1921 年爲基期，基數爲 100。
資料來源：東京股價指數係依據 1934 年至 1942 年《東京株式取引所統計年報》及 1938 年至 1943 年《朝日經濟年史》整理製作。

　　日本股票市場則在 1927 年隨即下滑，直至 1931 年才出現底部，走了約四年空頭市場。再以底部出現時間分析，同樣臺灣與日本都受到世界經濟大蕭條的衝擊，如前所述，臺灣領先於世界上諸多國家或地區，較早掙脫經濟大蕭條的影響，也比日本要早。此後臺、日股價指數走勢趨同，皆爲向上之趨勢。

究其原因，應為當時臺灣經濟規模相較於日本或其他國家較小，故危機之衝擊相對較小，而經濟發展空間仍大，較易發展。其次，從臺灣股票市場的投資表現可知，日治時期臺灣本地的投資環境相較於當時日本乃至於世界其他地區，都是表現較佳的地區，容易吸引資本，據此間接證明日治時期臺灣經濟發展前景是較佳的。同時也顯示日本治臺期間並未忽略對臺灣經濟之發展。此後若無戰爭因素之干擾，臺灣經濟表現應可更為亮眼。

這也呼應王作榮〔註 32〕認為日本統治臺灣是把臺灣視為其本國國土在經營，對於發展臺灣經濟，主要根據臺灣本身資源之天賦與比較利益，選定利於臺灣的發展途徑，很少是顧及日本本土需要的經濟剝削，日本是在輸入資金及商品勞務，支援臺灣經濟發展的論述。〔註 33〕

三、股票交易流程

股票交易流程可以區分為三個交易主體來分析，首先是客戶，其次是證券商（仲介商），最後是股票發行公司。

從客戶端的角度來分析（圖 2-1-9），客戶若是想要投資日本內地臺灣株市場的標的，是需要透過臺灣島內證券商或日本券商駐臺支部轉單至日本內地證券商〔註 34〕在日本本土各交易所完成交易。而客戶若是投資臺灣島內株市場的標的，則客戶可以透過下單給臺灣島內證券商委託其處理相關之交易。

客戶端也可以不經由擔任中間商角色的證券商獨自交易，例如直接與在日本內地的證券商下單交易，或是直接聯繫股票發行公司股東兜售或洽購。但是這種情形，應該是相當的少，因為證券商這種仲介角色的出現，就標誌著由客戶端獨自交易是被取代的存在。

〔註 32〕　王作榮（1919～2013），湖北漢川人，經濟學家，重慶中央大學經濟系畢業，並先後取得美國華盛頓州立大學碩士以及美國范德堡大學經濟碩士；曾任最高法院檢察署會計主任、臺灣大學教授、東吳大學教授、美援會專門委員、國際經濟合作發展委員會處長、考試委員、考選部部長、監察院長、總統府資政等職。

〔註 33〕　王作榮口述、工商時報經研室記錄，《王作榮看臺灣經濟》（臺北：時報文化出版企業有限公司，1989 年），頁 10～14。

〔註 34〕　日本內地證券商必須擁有交易所會員資格才可直接在交易所交易，若無交易所會員資格，則必須再轉單給擁有交易所會員資格的券商，此又稱為複委託制度。假設一家只擁有東京交易所會員資格的證券商，接獲只在大阪交易所掛牌交易的標的訂單，該證券商就必須將訂單轉單至有業務往來且擁有大阪交易所會員資格的證券商來完成交易。

圖 2-1-9 客戶端股票交易流程圖

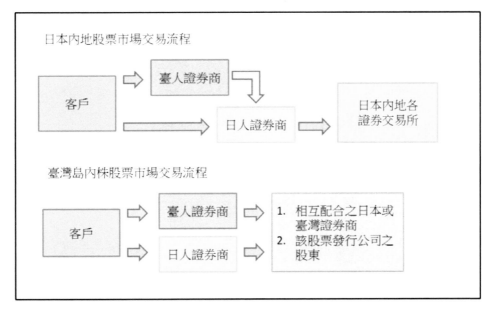

資料來源：本研究繪製。

　　以證券商的角度分析（圖 2-1-10），證券商是擔任仲介的角色，不論是對下游的客戶，還是上游的股票發行公司股東，都存在雙向的交易關係。而對於證券商同業間則是存在相互調度配合的關係。廣義而言，不論交易對象為何，基本上仍是買與賣的關係。

　　以客戶端來說，客戶會主動下單給證券商達成所需之交易，而證券商也會向客戶兜售證券商手中已有的庫存。在對股票發行公司的股東來說，股東的持股，就是證券商的貨源之一，若股東有私人財務處理上的需求，不論是出脫持股，或是收購股權，證券商都可扮演著提供效率的服務角色。

　　在證券商同業間則是存在相互合作的調度關係，在沒有股票集中市場支持大量貨源的背景下，單一證券商可供貨源有限，所以同業間的橫向配合調度的順利與否，相當程度影響證券商經營業務的成敗。

　　以股票發行公司股東分析（圖 2-1-11），股票發行公司股東的交易關係有二，其一為所屬同公司股東間的交易關係，股東之間有相互轉讓持股與收購股權的交易關係。其二為透過公司外部的證券商委託其代為買賣股票。若是不牽涉所屬公司的股權交易，股票發行公司的股東也會具備單純客戶端的角色。

圖 2-1-10　證券商交易流程圖

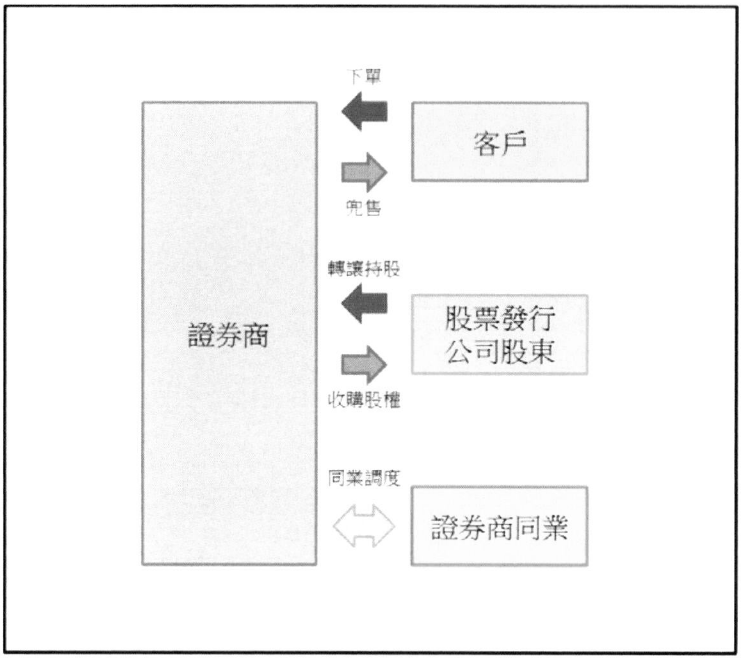

資料來源：本研究繪製。

圖 2-1-11　股票發行公司股東交易流程圖

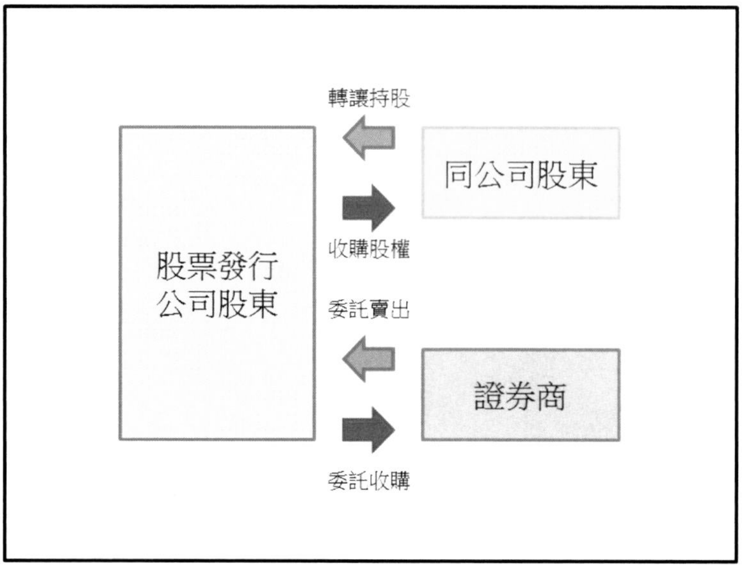

資料來源：本研究繪製。

對於證券商來說，股票發行公司股東也是其供貨的上游以及兜售的主要對象，因爲相較於一般客戶而言，具備股票發行公司股東身份的財力與其背後資源，是讓證券商不可忽視的的客群。

綜上所述，對於股票交易主體間的分析，可以得出交易主體間，除了扮演仲介角色的證券商外，其餘角色間實際上是可以依據不同需求而改變的，股東可以爲變現需求而賣出持股，爲爭奪經營權而收購股權。客戶也可以透過買進股票來介入經營，或是單純享受投資收益。所以日治時期臺灣股票市場雖然沒有完備的集中市場，但是其市場功能仍是充分發揮，自由度也相當的高。

四、股票交割方式

日治時期臺灣股票交易的交割方式，以《臺灣鹽業檔案》所藏臺灣製鹽株式會社股票爲例，在股票買賣雙方成交後，必須分別填製「株券（分割併合）請求書」，[註 35] 買方填寫併合、賣方填寫分割以及股數（株數）、支付或收入金額、張數（枚數）、株主姓名、住所等資料後，連同股票送交臺灣製鹽株式會社辦理股票交割，以圖 2-1-12 爲例，簽核層級達到該會社專務層級，即董事層級。

其後會社方會製作包含「株式名義書換請求書」、「株式權利移轉承認請求書」在內的「董事會決議書」（圖 2-1-13）並在其內容記載股份轉讓事由（賣買、贈與、質入、書入）、轉移取得者（受讓人）之姓名住所、株券種類（面額、株數、編號、枚數）送交董事會。[註 36]

經會社方同意後，會在股票背面詳細記載該張股票區分爲讓渡人與受讓人之轉讓記錄，且同樣經由該會社董事（取締役）簽證（圖 2-1-14）。[註 37]

〔註 35〕　「越智寅一株券併合請求書」（1934 年 06 月 30 日），〈自昭和九年六月至十年十二月株式關係書類（臺灣製鹽株式會社）〉，《臺灣鹽業檔案》，國史館臺灣文獻館，典藏號：006050081005；「許冀箕株券請求書」（1942 年 06 月 16 日），〈優先株株式權利移轉承認二關スル件〉，《臺灣鹽業檔案》，國史館臺灣文獻館，典藏號：006050108091；「越智總二株券請求書」（1942 年 11 月 27 日），〈優先株株式權利移轉承認二關スル件〉，《臺灣鹽業檔案》，國史館臺灣文獻館，典藏號：006050108099。
〔註 36〕　「大和田悌二株券請求書」（1943 年 02 月 01 日），〈優先株發行關係（臺灣製鹽株式會社）〉，《臺灣鹽業檔案》，國史館臺灣文獻館，典藏號：006050103035。
〔註 37〕　「台灣製鹽株式會社優先株、壹株株券（株主施議祥、韋偉甫、丁瑞圖三十枚）」，〈臺灣製鹽株式會社株券──優先株、壹株〉，《臺灣鹽業檔案》，國史館臺灣文獻館，典藏號：006080077001。

圖 2-1-12　臺灣製鹽會社株券（分割併合）請求書

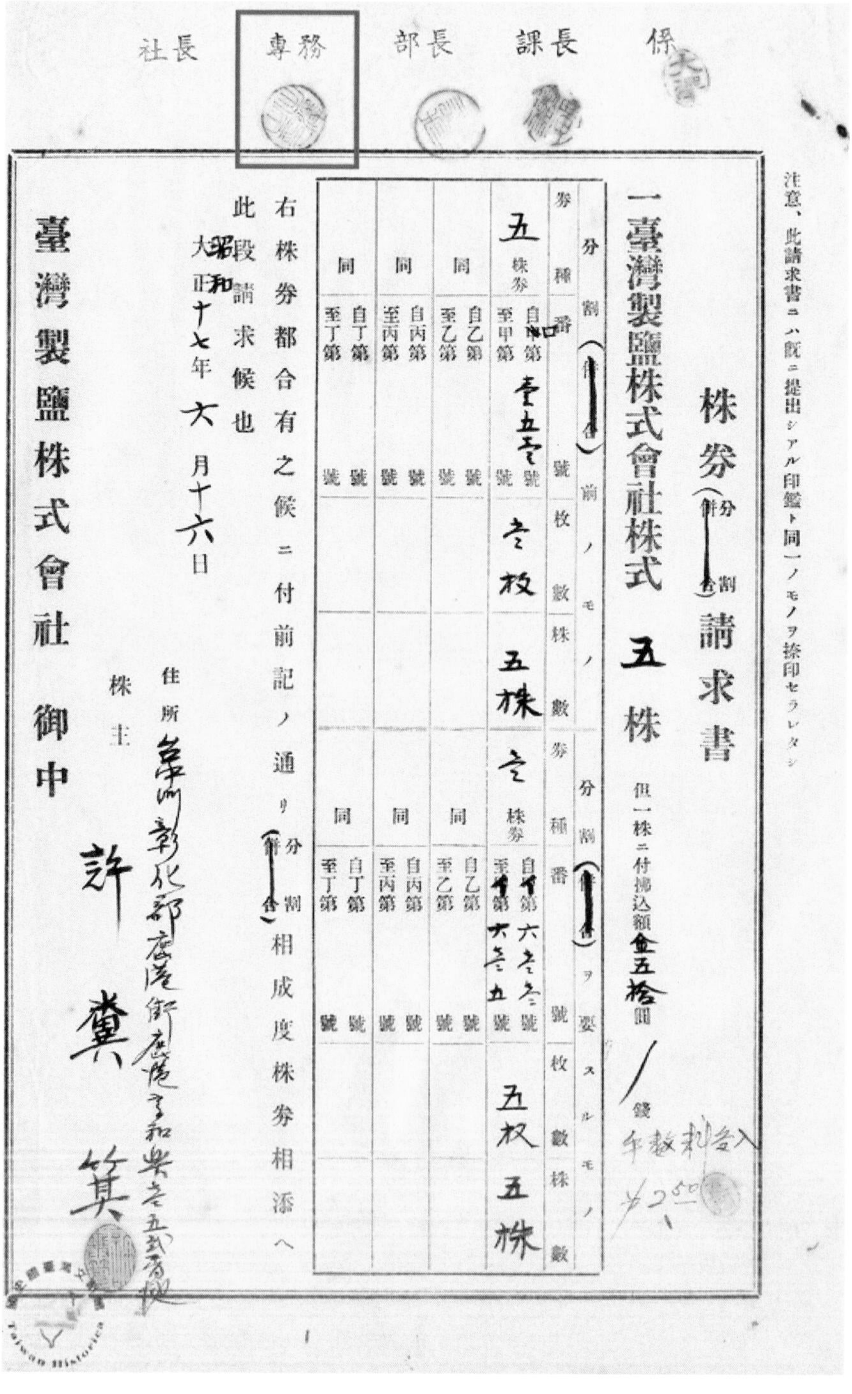

社長　專務　部長　課長　係

注意、此請求書ニハ既ニ提出シアル印鑑ト同一ノモノヲ捺印セラレタシ

株券（分割併合）請求書

一臺灣製鹽株式會社株式　五株

但一株ニ付拂込額金五拾圓

分割（併合）前ノモノ				分割（併合）ヲ要スルモノ			
券種	番號	枚數	株數	券種	番號	枚數	株數
五株券	自口第壹五二〇號 至甲第　號	一枚	五株	一株券	自イ第六二一號 至イ第六二五號	五枚	五株
同	自乙第　號 至乙第　號			同	自乙第　號 至乙第　號		
同	自丙第　號 至丙第　號			同	自丙第　號 至丙第　號		
同	自丁第　號 至丁第　號			同	自丁第　號 至丁第　號		

右株券都合有之候ニ付前記ノ通リ（分割併合）相成度株券相添ヘ此段請求候也

昭和（大正）十七年六月十六日

住所　臺中州彰化郡鹿港街鹿港字和興二五弍番地

株主　許箕

臺灣製鹽株式會社御中

手數料合入　¥2.50

資料來源：國史館臺灣文獻館《臺灣鹽業檔案》，典藏號：006050108091。

圖 2-1-13　臺灣製鹽會社董事會決議書（右至左順序）

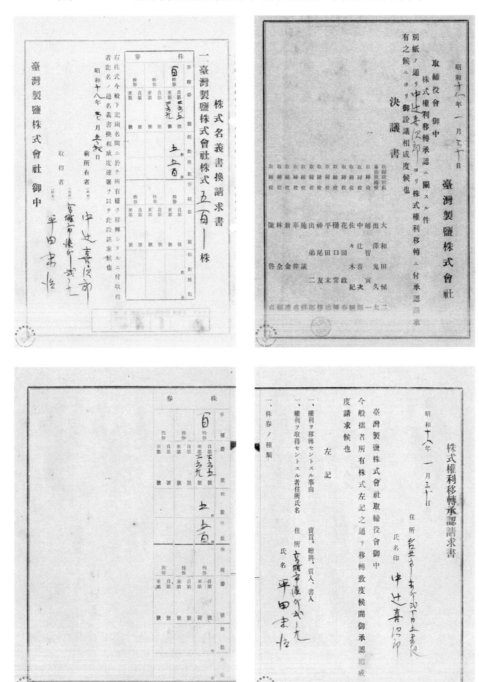

資料來源：國史館臺灣文獻館《臺灣鹽業檔案》，典藏號：006050103035。

圖 2-1-14　臺灣製鹽株式會社面額 50 日圓股票（正、背面）

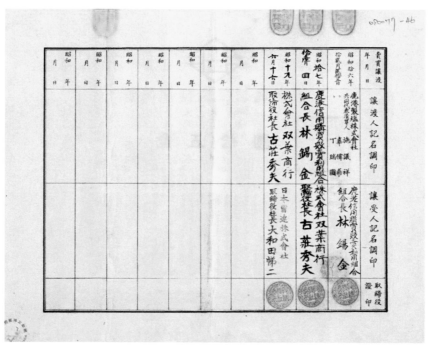

資料來源：國史館臺灣文獻館《臺灣鹽業檔案》，典藏號：006080077001。

故股票交割流程大抵為買賣雙方交易後，向所交易股票之會社申請股權移轉，經該會社同意並於股票背面簽證後，交與股票受讓人，買賣雙方才算完成整個股票交易。

第二節　臺灣股票發行模式——以銀行業為例

1895 年，日本通過馬關條約的簽訂而統治臺灣，隨著臺灣總督府的成立的同時，日本資本引進明治維新後的近代股份制度公司組織制度來到臺灣。由於股票的出現，必然是先有股份制公司的成立並伴隨著股票發行。股票發行後，才會形成股票流通市場。雖然此時在中國內地已經因為洋務運動的推行而有著不少採行近代股份制度的公司，同時在上海也形成店頭市場模式的股票市場。

但臺灣在清代時，並未因上海股票市場之發展，而引進股份制度。故可說臺灣在清代時，不存在股份制度的公司組織，〔註38〕仍是維持中國傳統商業習慣，以個人或家族資本，以及合股資本等形式存在的商業組織。所以在日本資本將股份制度引進臺灣前，臺灣並沒有形成股票市場得以存在的條件。

一、臺灣銀行與臺灣貯蓄銀行

日本領臺後，最早的股票發行行為，是因臺灣本地縱貫鐵道鋪設與基隆港築港，以及道路開鑿等公共交通建設之故，於是在 1896 年 5 月由臺灣興業會成員安場保和等人倡議，以資本金一千五百萬日圓，並發行三十萬股，成立「臺灣鐵道株式會社」，進行臺灣鐵道的鋪設。該倡議獲得臺灣總督府的同意。但該會社籌資的地點是在日本內地，雖是在臺灣興辦的企業組織，但股票之發行與流通並未在臺灣實施。故嚴格定義來說，不能算是最早在臺灣發行之股票。該會社後因籌資問題於 1899 年解散，臺灣鐵道鋪設事業則轉由臺灣總督府接辦。

臺灣最早的股票發行，應是成立「株式會社臺灣銀行」所發行的股票。1897 年 3 月，日本帝國議會通過〈臺灣銀行法〉，同年 11 月成立「臺灣銀行創立委員會」，展開臺灣銀行籌備工作。1899 年 3 月，制定〈臺灣銀行輔助法〉，

〔註38〕實業之臺灣社編，《臺灣經濟年鑑》（臺北：成文出版社影印實業之臺灣社大正十四年版，1999 年），頁 40。

並修改〈臺灣銀行法〉。同年 6 月，株式會社臺灣銀行成立，並正式發行臺灣銀行股票，資本金爲五百萬日圓，分爲五萬股發行，每股面額 100 日圓。其中日本政府認購一百萬日圓股份，並以開始營業五年間的股利分紅，全數留用充作臺灣銀行之準備金，以及提供二百萬日圓的五年無息貸款爲補助。〔註 39〕

臺灣銀行創立委員會於 1899 年 4 月 16 日在《臺灣日日新報》，刊登臺灣銀行株主募集公告（圖 2-2-1）。其中募集方式載明，申請時間從 1899 年 5 月 1 日至 1899 年 5 月 14 日，每股付證據金 10 日圓，連同申請書一併郵寄送至臺灣銀行創立委員事務所申請。創立委員會收件後，會印製申請證交付申請人作爲支付證據金的憑證。當認購股數超過額定股數時，將以抽籤方式決定可認購股數。〔註 40〕

圖 2-2-1　株式會社臺灣銀行株式申請證樣式

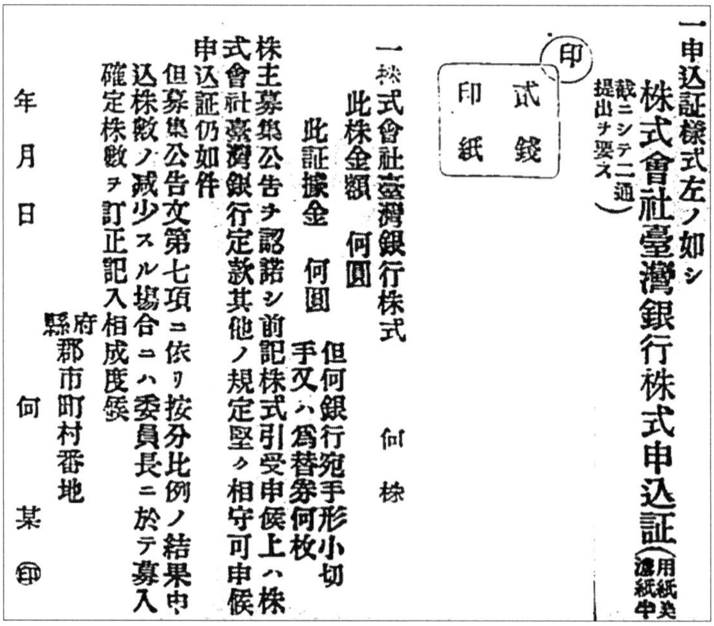
一申込証樣式左ノ如シ
株式會社臺灣銀行株式申込証（用紙美濃紙中截ニシテ二通提出ヲ要ス）
式錢印紙　印
一株式會社臺灣銀行株式　何株
此株金額　何圓
此証據金　何圓　但何銀行宛手形小切手又ハ爲替券何枚
株主募集公告ヲ認諾シ前記株式引受申候上ハ株式會社臺灣銀行定款其他ノ規定堅ク相守可申候申込証仍如件
但募集公告文第七項ニ依リ按分比例ノ結果申込株數ノ減少スル場合ニハ委員長ニ於テ募入確定株數ヲ訂正記入相成度候
年月日
府縣郡市町村番地　何某㊞

資料來源：《臺灣日日新報》1899 年 4 月 16 日。

〔註 39〕實業之臺灣社編，《臺灣經濟年鑑》（臺北：成文出版社影印實業之臺灣社大正十四年版，1999 年），頁 80；臺灣省文獻委員會編，〈卷四　經濟志金融篇〉，《臺灣省通志稿》（臺北：捷幼出版社再版臺灣省政府 1959 年版，第 19 冊，1999 年），頁 115。

〔註 40〕〈株式會社臺灣銀行株主募集公告〉，《臺灣日日新報》，1899 年 4 月 16 日，第 1 版。

除了日本政府認購一萬股之外，其餘四萬股開放向民間募集。由於日本政府對臺灣銀行的優待措施相當優渥，使得臺灣銀行的股份募集相當熱烈，所募股數超過原定應募集四萬股的額度，共應募十五萬八千五百七十股，達 3.96 倍之多。臺灣銀行創立委員不得不公告按應募出資比例，分配臺灣銀行之股份，所餘零股則以抽籤方式分配，始完成四萬股額度之募集。〔註 41〕

臺灣銀行於 1899 年 9 月 26 日正式營業。其董事會組成為董事長（頭取）、副董事長（副頭取）各一人，由日本政府從持股一百股以上股東之中任命，任期五年。董事（理事）四人以上，由持股五十股以上股東，提出二倍候選人名單供政府選任，任期四年。監察人（監查役）三人以上，由持股三十股以上股東經股東大會（株主總會）選任，任期三年。〔註 42〕雖然日本政府僅持有臺灣銀行五分之一的股權，另外五分之四股權由民間認購持有，但經營權透過任命董事會成員的權限，以及〈臺灣銀行法〉規定的特殊性，仍是實際控制在日本政府手中，可以官營銀行視之。

再者，由於募集地點不僅限於日本，連同臺灣本地也在募集地區之列，故臺灣也有募集發行，此可視為臺灣股票發行市場的起步。在流通部分，除私人議價買賣外，臺灣銀行股份募集後，臺灣銀行股票便在東京與大阪兩地股票交易所交易，〔註 43〕可透過日人證券會社駐臺支店下單交易，顯見臺灣銀行股票發行後，是具有流通現象之行為。新聞媒體亦有相關行情報價（圖2-2-2）。而臺灣本地流通情形，應具備同步流通的條件，但因無相關史料之記載，故仍尚待新史料之佐證。

由於臺灣銀行創立籌資時，是以股票公開發行的方式，且涵蓋臺灣本地進行股票發行。故便有臺籍股東得以有機會參與臺灣銀行的股東行列。其中持有一千股以上的臺籍股東為辜顯榮（1866～1937）與陳洛〔註 44〕兩人，但

〔註 41〕 臺灣銀行編，《臺灣銀行二十年誌》（臺北：臺灣銀行，1919 年），頁 27；高北四郎，《臺灣の金融》（臺北：臺灣春秋社，1927 年），頁 21。

〔註 42〕 臺灣銀行編，《臺灣銀行二十年誌》（臺北：臺灣銀行，1919 年），頁 17。

〔註 43〕 〈臺灣銀行株の相場〉，《臺灣日日新報》，1899 年 8 月 25 日，第 2 版。

〔註 44〕 以當時臺灣有能力或資歷的仕紳，疑為《臺灣列紳傳》所載：陳洛（1863～1911），福建泉州人，1878 年 15 歲時來臺與父住於艋舺舊街，1897 年授佩紳章，1898 年經理艋紳鹽務支館，1899 年任臺北縣參事，因未述及與臺銀事蹟，故存疑。參見臺灣總督府，《臺灣列紳傳》，臺北：臺灣總督府，1916 年，頁25。

並未擔任重要職務。〔註 45〕1903 年臺灣銀行股東大會（株主總會）決議在臺籍股東中增設一席監察人（監查役），由林爾嘉獲選擔任。〔註 46〕

圖 2-2-2　東京股票交易所臺灣銀行股價行情

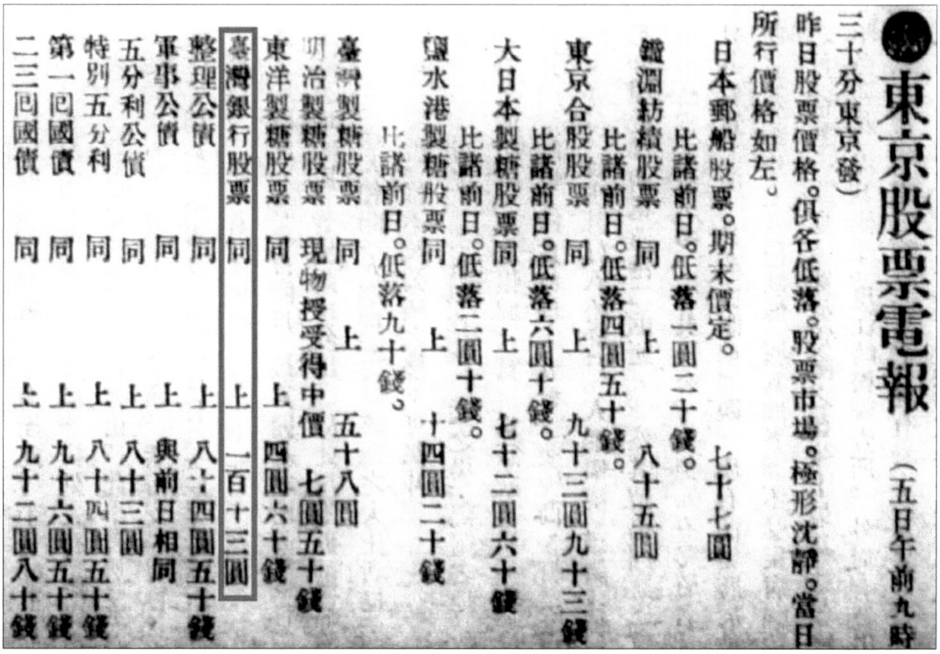
東京股票電報（五日午前九時三十分東京發）
昨日股票價格。俱各低落。股票市場。極形沈靜。當日所行價格如左。
日本郵船股票。期末價定。　七十七圓
比諸前日。低落一圓二十錢。
鐘淵紡績股票　同　上　八十五圓
比諸前日。低落四圓五十錢。
東京合股股票　同　上　九十三圓九十三錢
比諸前日。低落六圓十錢。
大日本製糖股票同　上　七十二圓六十錢
比諸前日。低落二圓十錢。
鹽水港製糖股票同　上　十四圓二十錢
比諸前日。低落九十錢。
臺灣製糖股票　同　上　五十八圓
明治製糖股票　現物授受得中價　七圓五十錢
東洋製糖股票　同　上　四圓六十錢
臺灣銀行股票　同　上　一百十三圓
整理公債　同　上　八十四圓五十錢
軍事公債　同　上　與前日相同
五分利公債　同　上　八十三圓
特別五分利　同　上　八十四圓五十錢
第一回國債　同　上　九十六圓五十錢
二三回國債　同　上　九十二圓八十錢

資料來源：《漢文臺灣日日新報》，1907 年 12 月 6 日。

據 1903 年 9 月 18 日《臺灣日日新報》之記載，臺人持有臺灣銀行股份的股東有十二人，總持股數爲 1,685 股，這些臺籍股東分別是：施琢其持有 560 股、辜顯榮持有 519 股、陳仲和持有 271 股、林爾嘉持有 150 股、王雪農持有 65 股、鄭世南持有 50 股、方慶佐持有 50 股、郭春秧持有 12 股、鄭洪辰持有 5 股、李紹宗 1 股、陳倫元 1 股、李登茅 1 股。〔註 47〕

臺灣銀行是由日本政府官辦且具有中央銀行特殊性質（貨幣發行權）的

〔註 45〕〈臺灣銀行彙報〉，《臺灣日日新報》，1899 年 6 月 30 日，第 2 版。

〔註 46〕〈本島人み臺灣銀行株主〉，《臺灣日日新報》，1903 年 9 月 6 日，第 2 版；〈臺銀本島人株主〉，《臺灣日日新報》，1903 年 9 月 18 日，第 2 版。

〔註 47〕《臺灣日日新報》所載臺灣銀行臺籍股東，在行文處稱臺籍股東爲 14 人，持股總數 1686 股，但後附臺籍股東名單爲 12 人，而將此 12 人持股數計算爲 1685 股，故此項記載應爲《臺灣日日新報》誤植。參見〈臺銀本島人株主〉，《臺灣日日新報》，1903 年 9 月 18 日，第 2 版。

銀行，也是臺灣第一家總行設於臺灣的官辦銀行〔註48〕。同樣在 1899 年 6 月 27 日由荒井泰治、賀田金三郎、金子圭介、山下秀實等十一人共同發起成立，並於同年 11 月 12 日〔註49〕營業的臺灣貯蓄銀行，則是臺灣第一家由民間發起成立的民營銀行。〔註50〕

臺灣貯蓄銀行成立資本金十五萬日圓，由發起人認購三分之二（十萬日圓），剩餘三分之一（五萬日圓）股份，則透過公開招募方式募集，共計發行三千股，每股面額 50 日圓。〔註51〕與臺灣銀行募股方式一樣，申請認購者，每股須繳交證據金 5 日圓。〔註52〕

雖然臺灣貯蓄銀行發起人為日籍股東，臺籍股東也於公開募集過程中應募股份。在 1899 年 11 月 25 日《臺灣日日新報》的報導中提到林本源〔註53〕、李春生〔註54〕（1838～1924）為臺灣貯蓄銀行大股東（大株主），其餘股東則有辜顯榮、王慶忠、陳裕〔註55〕、李秉鈞、陳志誠、許廷光、蔡國琳、蔡夢

〔註48〕臺灣的第一家銀行為 1895 年 9 月日本設立的大阪中立銀行基隆辦事處，辦理國庫業務。1896 年 3 月改稱為日本中立銀行並開設臺北、臺南辦事處，主要業務仍是辦理國庫業務。1896 年 12 月日本銀行在臺灣設立辦事處後，日本中立銀行即轉為專營普通銀行業務。至 1899 年 1 月與三十四銀行合併，基隆、臺北、臺南等三辦事處即改稱為三十四銀行分行。參見臺灣省文獻委員會編，〈卷四　經濟志金融篇〉，《臺灣省通志稿》（臺北：捷幼出版社再版臺灣省政府 1959 年版，第 19 冊，1999 年），頁 174。

〔註49〕據學者張怡敏考證臺灣貯蓄銀行設立日期應為 1899 年 11 月 16 日，並認為將臺灣貯蓄銀行視為本身源流的第一銀行歷年編撰行史所載創始日 1899 年 11 月 26 日應為誤植，本論文採用此說。參見張怡敏，〈臺灣貯蓄銀行之設立及其發展（1899～1912 年）：兼論臺灣史上首宗銀行合併案〉，《臺灣史研究》，第 23 卷第 1 期，2016 年 3 月，頁 44～47。

〔註50〕張怡敏，〈臺灣貯蓄銀行之設立及其發展（1899～1912 年）：兼論臺灣史上首宗銀行合併案〉，《臺灣史研究》，第 23 卷第 1 期，2016 年 3 月，頁 36、41。

〔註51〕〈臺灣貯蓄銀行の資本額〉，《臺灣日日新報》，1899 年 7 月 7 日，第 2 版。

〔註52〕〈臺灣貯蓄銀行〉，《臺灣日日新報》，1899 年 9 月 10 日，第 2 版。

〔註53〕林本源即日治時期五大家族板橋林家使用對外之公稱，既為商號名，又為家族名，並非人名。

〔註54〕李春生（1838～1924），福建廈門人，19 歲時任職廈門英商怡記洋行，從事茶業貿易，26 歲時因太平天國之亂，太平軍攻打福建漳州，便渡臺赴蘇格蘭茶商創設之淡水寶順洋行。李春生經營事業有成，為臺北地區知名富豪。日本領臺後，因功敘勳六等授瑞寶章，其後臺灣總督府優遇前朝遺賢，特受佩紳章。

〔註55〕疑與前述臺灣銀行創始臺籍股東陳洛為同一人，《臺灣日日新報》將陳洛誤植為陳浴。

熊等人。〔註56〕

　　這些臺籍股東皆是當時臺灣重要的仕紳、地主或商人，可視爲臺籍精英階層的代表。臺籍股東積極參與募股，也表示日治初期的臺籍精英階層，對於投資近代金融機構是具備對當時金融產業之認識，或認爲有利可圖。這也開啓後續臺人資本持續挹注資金投資新興金融產業的先河。1912 年臺灣貯蓄銀行被臺灣商工銀行合併，臺灣貯蓄銀行發起人荒井泰治等人，同樣也是臺灣商工銀行發起人，山下秀實更是擔任臺灣商工銀行的社長。

二、嘉義銀行

　　嘉義銀行與彰化銀行的設立，便是臺人資本投入新興金融產業的先例。這兩家銀行的設立緣由，是因爲受到臺灣總督府的慫惠利用大租權補償公債〔註57〕充作股本（二十五萬日圓）而創建。〔註58〕日治初期，臺灣總督府之立場受制於臺灣開發資金主力，是以日本資本爲主。但日本資本主義經濟尙未成形，又處於日俄戰爭階段，日本資本實力不堅，且若過份壓制臺灣本土資本，使其無法參與開發，治理臺灣會有經濟受阻與治安上的不良影響。〔註59〕故引導臺灣本土資本參與臺灣開發，是有利於總督府對臺灣治理的。

〔註56〕　〈本島人の株主〉，《臺灣日日新報》，1899 年 11 月 25 日，第 2 版。

〔註57〕　臺灣在清代時，私人墾荒蔚爲風氣，當時出資招募移民者稱爲墾首或墾戶，移民稱爲佃戶或佃人，依據兩方約定，墾戶對開墾之耕地，視水利、土地肥瘠等條件，約定 3 年或 5 年免租，然後向佃人永久徵收特定的租穀，此謂大租。其後佃人亦有將墾成耕地轉讓他人耕種，並徵收特定租穀，是謂小租。於是同一耕地既有大租復有小租，又因時世變遷、人事更迭，土地輾轉異動頻繁，致使大小租戶土地所有權混淆不清。1885 年臺灣巡撫劉銘傳著手清賦，確認小租戶爲業主，免除大租戶納稅義務。同時將小租戶應繳納給大租戶之租穀減去 4 成，並將大租戶之納稅義務轉由小租戶負擔。1895 年日本領台後，鑑於臺灣土地所有權紊亂不一，乃沿襲劉銘傳遺策，設置土地調查局並公布大租權律令，禁止重新設置大租權。1904 年公布大租權整理律令，決定大租權收買補償金三百七十七萬九千餘日圓。發行面額四百零八萬餘日圓之公債（30 年期，利息 5 分），及尾數現金十萬七千餘日圓，交付大租權所有者，而將大租權取消。於是小租戶取得土地所有權，成爲名符其實的地主。參見彰化銀行百年史編輯委員會，《彰化銀行百年史》（臺中：彰化商業銀行股份有限公司，2005 年），頁 142～143。

〔註58〕　〈商議創設嘉義銀行〉，《臺灣日日新報》，1904 年 12 月 13 日，第 4 版；葉榮鐘，《近代臺灣金融經濟發展史》（臺北：晨星出版有限公司，2002 年），頁 84。

〔註59〕　葉榮鐘，《近代臺灣金融經濟發展史》（臺北：晨星出版有限公司，2002 年），頁 105。

然而，出資的畢竟是本地資本，對於當時的臺人資本來說，仍然不失爲一種進入近代金融產業的機會。

1905 年 2 月 21 日嘉義銀行經大藏大臣同意以合資會社設立於嘉義，[註60]資本金二十五萬日圓，資本來源大部分是以大租補償公債充作。出資者總計一百名，除一名日本人眞木勝太出資三千日圓外，其餘股東皆是臺人。[註61]出資五千日圓以上的股東共計有十五人（參見表 2-2-1），合計出資十一萬六千四百日圓，佔嘉義銀行資本金二十五萬日圓的 46.56%。

表 2-2-1　嘉義銀行出資五千日圓以上股東名單　　　　　　單位：日圓

姓　名	出資額	姓　名	出資額	姓　名	出資額	姓　名	出資額
王朝文	15,000	葉永徵	14,000	黃連興	10,000	蔡迺高	10,000
黃靖卿	10,000	林寬敏	10,000	黃有章	6,000	林□□	6,000
王蓮蒲	5,400	徐德新	5,000	顧尙焜	5,000	陳曉聲	5,000
黃雲溪	5,000	黃楷侯	5,000	江國俊	5,000	總　額	116,400

說明：部分完整姓名辨識不清，以□代替。
資料來源：依據《臺灣日日新報》，1905 年 2 月 24 日整理製作。

嘉義銀行股本形成後，僅在 1920 年有一次增資，增資目的爲將原本合資會社組織改組變更爲株式會社組織。原先不對外募集股本，而是由原始股東應募，[註62]但後來將總股數六萬股中的二萬股實施公開募集。[註63]股本由二十五萬日圓增加至三百萬日圓。

嘉義銀行設立時是以合資會社形式所組成的銀行，股東雖然可以轉讓持有股份，[註64]但並未公開發行股票。1920 年增資轉型爲株式會社，並發行

[註60]　「合資會社嘉義銀行營業開店屆」（1905 年 04 月 30 日），〈明治三十八年永久保存第五十六卷〉，《臺灣總督府檔案》，國史館臺灣文獻館，典藏號：00001102002。
[註61]　〈嘉義銀行設立認可〉，《臺灣日日新報》，1905 年 2 月 24 日，第 2 版；〈准設嘉義銀行〉，《臺灣日日新報》，1905 年 2 月 26 日，第 5 版。
[註62]　〈嘉銀株不公募〉，《臺灣日日新報》，1919 年 7 月 2 日，第 3 版。
[註63]　〈嘉銀株好況　公募二十一日頃〉，《臺灣日日新報》，1919 年 7 月 16 日，第 2 版。
[註64]　依據 1899 年日本商法（明治 32 年 3 月 9 日法律第 48 號）規定：合資會社由有限責任會員與無限責任會員組成（第 104 條），有限責任會員持股轉讓須經無限責任會員全員同意（第 112 條）。參見大藏省印刷局編，《官報》（東京：大藏省印刷局，第四千七百三號號外，明治 32 年 3 月 9 日），頁 6，收錄於日本國立國會圖書館，檔案號：000000078538。

股票六萬股，其中三萬股由嘉義銀行原始股東任意認購；一萬股由對嘉義銀行有功勞者任意認購；二萬股採公開募集以電話或電報等方式在臺北與臺南開放認購。〔註65〕該股票公開募集過程受到相當熱烈的歡迎。據媒體報導，臺中有某富豪願意以每股20日圓收購公開募集的二萬股。〔註66〕

　　而這些公開募集的股票，在募集後便出現在股票流通市場中交易。據1920年7月14日的交易行情，嘉義銀行股價每股為19日圓。〔註67〕1921年2月22日嘉義銀行股價為每股13.2日圓。〔註68〕1923年7月被臺灣商工銀行合併後的1923年8月13日仍有交易，當時股價為每股7.5日圓。〔註69〕

　　嘉義銀行除一般銀行業務外，並對糖廍及樟腦製造業供給資金，其後糖廍因受新式糖廠的壓迫競爭，使嘉義銀行蒙受打擊。1911 年一度瀕臨危機，後賴臺灣銀行的援助脫困。1920 年後，因受一戰結束後，歐美經濟疲敝與日本經濟出現危機等不利因素的影響，於 1923 年 7 月被臺灣商工銀行合併。〔註70〕

三、彰化銀行

　　彰化銀行成立於1905年6月5日，由發起人吳汝祥等1,058名臺籍人士及 1 名日籍人士奧山章次郎〔註71〕認足股份而成立。資本金二十二萬日圓，分為一萬一千股，每股面額20日圓。其中臺籍股東佔10,993股，日籍股東7股，可以說彰化銀行為純臺人民間資本所構成的銀行。〔註72〕

〔註65〕〈嘉銀組織變更　二萬株プレミアム附〉，《臺灣日日新報》，1919 年 7 月 14日，第 2 版。

〔註66〕〈嘉銀株好況〉，《臺灣日日新報》，1920 年 7 月 14 日，第 2 版。

〔註67〕〈本島諸株　銀行株のみ昂騰〉，《臺灣日日新報》，1920 年 7 月 14 日，第 2 版。

〔註68〕〈本島諸株　銀行株引返へす〉，《臺灣日日新報》，1921 年 2 月 22 日，第 2 版。

〔註69〕〈島內銀行株唱直〉，《臺灣日日新報》，1923 年 8 月 13 日，第 2 版。

〔註70〕葉榮鐘，《近代臺灣金融經濟發展史》（臺北：晨星出版有限公司，2002 年），頁 84～85。

〔註71〕1923 年以前日本商法並未在臺灣實施，股份有限公司非臺灣傳統習慣而有的制度，臺灣總督府按舊有習慣治理臺灣的考量，禁止臺灣組成股份有限公司，為取得合法地位，臺人創立股份有限公司皆會引進日籍股東，奧山章次郎為當時臺灣銀行臺中支店長。參見彰化銀行百年史編輯委員會，《彰化銀行百年史》（臺中：彰化商業銀行股份有限公司，2005 年），頁 150。

〔註72〕葉榮鐘，《近代臺灣金融經濟發展史》（臺北：晨星出版有限公司，2002 年），頁 104；彰化銀行百年史編輯委員會，《彰化銀行百年史》（臺中：彰化商業銀行股份有限公司，2005 年），頁 150～151。

成立次日（6月6日）召開發起人會議，並依據當時所制訂的公司章程：
董事由持有股份二百股以上，監察人由持有股份一百股以上之股東，由股東
大會選舉二倍之候補者呈請彰化廳長選定；董事任期三年，監察人任期二年，
得連選連任；董事長及常務董事各一人由董事中互選。〔註73〕其後選舉出董
事吳汝祥、吳德功、楊吉臣、李雅歆、施範其等五名。監察人陳質芬、辜顯
榮、楊宗堯、陳紹年等四名。並以吳汝祥擔任專務取締役（相當於常務董事
兼總經理），同時在董事會上選任日人坂本素魯哉爲支配人（經理）。坂本係
臺灣銀行淡水出張所所長，在臺灣銀行援助名目下，派來擔任實際業務人員。
〔註74〕葉榮鐘〔註75〕（1900～1978）認爲背後有臺灣總督府暨臺灣銀行的大
力支持。〔註76〕

　　同年9月15日發行股票，10月1日以彰化廳部分房屋爲營業處所開始營
業。當時股東均係臺灣中部地方仕紳，所糾集之大租權補償公債，面額合計
二十七萬五千日圓，以面額每100圓打八折計算充作抵押品，向臺灣銀行貸
款二十二萬日圓。該項公債於翌年（1906年）2月6日悉數賣給臺灣銀行清
還債務。〔註77〕

　　彰化銀行在1945年改制前，爲因應所經營事業的擴張有二次增資。第一
次在1914年2月15日，由臨時股東會作成決議，將原資本金由二十二萬日
圓增加爲一百一十萬日圓，總股數維持不變，仍是一萬一千股，原每股面額
20日圓改爲100日圓。〔註78〕

〔註73〕葉榮鐘，《近代臺灣金融經濟發展史》（臺北：晨星出版有限公司，2002年），
　　　　頁108～109。

〔註74〕彰化銀行百年史編輯委員會，《彰化銀行百年史》（臺中：彰化商業銀行股份有
　　　　限公司，2005年），頁150。

〔註75〕葉榮鐘（1900～1978），彰化鹿港人，日治時期櫟社成員，臺灣文化協會重要
　　　　幹部，「臺灣地方自治聯盟」書記長，《臺灣新民報》資深記者。光復之初任
　　　　「歡迎國民政府籌備委員會」總幹事，策劃「臺中圖書館」文化活動，參加
　　　　『光復致敬團』。228事件中，參與「臺中地區時局處理委員會」等工作。228
　　　　事件後，任職彰化銀行，基本上退出政治活動。晚年專心撰述，著有《臺灣
　　　　民族運動史》、《臺灣人物群像》等書，現有《葉榮鐘全集》行於世。

〔註76〕葉榮鐘，《近代臺灣金融經濟發展史》（臺北：晨星出版有限公司，2002年），
　　　　頁99。

〔註77〕彰化銀行百年史編輯委員會，《彰化銀行百年史》（臺中：彰化商業銀行股份有
　　　　限公司，2005年），頁150。

〔註78〕彰化銀行百年史編輯委員會，《彰化銀行百年史》（臺中：彰化商業銀行股份有
　　　　限公司，2005年），頁177。

　　第二次增資是在 1919 年 7 月 21 日，因第一次世界大戰（1914～1918）剛結束後，日本受惠於歐美各國因戰爭所導致的經濟疲累，乘機填補了國際商品供應的缺口，使日本經濟日趨繁榮，國際地位驟然提昇。日本國內經濟景況展現一幅向上挺進的趨勢，使奢侈風氣瀰漫，工商企業濫設風行，其影響也及於臺灣。彰化銀行受此刺激，故實施增資擴張資本。

　　將資本金由一百一十萬日圓增至六百萬日圓，增加四百九十萬日圓。股數由一萬一千股增加至十二萬股，每股面額 50 日圓，第一次股金繳納爲每股 12.5 日圓。其應增加九萬八千股〔註 79〕中，四萬四千股由原股東任意認購，每 1 股可認購 2 股。四萬六千股以溢價 15 日圓〔註 80〕方式公開募股，八千股以面額募股〔註 81〕。〔註 82〕

　　增資的結果，尤以第二次增資後，導致日本資本大量滲入，彰化銀行內人事也因此改觀。董事八人中形成臺、日各佔四名，形成平分秋色之局面。〔註 83〕這也種下戰後臺灣接收時政府將彰化銀行收歸國有，改制爲公營行庫之遠因。

　　從表 2-2-2 與圖 2-2-3 中可以得知，彰化銀行 1914 年第一次增資前，日籍股東數始終維持一人，這是爲了符合當時法規所必須存在的。第一次增資後，日籍股東人數開始增加，但增加幅度有限，最多時是 1916 年的十四人。1919 年第二次增資時，日籍股東數大幅提高至二百二十一人，佔當年股東總數 27.8%，相較於 1916 年所佔股東總數 5.38%，增幅 5.17 倍。1926 年日籍股東

〔註 79〕　葉榮鐘所撰《近代臺灣金融經濟發展史》中爲 98,000 股，而《彰化銀行百年史》則載爲 88,000 股，依股數分配計算應爲 98,000 股，故《彰化銀行百年史》所載應爲誤植。參見葉榮鐘，《近代臺灣金融經濟發展史》（臺北：晨星出版有限公司，2002 年），頁 126；彰化銀行百年史編輯委員會，《彰化銀行百年史》（臺中：彰化商業銀行股份有限公司，2005 年），頁 178。

〔註 80〕　〈彰銀株式募集〉，《臺灣日日新報》，1919 年 7 月 22 日，第 2 版。

〔註 81〕　依據《臺灣日日新報》報導，這八千股是屬於由董事會成員（重役）的認購配額。參見〈彰銀株式募集〉，《臺灣日日新報》，1919 年 7 月 22 日，第 2 版。

〔註 82〕　葉榮鐘，《近代臺灣金融經濟發展史》（臺北：晨星出版有限公司，2002 年），頁 126；彰化銀行百年史編輯委員會，《彰化銀行百年史》（臺中：彰化商業銀行股份有限公司，2005 年），頁 178～179。

〔註 83〕　葉榮鐘，《近代臺灣金融經濟發展史》（臺北：晨星出版有限公司，2002 年），頁 127；臺灣省文獻委員會編，〈卷四　經濟志金融篇〉，《臺灣省通志稿》（臺北：捷幼出版社再版臺灣省政府 1959 年版，第 19 冊，1999 年），頁 151。

突破四成，佔股東總數 40.24%，1930 年達到最高峰 45.83%，此後一直維持四成多的比例，人數上並未超越臺籍股東。

表 2-2-2　1905 年至 1945 年彰化銀行臺日股東人數比較表

年份	股 東 人 數				股東總數	年份	股 東 人 數				股東總數
	臺籍	佔比	日籍	佔比			臺籍	佔比	日籍	佔比	
1905	827	99.88%	1	0.12%	828	1925	568	61.08%	362	38.92%	930
1906	509	99.80%	1	0.20%	510	1926	554	59.76%	373	40.24%	927
1907	448	99.78%	1	0.22%	449	1927	537	59.08%	372	40.92%	909
1908	422	99.76%	1	0.24%	423	1928	539	58.02%	390	41.98%	929
1909	392	99.75%	1	0.25%	393	1929	517	57.38%	384	42.62%	901
1910	352	99.72%	1	0.28%	353	1930	448	**54.17%**	379	**45.83%**	827
1911	336	99.41%	1	0.30%	338	1931	493	57.06%	371	42.94%	864
1912	307	99.68%	1	0.32%	308	1932	500	57.08%	376	42.92%	876
1913	282	99.65%	1	0.35%	283	1933	490	57.24%	366	42.76%	856
1914	260	99.24%	2	0.76%	262	1934	481	56.26%	374	43.74%	855
1915	245	98.79%	3	1.21%	248	1935	478	55.65%	381	44.35%	859
1916	246	94.62%	14	5.38%	260	1936	478	57.25%	357	42.75%	835
1917	248	95.38%	12	4.62%	260	1937	485	57.46%	359	42.54%	844
1918	242	96.41%	9	3.59%	251	1938	488	57.28%	364	42.72%	852
1919	**574**	72.20%	**221**	27.80%	**795**	1939	498	58.25%	357	41.75%	855
1920	607	73.93%	214	26.07%	821	1940	488	57.96%	354	42.04%	842
1921	558	68.05%	262	31.95%	820	1941	468	55.25%	379	44.75%	847
1922	540	63.98%	304	36.02%	844	1942	455	54.56%	379	45.44%	834
1923	551	62.12%	336	37.88%	887	1944	445	54.60%	370	45.40%	815
1924	576	61.21%	365	38.79%	941	1945	453	55.31%	366	44.69%	819

說明：原資料缺 1943 年數據。
資料來源：依據《彰化銀行百年史》整理製作。

圖 2-2-3　　1905 年至 1945 年彰化銀行臺日股東人數比較圖

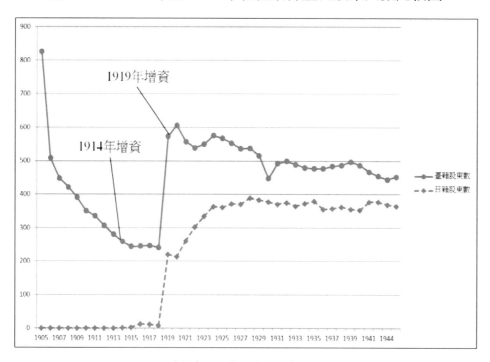

資料來源：本研究整理繪製。

　　再從表 2-2-3 與圖 2-2-4 中可知，彰化銀行 1914 年第一次增資前，日籍股東持有股數就保持逐年增加的趨勢，從 1905 年的 7 股成長到 1913 年的 1,580 股。1916 年第二次增資前，日籍股東持股佔總股數就已達二成，第二次增資後日籍股東持股數仍是穩定成長的趨勢。1926 年日籍股東超越臺籍股東持股數，持股數分別為臺籍 47,452 股、日籍 48,548 股，而佔總股數比分別為臺籍 49.43%、日籍 50.57%。此後日籍持股數持續保持超越臺籍持股數，日籍持股於 1942 年達到最高峰，佔總股數 65.6%，將近七成。

　　從彰化銀行股東人數與持股數共同分析可得，臺籍股東人數雖然始終保持超越日籍股東人數，但是在持股數上被日籍股東超越，被掌握過半數以上股權。這反映日籍股東數較少，但資本較為集中且較多。而臺籍股東數雖多，但資本較為分散且較少。

　　再從前述第二次增資時，四萬六千股採公開溢價發行募股，八千股以面額募股，增資所增加之日籍股東人數與股數，均係由一般公開募股四萬六千股中產生。若由四萬六千股作基數來算日人所佔比例，則人數達四成，股數

達六成二。〔註84〕

表2-2-3 1905年至1945年彰化銀行臺日持股數比較表

年份	股 數				總股數	年份	股 數				總股數
	臺籍	佔比	日籍	佔比			臺籍	佔比	日籍	佔比	
1905	10993	99.94%	7	0.06%	11000	1925	51944	54.11%	44056	45.89%	96000
1906	10758	97.80%	242	2.20%	11000	1926	47452	**49.43%**	48548	**50.57%**	96000
1907	10682	97.11%	318	2.89%	11000	1927	46261	48.19%	49739	51.81%	96000
1908	10639	96.72%	361	3.28%	11000	1928	44422	46.27%	51578	53.73%	96000
1909	10100	91.82%	900	8.18%	11000	1929	42040	43.79%	53960	56.21%	96000
1910	9865	89.68%	1135	10.32%	11000	1930	41534	43.26%	54466	56.74%	96000
1911	9629	87.54%	1371	12.46%	11000	1931	43348	45.15%	52652	54.85%	96000
1912	9400	85.45%	1600	14.55%	11000	1932	43697	45.52%	52303	54.48%	96000
1913	9420	85.64%	1580	14.36%	11000	1933	43562	45.38%	52438	54.62%	96000
1914	9300	84.55%	1700	15.45%	11000	1934	42137	43.89%	53863	56.11%	96000
1915	8754	79.58%	2246	20.42%	11000	1935	40768	42.47%	55232	57.53%	96000
1916	8328	75.71%	2672	24.29%	11000	1936	41961	43.71%	54039	56.29%	96000
1917	8548	77.71%	2452	22.29%	11000	1937	38656	40.27%	57344	59.73%	96000
1918	8549	77.72%	2451	22.28%	11000	1938	37523	39.09%	58477	60.91%	96000
1919	88826	74.02%	31174	25.98%	120000	1939	36746	38.28%	59254	61.72%	96000
1920	87285	72.74%	32715	27.26%	120000	1940	38623	40.23%	57377	59.77%	96000
1921	81692	68.08%	38308	31.92%	120000	1941	43091	44.89%	52909	55.11%	96000
1922	73962	61.64%	46038	38.37%	120000	1942	33026	**34.40%**	62974	**65.60%**	96000
1923	66828	55.69%	53172	44.31%	120000	1944	36663	38.19%	59337	61.81%	96000
1924	67804	56.50%	52196	43.50%	120000	1945	38223	39.82%	57777	60.18%	96000

說明：原資料缺1943年數據。
資料來源：依據《彰化銀行百年史》整理製作。

〔註84〕彰化銀行百年史編輯委會，《彰化銀行百年史》（臺中：彰化商業銀行股份有
限公司，2005年），頁179。

圖 2-2-4　1905 年至 1945 年彰化銀行臺日股權比例比較圖

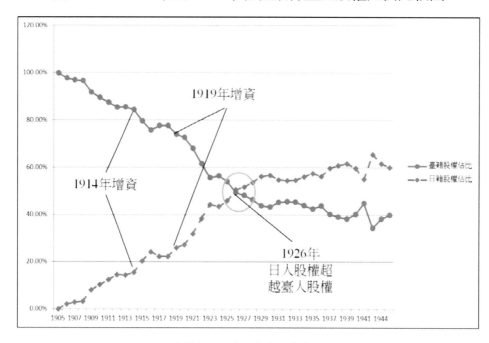

資料來源：本研究整理繪製。

　　這都提供日本資本滲入的機會，隨時間推移不斷稀釋臺人持股。故也顯示在日本統治臺灣期間，臺人資本力量難以抵抗日本資本力量的入侵，以及臺人與日人間經濟力量之差距。

　　彰化銀行的股票在 1919 年增資時，隨著總股數由原本一萬一千股增加至十二萬股後，在股票流通市場即出現彰化銀行股票之交易與流通。其歷年股價變動情形如表 2-2-4 與圖 2-2-5。

表 2-2-4　1919 年至 1943 年彰化銀行股價變動表　　　　單位：日圓／每股

日期	股價	日期	股價	日期	股價	日期	股價	日期	股價
1919/04/01	120	1924/06/30	27	1929/02/14	37	1934/08/22	28.2	1939/06/26	37
1920/04/25	75	1925/05/19	20.5	1930/09/09	36	1935/07/22	28.5	1940/07/05	53.5
1921/02/22	48.5	1926/07/20	23.5	1931/07/07	24	1936/06/08	31.5	1941/06/08	50
1922/01/31	41.5	1927/06/27	31	1932/10/03	22.1	1937/07/05	37	1942/06/15	48.5
1923/08/13	32.7	1928/06/19	32	1933/07/17	31	1938/06/20	34.8	1943/02/21	51

資料來源：依據 1919 年至 1943 年《臺灣日日新報》蒐集整理製作。

圖 2-2-5　1919 年至 1943 年彰化銀行股價變動圖

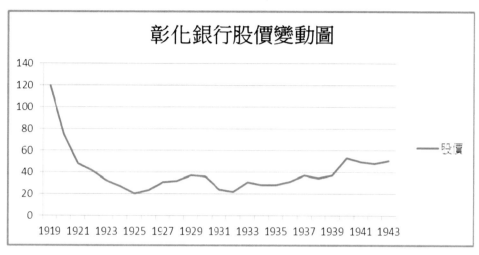

資料來源：依據 1919 年至 1943 年《臺灣日日新報》蒐集整理製作。

四、臺灣商工銀行

臺灣商工銀行創立於 1910 年 6 月，[註85] 創立總行設在阿緱街（今屏東市），由臺人藍高川、日人荒井泰治等二十九人發起籌備。最初議定名稱爲臺灣興業銀行，因日本內地有類似銀行名稱，[註 86] 爲避免混淆，在成立總會前經協商暫定名稱爲三業銀行，1910 年 6 月 23 日召開成立總會時經討論後，正式議定銀行名稱爲臺灣商工銀行。[註87] 並於 1910 年 8 月 12 日正式營業。[註 88]

總行選擇設立於阿緱街，是因臺灣當時大宗產物，如糖、米、樟腦之生產地，多在臺灣南部。爲生產業者之便利，以及地利交通等優勢，故選擇阿緱街爲最初營業據點。後因金融機關設置應以行政中樞爲宜，僻處一隅不利於業務發展，乃於 1912 年合併臺灣貯蓄銀行後將總行遷址臺北市。[註89]

〔註85〕 葉榮鐘，《近代臺灣金融經濟發展史》（臺北：晨星出版有限公司，2002 年），頁 85。

〔註86〕 〈銀行更名〉，《漢文臺灣日日新報》，1910 年 6 月 23 日，第 4 版。

〔註87〕 〈三業銀行創立總會〉，《臺灣日日新報》，1910 年 6 月 24 日，第 3 版。

〔註88〕 臺灣省文獻委員會編，〈卷四　經濟志金融篇〉，《臺灣省通志稿》（臺北：捷幼出版社再版臺灣省政府 1959 年版，第 19 冊，1999 年），頁 141。

〔註89〕 臺灣省文獻委員會編，〈卷四　經濟志金融篇〉，《臺灣省通志稿》（臺北：捷幼出版社再版臺灣省政府 1959 年版，第 19 冊，1999 年），頁 141～142。

　　在股本形成部分，1910 年 6 月 23 日召開的創立總會，是由日人山下秀實擔任議長，會中選出七名董事，分別是日人山下秀實、柵瀨軍之佐〔註 90〕（1869～1932）、桑原伊十郎、金子圭介、小松楠彌，臺人藍高川、蘇雲英等七人。監察人二名，分別為荒井泰治、安田乙吉。〔註 91〕社長為山下秀實。

　　臺灣商工銀行創立資本金議定為一百萬日圓，發行股份二萬股，每股面額 50 日圓。股份採公開招募方式進行，第一次繳納股金僅需面額四分之一即可。當時發起人唯恐民間對於股票不感興趣，頗以不能足額為慮，詎料公開募集消息公布後，民間認購熱烈，至招募期限滿時，認購股數達 21,126 股之多，超出額定股數 1,126 股，雖然第一次繳納股金僅需面額四分之一，但由於認購踴躍，很快便募足股本。〔註 92〕

　　在股本變化部分，因日本經濟受惠於第一次世界大戰期間，填補歐美列強無暇顧及所遺留的市場，使日本經濟出現飛躍式的成長，形成戰爭景氣的現象。連帶促使臺灣生產事業及經濟情況甚佳，金融界亦極活潑，大有供不應求之勢。臺灣商工銀行便於 1920 年增資為五百萬日圓。1923 年響應日本政府所鼓勵提倡資本集中與獎勵銀行合併的政策，於同年 8 月合併嘉義銀行與新高銀行，新增資本達一千一百萬日圓，合計原有資本，總資本金達一千六百萬日圓。

　　1924 年 12 月，受到經濟不景氣，商業蕭條，放款無法回收等因素，資本金減少六百萬日圓，總資本金降為一千萬日圓。1927 年 3 月日本爆發昭和金融恐慌，重創日本經濟，臺灣也深受波及。該行受此影響，出現二百九十餘萬日圓的虧損，是該行創業以來最大幅度之虧損。〔註 93〕雖經努力挽救經營，以及受惠於臺灣融通法之助，〔註 94〕得以救濟，但仍受創頗深。故臺灣商工銀行不得不在 1928 年 1 月再度減資五百萬日圓，總資本金降為五百萬

〔註 90〕　柵瀨軍之佐（1869～1932），日本岩手縣人，英國法律學校畢業，曾任日本山黎日日新聞主筆、東京每日新聞編輯長、大倉組臺灣支店經理、日本眾議院議員、商工省政務次官等職。
〔註 91〕　〈三業銀行創立總會〉，《臺灣日日新報》，1910 年 6 月 24 日，第 3 版。
〔註 92〕　臺灣省文獻委員會編，〈卷四　經濟志金融篇〉，《臺灣省通志稿》（臺北：捷幼出版社再版臺灣省政府 1959 年版，第 19 冊，1999 年），頁 141。
〔註 93〕　臺灣省文獻委員會編，〈卷四　經濟志金融篇〉，《臺灣省通志稿》（臺北：捷幼出版社再版臺灣省政府 1959 年版，第 19 冊，1999 年），頁 144。
〔註 94〕　臺灣省文獻委員會編，〈卷四　經濟志金融篇〉，《臺灣省通志稿》（臺北：捷幼出版社再版臺灣省政府 1959 年版，第 19 冊，1999 年），頁 144。

日圓。

　　第二次世界大戰期間，該行配合日本政府政策，吸納游資，使該行存款大增，業務成績穩定成長，因支應戰爭時局變化，所獲盈利皆停止分配發放，採盈餘轉成公積充入資本金中。1945 年時，該行資本金及各種公積成長至七百七十三萬日圓。〔註95〕戰後 1945 年 10 月 25 日，臺灣省行政長官公署派員接收，成立監理委員會，並將所有股份收歸公有。1946 年 10 月 16 日，監理委員會奉令結束，政府選派黃朝琴為主任委員，成立籌備處。1947 年 2 月 26 日改組為臺灣工商銀行，1949 年更名為臺灣第一商業銀行。〔註96〕

表 2-2-5　1919 年至 1943 年臺灣商工銀行銀行股價變動表

單位：日圓／每股

日　期	股價	日　期	股價	日　期	股價	日　期	股價	日　期	股價
1919/04/01	91	1924/06/30	50	1929/02/14	24	1934/08/22	21	1939/06/26	37.5
1920/04/25	72	1925/05/19	18	1930/09/09	17.2	1935/07/22	21.8	1940/07/05	57
1921/02/22	47.5	1926/07/20	28.2	1931/07/07	13	1936/06/08	24	1941/06/08	51.5
1922/01/31	41	1927/06/27	24	1932/10/03	12.8	1937/07/05	37.5	1942/06/15	50
1923/08/13	50	1928/06/19	13.7	1933/07/17	21	1938/06/20	34.5	1943/02/21	54

資料來源：依據 1919 年至 1943 年《臺灣日日新報》蒐集整理製作。

圖 2-2-6　1919 年至 1943 年臺灣商工銀行股價變動圖

資料來源：依據 1919 年至 1943 年《臺灣日日新報》蒐集整理製作。

〔註95〕臺灣省文獻委員會編，〈卷四　經濟志金融篇〉，《臺灣省通志稿》（臺北：捷幼出版社再版臺灣省政府 1959 年版，第 19 冊，1999 年），頁 150。
〔註96〕臺灣省文獻委員會編，〈卷四　經濟志金融篇〉，《臺灣省通志稿》（臺北：捷幼出版社再版臺灣省政府 1959 年版，第 19 冊，1999 年），頁 147。

臺灣商工銀行股票流通部分，1910 年創立以來應就有股票之流通，目前可見股票行情表中，是 1919 年後媒體才有刊登報價，其股價歷年變動情形如表 2-2-5 與圖 2-2-6。

五、新高銀行

新高銀行創立於 1916 年 1 月 22 日，〔註97〕創辦人李延禧係茶業鉅子李春生之孫，留學日本與美國，以少壯實業家之聲望，糾集當時臺灣有力仕紳共同創立。〔註98〕創立背景乃是因為當時臺灣重要物產中，茶業之生產額逐年增加，且交易範圍逐漸擴大。製茶業者與茶農之資金供應逐漸缺乏，對整體茶業形成諸多不便。故為提供製茶業者及茶圃栽培業者所需之資金融通、擔保、製茶委託買賣等資金供應，乃籌設新高銀行因應。〔註99〕

新高銀行創設於臺北市大稻埕，初始募集股東以臺灣人為主。募集總資本金五十萬日圓，共發行股票一萬股，每股 50 日圓，股票之買賣讓渡須經董事會承認。〔註100〕募集股本之過程相當順利，應募期限尚未截止前，就已經募集所需資本額度。〔註101〕

新高銀行於 1915 年 12 月 18 日召開創立大會，股東一百一十五名中有九十八名股東出席，出席股東總持股數為 9,840 股。列席者有政府監督代表阿部、田坂、菊池等 3 名事務官以及木崎、越山等二名屬官，臺灣銀行則由理事佐田代表出席。

新高銀行創立大會由林鶴壽擔任議長主持，會中共選出七名董事與五名監察人，其中推選李景盛為行長（頭取），李延禧與小倉文一兩人為總經理（常務取締役），大庭永成與辜顯榮為顧問（相談役），林鶴壽、陳朝駿、郭春秧、李萬居等為董事（取締役），林熊徵〔註102〕（1888～1946）、林景仁、

〔註97〕〈新高銀行開業〉，《臺灣日日新報》，1916 年 1 月 22 日，第 6 版。

〔註98〕葉榮鐘，《近代臺灣金融經濟發展史》（臺北：晨星出版有限公司，2002 年），頁 85。

〔註99〕臺灣省文獻委員會編，〈卷四　經濟志金融篇〉，《臺灣省通志稿》（臺北：捷幼出版社再版臺灣省政府 1959 年版，第 19 冊，1999 年），頁 190。

〔註100〕〈籌設新高銀行〉，《臺灣日日新報》，1915 年 3 月 18 日，第 5 版。

〔註101〕〈新高銀行滿株〉，《臺灣日日新報》，1915 年 11 月 24 日，第 2 版。

〔註102〕林熊徵（1888～1946），臺北板橋人，華南銀行創辦人，為板橋林家長房長孫，1909 年繼承家業成為板橋林家之族長，並創辦林本源製糖株式會社。林熊徵深受日本政府及臺灣總督府重視，視為重要合作對象。曾任臺北聽參事、大稻埕區長、臺北州協議會議員、臺灣總督府評議委員等公職。

張家坤、陳定國、簡阿牛等爲監察人（監査役）。〔註103〕創立大會所選出的董事會成員中，除一名日籍人士外，幾乎都是當時臺灣工商業界的精英，如辜顯榮、林鶴壽、林熊徵等人。

新高銀行股本形成後共有二次增資，第一次增資在 1918 年，資本金由五十萬日圓增加至二百萬日圓，股數由一萬股增至四萬股，新增資本金一百五十萬，以每股面額 50 日圓發行，〔註104〕未繳資本達一百一十二萬五千日圓，實際募得資金爲三十七萬五千日圓，隔年 1919 年始補足資本。〔註105〕

第二次增資在 1920 年，資本金由二百萬日圓增加至八百萬日圓，總股數由四萬股增加至十六萬股，以每股面額 50 日圓發行，股東每 1 股分攤 1.5 股之額度。〔註106〕但此次未繳資本達四百五十萬日圓，實際募得一百五十萬日圓，實收資本金僅達三百五十萬日圓。〔註107〕

新高銀行股票在流通市場的狀況，根據 1919 年 4 月 1 日股票交易行情，新高銀行股價爲每股 71 日圓。〔註108〕1920 年 4 月 25 日股價爲每股 98 日圓。〔註109〕1920 年 7 月 14 日股價爲每股 54 日圓。〔註110〕1921 年 2 月 22 日股價爲每股 47.5 日圓。〔註111〕1923 年 7 月被臺灣商工銀行合併後的 1923 年 8 月 13 日仍有交易，當時股價爲每股 30.7 日圓。〔註112〕

新高銀行設立初期經營業績良好，隨著業績成長，各地支店與辦事處也逐步設立，計有基隆、汐止、桃園、大溪、中壢、新竹、竹東、臺中、臺南、高雄、廈門等十一所支店，以及臺北城內、艋舺、淡水、新莊、景尾、

〔註103〕　〈新高銀行創立總會〉，《臺灣日日新報》，1915 年 12 月 20 日，第 3 版。
〔註104〕　〈新高銀行總會〉，《臺灣日日新報》，1918 年 6 月 19 日，第 5 版。
〔註105〕　臺灣省文獻委員會編，〈卷四　經濟志金融篇〉，《臺灣省通志稿》（臺北：捷幼出版社再版臺灣省政府 1959 年版，第 19 冊，1999 年），頁 191。
〔註106〕　〈新高銀行總會況〉，《臺灣日日新報》，1919 年 10 月 16 日，第 5 版。
〔註107〕　臺灣省文獻委員會編，〈卷四　經濟志金融篇〉，《臺灣省通志稿》（臺北：捷幼出版社再版臺灣省政府 1959 年版，第 19 冊，1999 年），頁 191。
〔註108〕　〈本島諸株近況　銀行株の活躍〉，《臺灣日日新報》，1919 年 4 月 1 日，第 2 版。
〔註109〕　〈本島に於ける　銀行株〉，《臺灣日日新報》，1920 年 4 月 25 日，第 2 版。
〔註110〕　〈本島諸株　銀行株のみ昂騰〉，《臺灣日日新報》，1920 年 7 月 14 日，第 2 版。
〔註111〕　〈本島諸株　銀行株引返へす〉，《臺灣日日新報》，1921 年 2 月 22 日，第 2 版。
〔註112〕　〈島內銀行株唱直〉，《臺灣日日新報》，1923 年 8 月 13 日，第 2 版。

新埔、頭份、竹南、麻豆、鼓浪嶼等十所辦事處。〔註113〕1923 年因受到世界經濟情況惡化與經營不善，同年 7 月與嘉義銀行一同被臺灣商工銀行合併。〔註114〕存續時間僅八年。

六、華南銀行

華南銀行創立於 1919 年 1 月 29 日，創立緣起乃因作爲日本南進經濟侵略之目的而設立。〔註115〕當時南洋之地，雖然掌握在歐美列強控制之下，但經濟上最能發揮作用的卻是來自中國的僑民。中國僑民掌握範圍遍及各項生產事業與商業，僅福建、廣東出身的僑民，約計有三百萬人至四百萬人之多。〔註116〕在南洋經濟界之勢力，超過當地人與歐美人。

由於南洋當地資金需求旺盛，而供應資金需求的金融機關，除新加坡、蘇門答臘有僑民銀行外，其餘南洋之地僅有歐美等列強所經營的銀行。一方面僑民銀行資金實力較弱，難以滿足當地資金需求，另一方面歐美銀行作業方式與傳統習慣杆格過大。故而使當地資金供應之需求始終未獲解決。第一次世界大戰爆發後，歐美等列強勢力無暇東顧，日本政府便趁機南進，先是臺灣銀行在南洋各地開設分支機構，其次橫濱正金銀行即傚之，對南洋貿易佈局大體完成。〔註117〕但對於拓殖方面之企業與中小型日商資金供應缺乏，因此爲填補這個缺口，日本當局有意對此設立專門的金融機構，以便推動南洋日商的發展。

時任臺灣總督明石元二郎（1864～1919）、臺灣銀行總裁柳生一義、副總裁中川小十郎等多次研議討論，結果以中日合資與合辦方式籌組銀行組織。與此同時，又慫恿臺灣本地名門板橋林家之林熊徵參與策劃籌備。經過柳生一義與林熊徵前後遊說與奔走，獲得日本首相寺內正毅（1852～1919）與大

〔註113〕臺灣省文獻委員會編，〈卷四　經濟志金融篇〉，《臺灣省通志稿》（臺北：捷幼出版社再版臺灣省政府 1959 年版，第 19 冊，1999 年），頁 190。

〔註114〕葉榮鐘，《近代臺灣金融經濟發展史》（臺北：晨星出版有限公司，2002 年），頁 85。

〔註115〕臺灣省文獻委員會編，〈卷四　經濟志金融篇〉，《臺灣省通志稿》（臺北：捷幼出版社再版臺灣省政府 1959 年版，第 19 冊，1999 年），頁 157。

〔註116〕臺灣省文獻委員會編，〈卷四　經濟志金融篇〉，《臺灣省通志稿》（臺北：捷幼出版社再版臺灣省政府 1959 年版，第 19 冊，1999 年），頁 158。

〔註117〕臺灣省文獻委員會編，〈卷四　經濟志金融篇〉，《臺灣省通志稿》（臺北：捷幼出版社再版臺灣省政府 1959 年版，第 19 冊，1999 年），頁 157。

藏省的贊同。〔註118〕

　　林熊徵所提出的設立計畫為該銀行資本金定為一千萬日圓，由中日各出資一半，分紅依據傳統商業舊慣，即保證股息，定為最低年息六分。〔註119〕並根據計畫方針招募股東。1918 年 7 月，以林熊徵為代表發起人，與臺灣銀行特派員相率歷訪中國華南以及南洋各地勸募。總共發行十萬股，其中上海、福州應募者約一萬股，臺灣本島應募者約四萬股，臺灣商工銀行、彰化銀行及日本資本家認購一萬股，剩餘四萬股由南洋募集，不足部分由林熊徵與臺灣銀行認購。〔註120〕僅兩個月時間，招募股份便大有成就。旋於同年 10 月 19 日申請設立，經日本大藏省同意後，於 1919 年 1 月 29 日召開創立總會。

　　創立總會由中川小十郎擔任議長於臺北之鐵道旅館召開，與會人員有臺灣總督府長官代理高田、財務局長代理阿部、商工課長田阪、地方課長水越、臺灣銀行行長櫻井等。出席股東二百九十名，總持有股數為 56,420 股。〔註121〕

　　會中選出董事（取締役）十五名，分別是臺灣林熊徵、林烈糖、陳中和、池田常吉、守永久米松、小笠原三九郎、山瀨肇、清水孫秉；上海盛恩頤；福州劉崇偉；廈門黃慶元；廣東梅普之；新加坡劉炳炎；三巴望鄭俊懷；加拉巴李雙輝。〔註122〕合計臺人三名，日人五名，中國四名，南洋諸地三名。日人較佔優勢。

　　監察人七名，分別是臺灣顏雲年、鄭拱辰、蔡蓮舫；東京倉知織吉；新加坡王文達；ソ口郭博愛；三巴望黃佳。〔註123〕合計臺人三名，日人一名，南洋諸地三名。

　　相談役〔註124〕二十五名，分別是臺灣辜顯榮、李景盛、林獻堂（1881～1956）、佐田家年、南新吾；東京山本悌二郎、下坂藤太郎、窪田四郎、山成

〔註118〕臺灣省文獻委員會編，〈卷四　經濟志金融篇〉，《臺灣省通志稿》（臺北：捷幼出版社再版臺灣省政府 1959 年版，第 19 冊，1999 年），頁 157～158。

〔註119〕臺灣省文獻委員會編，〈卷四　經濟志金融篇〉，《臺灣省通志稿》（臺北：捷幼出版社再版臺灣省政府 1959 年版，第 19 冊，1999 年），頁 159。

〔註120〕〈華南銀行募株〉，《臺灣日日新報》，1918 年 10 月 12 日，第 6 版。

〔註121〕〈華南銀行總會〉，《臺灣日日新報》，1919 年 1 月 30 日，第 2 版。

〔註122〕〈華南銀行總會〉，《臺灣日日新報》，1919 年 1 月 30 日，第 2 版；〈華南銀行總會〉，《臺灣日日新報》，1919 年 1 月 31 日，第 5 版。

〔註123〕〈華南銀行總會〉，《臺灣日日新報》，1919 年 1 月 30 日，第 2 版；〈華南銀行總會〉，《臺灣日日新報》，1919 年 1 月 31 日，第 5 版。

〔註124〕相談役是顧問的意思，華南銀行有另設顧問，可執行權限不同，為示區別，故保留日語用法。

喬六；上海朱葆三、盛重頤；福州黃秉榮、蔡法平；廈門葉崇祿；香港田文甫、李子雲、楊梅賓；廣東黃薹塘、江孔殷、陳勉畬；馬尼拉施光銘；蘭貢林振宗；新加坡林文慶、林秉祥；加拉巴俞宏瑞。〔註125〕合計臺人三名，在臺日人二名，日人四名，中國八名，香港三名，南洋諸地五名。

顧問三名，分別是東京柳生一義；加拉巴郭春秧；臺灣中川小十郎。〔註126〕

董事會成員選出後，再由董事成員間互選出林熊徵爲總理，池田常吉、鄭俊懷爲副總理，小笠原三九郎爲總經理（專務取締役），山瀨肇、清水孫秉爲董事經理（取締役兼支配人）。〔註127〕

從上述董事會成員名單與執行層面（總理、總經理等職）可以得出，華南銀行雖然是打著中日合資合辦的名義創辦，但是日人在其中仍佔有相當優勢。僅就董事會來分析，臺人三名，日人五名，中國四名，南洋諸地三名，臺人必受制於日人，若決議事項，臺日合計就八票，已過半數，若加上負責執行實際業務的部分，僅林熊徵、鄭俊懷非日人，華南銀行控制在日人手中是很明顯的。

就華南銀行股本形成、變化與股票發行部分，創立資本金一千萬日圓，分爲十萬股，每股面額爲 100 日圓。集資募款地區相當廣大，遍及日本、臺灣、中國華南地區、南洋各地。僅臺灣、上海、福州就應募五萬股，幾乎達一半，四萬股在南洋應募，日人實際出資應未達半數。

華南銀行成立不久後，便遭逢因山東青島問題所引發的南洋華僑排日運動，華僑商界對於與華南銀行往來深具芥蒂。隔年（1920 年）復遇上世界經濟不景氣，業務受到重創，一蹶不振。〔註128〕1923 年 9 月，日本發生關東大地震，日本經濟蒙受慘重損失，連帶影響華南銀行業務，該行於 1924 年提出資本整理案，於 1925 年將資本金減資一半爲五百萬日圓。雖然透過提用公債、開發新業務以及節約經費等努力，但華僑排日芥蒂已深，難以挽回，業

〔註125〕〈華南銀行總會〉，《臺灣日日新報》，1919 年 1 月 30 日，第 2 版；〈華南銀行總會〉，《臺灣日日新報》，1919 年 1 月 31 日，第 5 版。

〔註126〕〈華南銀行總會〉，《臺灣日日新報》，1919 年 1 月 30 日，第 2 版；〈華南銀行總會〉，《臺灣日日新報》，1919 年 1 月 31 日，第 5 版。

〔註127〕〈華南銀行總會〉，《臺灣日日新報》，1919 年 1 月 31 日，第 5 版。

〔註128〕葉榮鐘，《近代臺灣金融經濟發展史》（臺北：晨星出版有限公司，2002 年），頁 85。

務不見轉好。

　　1927 年 3 月日本發生昭和金融恐慌，該行再度蒙受重創，在臺灣總督府與臺灣銀行的介入下，提供融資讓華南銀行重新整理資本，於 1928 年將資本金再度減爲二百五十萬日圓。後由於滿洲事變發生，日本侵奪中國東北大量資源與物資，使日本內外財界獲得恢復，經濟舒緩，華南銀行才逐步受惠恢復元氣。1944 年爲配合日本經濟的侵略政策，接受臺灣銀行出資，資本金增資爲五百萬日圓。〔註129〕此後一直維持資本金五百萬日圓至戰後。1946 年 10 月 16 日奉臺灣行政長官公署命令改組爲華南商業銀行。

　　在股票流通部分，華南銀行 1919 年創立後，市面上就開始華南銀行股票之流通，其歷年股價變動情形如表 2-2-6 與圖 2-2-7。

表 2-2-6　1919 年至 1943 年華南銀行股價變動表　　　　單位：日圓／每股

日　　期	股價	日　　期	股價	日　　期	股價	日　　期	股價	日　　期	股價
1919/04/01	41	1924/06/30	28.9	1929/02/14	10	1934/08/22	8.8	1939/06/26	22
1920/04/25	71	1925/05/19	15	1930/09/09	6	1935/07/22	9.2	1940/07/05	30.5
1921/02/22	68	1926/07/20	11.3	1931/07/07	5	1936/06/08	9.7	1941/06/08	26
1922/01/31	45	1927/06/27	9	1932/10/03	6	1937/07/05	20.5	1942/06/15	27
1923/08/13	75	1928/06/19	6.2	1933/07/17	9.5	1938/06/20	19.5	1943/02/21	33

資料來源：依據 1919 年至 1943 年《臺灣日日新報》蒐集整理製作。

圖 2-2-7　1919 年至 1943 年華南銀行股價變動圖

資料來源：依據 1919 年至 1943 年《臺灣日日新報》蒐集整理製作。

〔註129〕臺灣省文獻委員會編，〈卷四　經濟志金融篇〉，《臺灣省通志稿》（臺北：捷幼出版社再版臺灣省政府 1959 年版，第 19 冊，1999 年），頁 160～162。

七、股本形成與股票流通情形分析

綜上對於日治時期臺灣各銀行創立之股本形成、變動與股票流通情形的梳理，可以得出以下特點：

（一）日本殖民政府對於開發臺灣，是採行引導與利用臺灣本地資本，期以填補日本國力與資本的不足。

日本明治維新以來，雖然在近代化方面取得諸多成果，但其國力始終處於弱勢，日本國內資本力量也較為缺乏，尤其 1904 年至 1905 年發生的日俄戰爭，日本雖然取得勝利，但是日本國內也因為這場戰爭而陷入國困民窮的地步。

在這種背景下，為了取得臺灣開發的資金，臺灣總督府便利用大租權補償公債轉充資本的方式，慫恿臺灣本地資本創設嘉義銀行與彰化銀行。而這種方式，日本殖民政府是不需要出資的，資本來源完全是臺灣本地資本，藉此可以達到開發臺灣的目的，也可以將臺灣精英的目光轉移到事業經營上，這對臺灣總督府的臺灣治理是有利的。

（二）臺人資本創立銀行，但經營權與控制權卻控制在日人手中。

從前述各銀行推選出的董事會以及負責實際業務的經營層，日人皆享有優勢。且創立總會召開時，都有臺灣總督府代表與臺灣銀行代表參與。在這種官方代表參與的場合，推選董事會成員，很難不受影響，使結果導向對日人有利的一方。

同時受限於當時法令之規定，銀行最終的人事決定權，需要臺灣總督府的同意，這就保證日本殖民政府對銀行的完全主導權。如臺灣商工銀行在戰時大量替日本政府吸納游資存款轉成戰爭費用；華南銀行充作日本南洋經濟侵略的工具之一。這種控制，實際上是讓銀行脫離供應工商資金與活絡經濟的本來業務。

（三）股票發行都採公開募集（股票公開發行）方式進行且應募踴躍。

從各銀行創設時招募股份都採公開招募而論，日治時期臺灣銀行業的發展是受到歡迎的，在募股過程都很順利，甚至有超額認購的現象。這顯示臺灣民間的資本力量充沛，以及對於投入當時新興的金融產業充滿熱情，對於投資後所能獲得的收益滿懷期望。

相較於日治以前，金融機構不是從中國內地來臺設立錢莊票號，就是歐美洋商來臺設立銀行辦事處或洋行這種外來資本，這是一種由外而內的資本

流動。日治時期臺灣銀行業雖然也存在日本資本，但更多的是突顯臺灣本地資本的顯現，而這種顯現是一種由內而外的資本流動，這也是臺灣金融發展史上空前未有的，〔註130〕這也表示臺灣資本流動是從「外而內」的流動轉向爲從「內而外」的流動，此一轉換過程。

（四）股票發行公開募集後，股票隨即出現在股票流通市場中交易。

各銀行創設期間或是增資期間，只要採行公開募集股本發行股票的方式集資，該股票即會在短時間內現在股票流通市場中流通。由於銀行業是屬於大資本的行業，股票供應量基本上不會缺乏，所以容易形成流通市場。

且當時公開募集方式大都採刊登報紙公布後，讓有意願認購的人以郵件、電報、電話等方式應募，所以對象爲不特定人。相較於未公開募集只能透過與股東相識這種特定人管道私下轉讓，公開募集方式更易使所購之股票流通於市面。

（五）股價表現反應經濟現況。

從前述彰化銀行、臺灣商工銀行以及華南銀行的股價變動趨勢中，可以得出類似的共通點，就是 1920 年代至 1930 年代世界經濟受大蕭條影響而呈現不景氣，日本經濟同樣受此影響也呈現不景氣。這三家銀行的股價表現也呈現反應經濟不景氣的現象。

彰化銀行股價的最低點出現在 1925 年的每股 20.5 日圓，次低點出現在 1932 年的每股 22.1 日圓。臺灣商工銀行股價的最低點出現在 1932 年的每股 12.8 日圓，次低點出現在 1931 年的每股 13 日圓。華南銀行股價的最低點出現在 1931 年的每股 5 日圓，次低點出現在 1930 年與 1932 年的每股 6 日圓。

從這彰化銀行、華南銀行、臺灣商工銀行，此三家銀行的股價變動情況顯示，日治時期臺灣的股票價格表現，已具備反映臺灣經濟盛衰表現情況的櫥窗作用。

第三節　臺灣股票市場之規模

近代企業最明顯的特徵就是採行股份制度，有股份制度才有股票發行。

〔註130〕臺灣省文獻委員會編，〈卷四　經濟志金融篇〉，《臺灣省通志稿》（臺北：捷幼出版社再版臺灣省政府 1959 年版，第 19 冊，1999 年），頁 93。

日治時期臺灣股票發行的規模，可以從股份制公司（株式會社）的數目以及資本規模來顯見。因無發行限制，甚至可說有多少資本就有多少股票發行。故本研究基於這項原則將以日治時期歷年株式會社數、彰化銀行、臺灣商工銀行、新高製糖株式會社、臺灣倉庫株式會社等四家會社股權異動比率，並參考臺灣本島各銀行以股票為擔保品的貸出金質押比率等數據，嘗試建構出臺灣股票市場流通之規模。

一、株式會社數、資本額、股票發行

日治時期的會社根據 1899 年日本〈商法〉〔註 131〕之分類共有五種，分別是合名會社（General partnership）、合資會社（Partnership in commendam）、株式會社（Joint-stock company）、株式合資會社（Iimited partnership by shares）、外國會社。在臺灣本島則以合名會社、合資會社、株式會社等三種會社組織為主流。

合名會社為指二人以上股東所組織，對公司債務負連帶無限清償責任之公司，即我國〈公司法〉稱為無限公司。

合資會社為一人以上對公司債務負連帶無限清償責任的無限責任股東以及一人以上以出資額為限，對於公司負其責任的有限責任股東所組成，即我國〈公司法〉稱為兩合公司。合資會社之業務執行與會社幹部選任，均需由無限責任股東半數以上之同意。有限責任股東則負責對年度營收狀況、會社借貸狀況、會計狀況等監理。

由於只有株式會社是採行股票發行制度的公司組織，合資會社與合名會社都採行私募等形式籌資並不發行股票，故以本研究主體而言，僅就株式會社為討論範圍。

株式會社為二人以上股東或政府、法人股東一人所組織，全部資本分割為股份，股東就其所認股份，對公司負其責任之公司，即我國〈公司法〉稱為股份有限公司。株式會社的設立，須由七人以上的發起人提出，才可申請設立。提出會社申請後，須募集股本。發起人持股需達總股數四分之一以上，募集股本後，須召開創立總會。創立總會須由半數以上持股股東參加，並在

〔註 131〕大藏省印刷局編，《官報》（明治 32 年 3 月 9 日第 4703 號）（東京：大藏省印刷局，1899 年），收錄於日本國立國會圖書館，書誌 ID：000000078538，頁 1～40。

創立總會召開後，選出董事會（取締役及監察役）成員，再從董事會成員中互相推選出董事長、總經理等公司營運幹部。

　　株式會社的股本募集，可採公開募集與私募（發起人認購足額）兩種。公開募集方式，在當時一般都是刊登報紙廣告，以及口耳相傳等形式宣傳，約定期限利用郵寄或是電報向發起人申購股份。私募一般都是發起人間利用各種人際關係尋求股東認購。

　　故從株式會社這種會社組織，從發起創立開始，該株式會社之股票，也同步發行。隨著創立總會的召開，與株式會社的正式營運開業，其股東所持有的股票便有流通轉讓的機會。這點在前述討論銀行股本形成後，隨即市面上就出現股票行情可資證明，尤以華南銀行最為明顯。持股轉讓的數量增多，逐漸就會形成股票的流通市場。

　　臺灣本島最早在臺灣發行股票的株式會社，乃前述 1899 年株式會社臺灣銀行。雖然此前 1896 年有臺灣鐵道株式會社的成立倡議與發起，但最終並未成立。故臺灣銀行是最早以臺灣本地為股票發行市場而成立的株式會社。〔註132〕

　　從表 2-3-1 揭示 1906 年至 1942 年臺灣島內株式會社數、資本金、發行股票數（以每股面額 50 日圓計算，參閱圖 2-3-1）〔註133〕等變化，整體發展趨勢基本是向上發展的趨勢。

（一）株式會社數發展趨勢分析

　　在株式會社數發展趨勢部分（表 2-3-1 與圖 2-3-1），株式會社數從 1906 年的 13 家逐漸成長到 1942 年的 1,132 家，成長幅度達 87 倍。株式會社數的增減，大致維持正成長，整體趨勢為逐漸向上發展之趨勢。株式會社數較大的增幅為 1919 年較前一年 1918 年增加 98 家，增幅達 68.06%。株式會社數較大的減福為 1942 年較前一年 1941 年減少 87 家，減福達 −7.14%。

〔註132〕本研究認為株式會社臺灣銀行是第一家在臺灣本地發行股票，且總行設立於臺灣的株式會社組織型態之銀行，雖然當時臺灣也有有來自日本本地的株式會社或在臺灣設立但是股票發行市場在日本之株式會社，以本地主義的觀點來說，株式會社臺灣銀行應為臺灣最早之株式會社。

〔註133〕日治時期各株式會社發行股票之面額並無統一價格，有 100 日圓、50 日圓、20 日圓等不同面額，較為常見的是以面額 50 日圓發行，固為便於討論，本研究採面額 50 日圓為基準。可參閱竹本伊一郎編，〈株式會社一覽〉，《臺灣會社年鑑》（昭和十一年版）（臺北：臺灣經濟研究會，1935 年），頁 463～485。

表 2-3-1　1906 年至 1942 年臺灣株式會社數、資本金、發行股數綜表

單位：日圓

年份	會社數			資本金				發行股數
	家數	增減數	增減比	資本總額	增減比	實收資本	增減比	
1906	13	－	－	10,588,000	－	5,242,587	－	211,760
1907	16	3	23.08%	33,468,000	216.09%	15,293,521	191.72%	669,360
1908	21	5	31.25%	34,108,000	1.91%	18,640,086	21.88%	682,160
1909	22	1	4.76%	38,378,000	12.52%	23,521,125	26.19%	767,560
1910	36	14	63.64%	61,083,000	59.16%	34,946,250	48.57%	1,221,660
1911	60	24	66.67%	98,213,000	60.79%	51,285,960	46.76%	1,964,260
1912	90	30	50.00%	122,248,000	24.47%	60,706,017	18.37%	2,444,960
1913	97	7	7.78%	130,879,000	7.06%	69,388,800	14.30%	2,617,580
1914	99	2	2.06%	128,575,000	－1.76%	73,223,970	5.53%	2,571,500
1915	98	－1	－1.01%	139,340,000	8.37%	78,387,327	7.05%	2,786,800
1916	102	4	4.08%	137,905,000	－1.03%	84,648,102	7.99%	2,758,100
1917	116	14	13.73%	145,220,500	5.30%	100,322,850	18.52%	2,904,410
1918	144	28	24.14%	200,180,500	37.85%	130,294,199	29.87%	4,003,610
1919	242	98	68.06%	375,475,500	87.57%	205,006,985	57.34%	7,509,510
1920	299	57	23.55%	545,475,500	45.28%	309,520,680	50.98%	10,909,510
1921	313	14	4.68%	557,155,500	2.14%	318,155,440	2.79%	11,143,110
1922	314	1	0.32%	611,258,500	9.71%	340,879,324	7.14%	12,225,170
1923	339	25	7.96%	606,530,500	－0.77%	341,874,722	0.29%	12,130,610
1924	352	13	3.83%	602,028,000	－0.74%	345,764,922	1.14%	12,040,560
1925	378	26	7.39%	581,668,000	－3.38%	327,950,110	－5.15%	11,633,360
1926	391	13	3.44%	563,300,060	－3.16%	321,986,381	－1.82%	11,266,001
1927	418	27	6.91%	570,918,500	1.35%	315,856,239	－1.90%	11,418,370
1928	439	21	5.02%	526,417,100	－7.79%	294,548,252	－6.75%	10,528,342
1929	420	－19	－4.33%	511,827,500	－2.77%	289,462,537	－1.73%	10,236,550
1930	426	6	1.43%	469,032,250	－8.36%	274,518,748	－5.16%	9,380,645
1931	439	13	3.05%	445,387,350	－5.04%	271,218,348	－1.20%	8,907,747
1932	430	－9	－2.05%	437,566,600	－1.76%	269,733,966	－0.55%	8,751,332

年份	會社數			資本金				發行股數
	家數	增減數	增減比	資本總額	增減比	實收資本	增減比	
1933	444	14	3.26%	447,965,200	2.38%	285,210,737	5.74%	8,959,304
1934	448	4	0.90%	444,339,400	−0.81%	290,730,267	1.94%	8,886,788
1935	462	14	3.13%	451,225,800	1.55%	301,504,282	3.71%	9,024,516
1936	542	80	17.32%	557,199,400	23.49%	386,661,070	28.24%	11,143,988
1937	636	94	17.34%	568,269,300	1.99%	394,506,629	2.03%	11,365,386
1938	757	121	19.03%	674,551,200	18.70%	400,220,696	1.45%	13,491,024
1939	919	162	21.40%	746,719,000	10.70%	435,387,202	8.79%	14,934,380
1940	1096	177	19.26%	830,688,700	11.25%	515,012,969	18.29%	16,613,774
1941	1218	122	11.13%	864,137,577	4.03%	565,780,800	9.86%	17,282,752
1942	1131	−87	−7.14%	891,765,320	3.20%	630,785,899	11.49%	17,835,306

說明：發行股數以每股面額 50 日圓計。
資料來源：依據《臺灣經濟年報》及《臺灣省五十一年來統計提要》整理製作。

圖 2-3-1　1906 年至 1942 年株式會社數趨勢圖

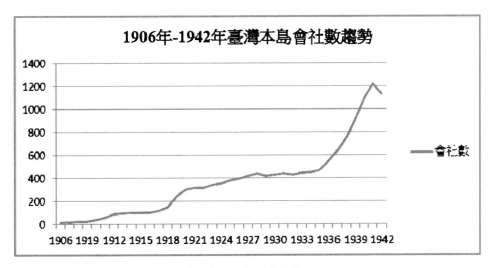

資料來源：本研究製作。

　　1919 年株式會社數的大幅增加應為受惠於日本經濟於第一次世界大戰期間填補歐美列強無暇顧及所遺留的市場，使日本經濟出現飛躍式的成長，形成戰爭景氣的現象。而這種景氣在戰後第一年 1919 年出現高峰，形成比戰時

更爲繁榮的景象，商業投資受此激勵影響，株式會社數因此呈現大幅增加的現象。

但此番榮景維持不久，1920 年經濟急轉直下，株式會社數並未因此而減少，1920 年還增加 57 家，增幅 23.55%，依然呈現增加的趨勢。這項株式會社數的增長趨勢要到 1922 年才有緩和跡象，1922 年尚增加 1 家，增幅爲 0.32%。其後又恢復增長，直至 1929 年才出現減福的負成長。

1929 年發生經濟大恐慌（Great Depression，1929～1933），出現世界性的經濟衰退，日本經濟同樣受此影響。1929 年株式會社數相較於前一年減少 19 家，減福達 4.33%。隔年 1930 年即恢復成長趨勢。除 1932 年與 1942 年株式會社數是負成長外，其餘各年份均呈現成長趨勢。

1942 年株式會社數的負成長應爲受到太平洋戰爭影響，日本當局採取戰時管制等原因所致。臺灣總督府於 1941 年 12 月 25 日發佈〈企業許可令〉，〔註134〕隔年 1942 年 6 月 13 日發佈〈企業整備令〉，並於同年 6 月 15 日起實施。〔註135〕在〈企業許可令〉部分，限制企業之新設或擴張時，必須符合戰時需求，以防止開設無利於戰時需求的企業，以避免勞力與物資流於非戰時需求所用。〔註136〕

而〈企業整備令〉則對於戰時不急需之企業，因不能協助戰爭，應將人員與物資轉用於作戰相關部門運用，對於本島所有商業企業體，可以減爲半數，而配給於作戰部門，藉以強化作戰實力。〔註137〕由官方實施的限制，對於商業發展有抑鬱的作用，受此影響之故，1942 年株式會社數呈現較大幅的減少。

綜上對於株式會社數的發展趨勢分析，除某些特定年份受到經濟或戰爭等大環境因素之影響而呈現負成長外，大致均維持成長趨勢。這顯示日治時期臺灣的現代化開發始終處於成長階段，直至日本統治臺灣末期，均未改變這樣的趨勢。若是投資會社事業的前景不佳以及不能獲利，就不會有資本持

〔註134〕 「企業許可令」（1941 年 12 月 25 日），〈府報第 4375 號〉，《臺灣總督府府（官）報》，國史館臺灣文獻館，典藏號：0071034375a001。

〔註135〕 「企業整備令」（1942 年 06 月 13 日），〈官報第 61 號〉，《臺灣總督府府（官）報》，國史館臺灣文獻館，典藏號：0072030061a001。

〔註136〕 臺灣省文獻委員會編，〈卷四　經濟志商業篇〉，《臺灣省通志稿》（臺北：捷幼出版社再版臺灣省政府 1958 年版，第 19 冊，1999 年），頁 111。

〔註137〕 臺灣省文獻委員會編，〈卷四　經濟志商業篇〉，《臺灣省通志稿》（臺北：捷幼出版社再版臺灣省政府 1958 年版，第 19 冊，1999 年），頁 107～108。

續投資下去的動力。就此觀點而言，顯見當時臺灣的投資環境是充滿活力的，且同樣也是對資本充滿吸引力的地區。

（二）資本金總額變化趨勢分析

資本金總額部分（表 2-3-1、圖 2-3-2），1907 年出現最大增幅 216.09%，從株式會社家數僅增加三家來分析，應該為此三家乃大資本規模的株式會社在臺灣成立以及其餘株式會社增資等因素所致。

圖 2-3-2　1906 年至 1942 年株式會社資本金變化趨勢圖

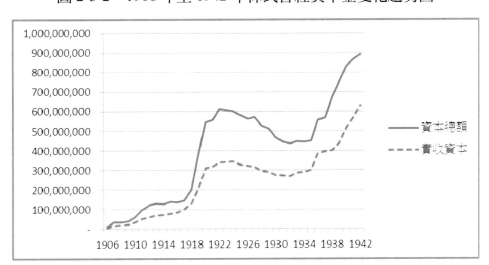

資料來源：本研究製作。

1907 年三家新設立株式會社分別為：設立於臺南州新營郡的鹽水港製糖株式會社，創立資本金五百萬日圓；〔註138〕設立於臺南州嘉義郡的東洋製糖株式會社，創立資本金五百萬日圓；〔註139〕設立於新竹的新竹製腦株式會社，創立資本金六十萬日圓。〔註140〕1907 年株式會社增資的案例有臺灣製糖株式會社合併大東製糖株式會社，資本金由五百萬日圓增加到一千萬

〔註138〕 〈鹽水港製糖總會〉，《臺灣日日新報》，1907 年 2 月 23 日，第 2 版；竹本伊一郎編，《臺灣會社年鑑》（昭和十六年版）（臺北：成文出版社有限公司影印臺灣經濟研究會，昭和 15 年（1940 年）11 月 3 日發行，1999 年），頁 174。

〔註139〕 〈南部の製糖事業（下）〉，《臺灣日日新報》，1907 年 2 月 2 日，第 4 版；杉浦和作編，《臺灣會社銀行錄》（臺北：臺灣實業興信所，1927 年），頁 60。

〔註140〕 〈新竹製腦會社成立〉，《臺灣日日新報》，1907 年 11 月 15 日，第 3 版。

日圓。〔註141〕

　　資本金總額其次增幅是在 1919 年，增幅 87.57%。此增幅背景與同年株式會社數大幅增加一致，是受第一次世界大戰後的經濟榮景所致。這個增長趨勢直至 1923 年才出現減福-0.77%的負成長。而從 1923 年起至 1934 年資本金總額變成現負成長循環，期間只有 1927 年與 1933 年出現增幅，但僅爲此負趨勢的反彈。在此期間也同樣出現 1906 年至 1942 年間資本金總額最大減福，是出現在 1930 年的-8.36%。若將此資本金總額負成長趨勢與株式會社數發展趨勢比較，可以發現同期株式會社數仍是呈現正成長趨勢，株式會社數與資本金總額的趨勢呈現背離現象。

　　這種背離現象，顯示仍有新的株式會社投入，但是資本金投入減少。資本金總額減少原因，應爲自 1920 年起，日本經濟由榮景急轉直下，此後就呈現疲態，期間發生 1923 年關東大地震、1927 年昭和金融恐慌以及 1929 年至 1933 年的經濟大恐慌，出現世界性的經濟衰退。受此影響之故，出現株式會社倒閉、清算、減資等現象所致。但新創會社仍持續投入，其數量足以抵銷倒閉的會社，甚至超越。這也顯示臺灣本島即便是在世界大蕭條的背景中，對於尋求投資機會的投資者而言，仍具有相當的投資魅力，以及擁有相當較佳經濟發展前景的地區。

　　資本金總額於 1935 年起轉成正成長，且直至 1942 年皆維持正成長。比對同時期株式會社數也是同樣維持正成長趨勢，而 1942 年株式會社數減少，但資本金總額並未受此影響。

　　綜上所述，1906 年至 1942 年資本金總額變化趨勢除 1923 年至 1934 年的負成長趨勢外，整體趨勢是維持向上發展的趨勢。從 1906 年資本金總額 10,588,000 日圓（1,059 萬日圓）成長至 1942 年 891,765,320 日圓（8.9 億日圓），成長幅度達 84 倍，此與株式會社數成長 87 倍相近。故整體而言，日治時期臺灣株式會社的發展，雖仍會受到經濟大環境變化的影響而有所增減，但以投資魅力與現代化開發等經濟前景而言，臺灣本島的投資環境在當時都是充滿機會與活力的地區。

〔註141〕 〈臺灣大東兩製糖の合併〉，《臺灣日日新報》，1907 年 5 月 15 日，第 4 版；竹本伊一郎編，《臺灣會社年鑑》（昭和十六年版）（臺北：成文出版社有限公司影印臺灣經濟研究會，昭和 15 年（1940 年）11 月 3 日發行，1999 年），頁 171。

（三）株式會社股票發行數

股票發行的根源來自資本金，由於不受發行限制，意即有多少資本金就能發行多少股票，所以股票發行數是以資本金爲計算基礎所發行的。其公式爲資本金除以每股面額等於發行股數。

日治時期臺灣株式會社股票發行時，大多都習慣以每股面額 50 日圓發行以及實收股款四分之一爲大宗。其他還有以每股 100 日圓、50 日圓、20 日圓等，不同面額發行的股票（圖 2-3-3），但是比較少數。由於股票發行數是以資本金爲計算基礎，故其變動趨勢與資本金變動趨勢一致。

圖 2-3-3　株式會社發行股票之面額示意圖

會社名	公稱資本（円）	拂込資本（円）	一株額面（円）	一株拂込（円）	設立（年.月）
宜蘭紡績	二〇〇,〇〇〇	五〇,〇〇〇	五〇.〇〇	一二.五	昭 八.一
旗山青果容器	二五,〇〇〇	一二,五〇〇	五〇.〇〇	二五.〇	三.一二
金德發瑞記商行	一〇〇,〇〇〇	五〇,〇〇〇	五〇.〇〇	二五.〇	大 一五.一〇
龜甲萬醬油販賣	三〇〇,〇〇〇	九〇,〇〇〇	五〇.〇〇	一五.〇	昭 四.一
錦記製茶	五〇〇,〇〇〇	五〇〇,〇〇〇	五〇.〇〇	五〇.〇	七.四
錦記茶行	五〇〇,〇〇〇	五〇〇,〇〇〇	五〇.〇〇	五〇.〇	七.四
義順商事	一〇〇,〇〇〇	五〇,〇〇〇	五〇.〇〇	二五.〇	大 六.三
共榮精米所	五,〇〇〇	二,五〇〇	五〇.〇〇	二五.〇	昭 七.八
共榮製藥	一〇〇,〇〇〇	二五,〇〇〇	五〇.〇〇	一二.五	七.八
協豐商事	二〇,〇〇〇	二〇,〇〇〇	二〇.〇〇	二〇.〇	九.一〇
共同商事	五〇〇,〇〇〇	三〇〇,〇〇〇	五〇.〇〇	三〇.〇	九.一〇
錦茂茶行	二〇〇,〇〇〇	五〇,〇〇〇	一〇〇.〇〇	二五.〇	一〇.三
義和茶行	二〇〇,〇〇〇	一〇〇,〇〇〇	一〇〇.〇〇	五〇.〇	一〇.六
基隆中央市場	二〇〇,〇〇〇	五〇,〇〇〇	五〇.〇〇	一二.五	一〇.三
金源發物產	五〇,〇〇〇	一二,五〇〇	五〇.〇〇	一二.五	大 一五.八
宜蘭溫泉	二〇〇,〇〇〇	五〇,〇〇〇	五〇.〇〇	一二.五	昭 七.三
宜蘭劇場	八〇,〇〇〇	二〇,〇〇〇	五〇.〇〇	一二.五	七.六
共榮商會	四〇,〇〇〇	一〇,〇〇〇	五〇.〇〇	一二.五	八.八
旗山拓殖	二〇〇,〇〇〇	一七九,五〇〇	五〇.〇〇	三九.七	三.九
共榮拓殖	二五,〇〇〇	一二,五〇〇	五〇.〇〇	二五.〇	九.六
基隆礦業	二〇〇,〇〇〇	五〇,〇〇〇	五〇.〇〇	一二.五	大 一三.五
共益自動車	六〇,〇〇〇	三四,八〇〇	五〇.〇〇	二九.〇	昭 四.一一
義泉罐詰	一〇〇,〇〇〇	三一,〇〇〇	五〇.〇〇	一五.五	大 四.七
久大實業	五〇〇,〇〇〇	四〇〇,〇〇〇	五〇.〇〇	四〇.〇	昭 三.八
共榮鳳梨罐詰	三二,〇〇〇	一六,〇〇〇	五〇.〇〇	二五.〇	五.六
宜蘭醬油	五〇,〇〇〇	三〇,〇〇〇	五〇.〇〇	三〇.〇	大 七.一二

資料來源：《臺灣會社年鑑》，昭和十一年版，1935 年。

　　前揭表 2-3-1 中的「發行股數」一欄便是以每股面額 50 日圓為計算基礎，雖然有其他面額，但為取得量化之統一，故採行日治時期商業習慣，以最大宗的發行方式來處理。1906 年至 1942 年間股票發行趨勢如圖 2-3-4。

圖 2-3-4　　1906 年至 1942 年臺灣島內株式會社股票發行數

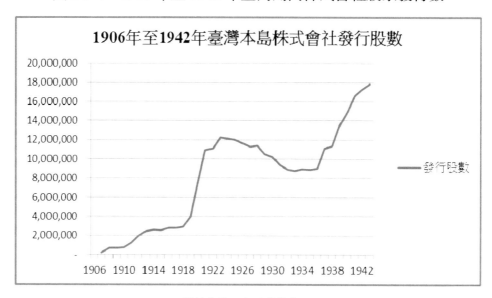

資料來源：本研究製作。

　　以 1906 年至 1942 年間股票發行數年平均 8,195,183 股（820 萬股），每股面額 50 日圓計算，年平均股票發行金額為 409,759,150 日圓（4.1 億日圓）。但日治時期股票發行習慣以僅需繳納股金四分之一，便承認其所持有之股份，雖仍有會社須全額繳納股金，但多數會社以採繳納股金四分之一，其後再補足剩餘股金的方式發行股票，故實際發行金額年平均應為 102,439,788 日圓（1.02 億日圓）。若以昭和時期（1926～1942）股票發行數年平均 11,766,247 股（1,177 萬股）計算，年平均股票發行金額為 588,312,368 日圓（5.9 億日圓），實際發行金額年平均應為 147,078,092 日圓（1.47 億日圓）。

二、臺灣島內銀行證券擔保質押借款

　　證券擔保質押借款，指以株式會社所發行的股票或公司債或所持有的國債、其他公司股票、公司債等為擔保品向銀行質押借款，藉此取得所需要的資金，這也是株式會社擴張事業發展的資金來源之一。

　　質押成數與質押率，是由貸款人所提擔保品價值與其信用狀況與銀行商定。質押率公式為貸款金總額除以所質押證券價值的百分比。簡單來說，就是銀行會根據借款方之信用狀況、事業前景、擔保品價值、用途等等因素核貸。這種貸款方式也是日治時期臺灣銀行業提供事業發展資金的重要途徑。

　　按臺灣商業舊慣，日治時期以前便有類似功能的錢莊、票號等金融機構存在，日治時期除銀行業外，尚有質舖與從事金錢貸付業的會社。不論是錢莊、票號，還是質舖，一般都是以實物或土地為擔保品才會核貸。會接受有價證券為擔保品的相對少數，就算接受也只會接受以國債為擔保品。因為有價證券在當時是一種新型態的「信用」〔註142〕（Credit），不論是當時在中國或日本，由政府來發行有價證券（國債）的歷史都還不長，社會上對其價值的信任上不普遍。國債如此，更遑論一般會社的股票或公司債充作擔保品，以此取得貸款資金。然而，通過日治時期臺灣島內銀行相關的業務資料顯示，除擁有政府信用背書的國債以外，臺灣銀行業已有接受一般會社股票與公司債為擔保品並提供貸款的現象。

　　表 2-3-2 是 1926 年至 1942 年間臺灣島內銀行依據擔保品類別貸出金額的相關統計。該表顯示期間內，總貸出金額年平均為 2.29 億日圓。其中以有價證券（國債、公債、股票等）為擔保之貸款，年平均金額為 4,360 萬日圓，佔總貸出金額年平均 18.78%。以土地建物為擔保之貸款，年平均金額為 8,578 萬日圓，佔總貸出金額年平均 38.49%。以商品為擔保之貸款，年平均金額為 1,206 萬日圓，佔總貸出金額年平均 5.13%。以工場為擔保之貸款，年平均金額為 1,151 萬日圓，佔總貸出金額年平均 4.91%。以債權證書為擔保之貸款，年平均金額為 1,033 萬日圓，佔總貸出金額年平均 4.43%。

　　從上述比較結果揭示（圖 2-3-5），以有價證券為擔保品受銀行接受的程度是小於以土地建物為擔保品的，但大於以商品、工場、債權證書等類別的擔保品。且從年平均來看，有價證券佔銀行擔保別總貸出金中將近 20%比例，各別年份（1926、1927、1933、1934、1939、1940）甚至超過 20%以上，其中以 1933 年 36.54%最高，超越同年以土地建物為擔保品的 35.15%。

〔註142〕信用（Credit），其意涵為借方與貸方的互信關係，將這種互信關係轉化為商品，並賦予價值意涵，而此種價值會隨著在不斷的借與貸運作間，具有積累增值的特性，意即信用越高，其價值就越高。

表 2-3-2 1926 年至 1942 年臺灣島內銀行擔保別貸出金一覽表

單位：日圓

年份	貸出金總額	有價證券 價值	有價證券 佔比	土地建物 價值	土地建物 佔比	商品 價值	商品 佔比	工場 價值	工場 佔比	債權證書 價值	債權證書 佔比
1926	195,968,265	48,999,967	25.00%	38,534,397	19.66%	2,523,467	1.29%	227,920	0.12%	5,291,176	2.70%
1927	197,606,643	42,794,030	21.66%	46,870,848	23.72%	7,688,938	3.89%	250,000	0.13%	1,086,625	0.55%
1928	183,203,173	20,099,994	10.97%	64,433,049	35.17%	6,502,232	3.55%	310,000	0.17%	1,016,333	0.55%
1929	192,667,831	17,890,005	9.29%	64,193,254	33.32%	5,388,540	2.80%	15,399,104	7.99%	1,843,789	0.96%
1930	186,402,056	15,015,111	8.06%	66,613,336	35.74%	7,549,391	4.05%	13,244,127	7.11%	5,336,632	2.86%
1931	186,430,606	26,390,545	14.16%	86,127,898	46.20%	12,502,275	6.71%	11,705,139	6.28%	12,580,262	6.75%
1932	174,091,026	26,028,614	14.95%	85,674,162	49.21%	10,129,658	5.82%	8,697,185	5.00%	11,683,711	6.71%
1933	233,811,870	85,423,527	36.54%	82,195,347	35.15%	10,845,643	4.64%	7,785,914	3.33%	11,218,222	4.80%
1934	167,052,563	37,839,787	22.65%	82,868,094	49.61%	10,366,034	6.21%	11,325,714	6.78%	10,267,931	6.15%
1935	180,115,642	34,644,225	19.23%	87,032,752	48.32%	11,212,042	6.22%	10,389,119	5.77%	13,367,594	7.42%
1936	185,416,719	36,536,098	19.70%	89,448,801	48.24%	10,463,140	5.64%	10,260,615	5.53%	13,015,183	7.02%
1937	199,361,453	38,793,449	19.46%	88,905,914	44.60%	11,949,541	5.99%	14,330,752	7.19%	10,537,441	5.29%
1938	202,974,414	35,289,379	17.39%	87,917,206	43.31%	14,130,464	6.96%	15,132,729	7.46%	9,364,363	4.61%
1939	233,526,978	51,525,699	22.06%	96,706,100	41.41%	16,103,146	6.90%	7,664,398	3.28%	8,581,002	3.67%
1940	340,357,542	77,750,000	22.84%	127,529,893	37.47%	15,384,674	4.52%	18,670,874	5.49%	17,926,000	5.27%
1941	382,264,698	75,535,323	19.76%	132,220,189	34.59%	13,988,828	3.66%	20,745,792	5.43%	17,595,593	4.60%
1942	456,821,341	70,617,936	15.46%	130,944,763	28.66%	38,334,228	8.39%	29,583,591	6.48%	24,947,035	5.46%
合計	3,898,072,820	741,173,689	19.01%	1,458,216,003	37.41%	205,062,241	5.26%	195,722,973	5.02%	175,658,892	4.51%
平均	229,298,401	43,598,452	18.78%	85,777,412	38.49%	12,062,485	5.13%	11,513,116	4.91%	10,332,876	4.43%

資料來源：依據臺灣經濟年報刊行會編，《臺灣經濟年報》，臺北：南天書局有限公司影印國際日本協會昭和十六版至昭和十九年版，全 4 冊，1996 年整理製作。

圖 2-3-5　　1926 年至 1942 年臺灣島內銀行擔保別貸出金比較圖

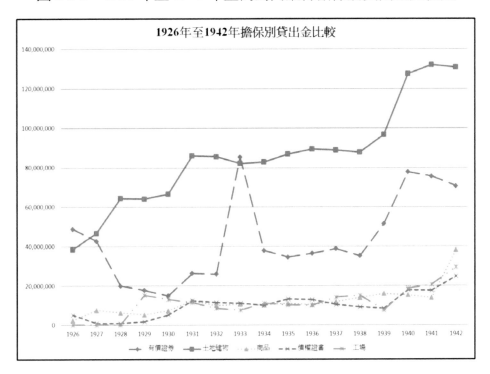

資料來源：依據《臺灣經濟年報》整理製作。

　　而 1933 年正是世界經濟大恐慌結束那年，也是日本經濟擺脫昭和金融恐慌開始好轉的一年〔註 143〕。故經濟有好轉跡象，激勵株式會社展開事業擴張的投資，為取得資金，便以所發行之股票質押予銀行借貸，此應是造成有價證券類別貸出金比例超越土地建物類別貸出金的主因，這點可從表 2-3-3 中看到。1933 年有價證券擔保貸出金中，株券（股票）佔有價證券份額高達 97.65%。

　　表 2-3-3 是臺灣島內銀行類別貸出金中有價證券份額內的組成，分別為國債、地方債、社債（公司債）、株券、外國債等 5 種。從表中可以明顯看出，以株券為擔保品佔有價證券類別中的比例相當的高，都在 50% 以上，年平均比例 79.77%。其次為國債，年平均比例 9.65%。再次則為社債的年平均比例 3.52% 以及地方債年平均比例 1.59%。顯見銀行業對於以股票為擔保品的貸款是相當重視的，重視的程度超越國債。

〔註 143〕名倉喜作，《臺灣銀行四十年誌》（東京：臺灣銀行，1939 年），頁 70。

表 2-3-3　1926 年至 1942 年臺灣島內銀行有價證券擔保貸出金一覽表

單位：日圓

年份	國債	比例	地方債	比例	社債	比例	株券	比例	外國債	比例	合計
1926	130,525	0.53%	2,250	0.01%	185,043	0.75%	12,732,121	51.83%	11,515,307	46.88%	24,565,246
1927	362,456	1.68%	9,342	0.04%	123,437	0.57%	11,159,049	51.71%	9,923,959	45.99%	21,578,243
1928	259,196	2.55%	3,232	0.03%	88,240	0.87%	9,828,927	96.56%	0	0.00%	10,179,595
1929	84,775	0.94%	6,274	0.07%	477,923	5.32%	8,418,418	93.67%	0	0.00%	8,987,390
1930	198,973	2.62%	4,240	0.06%	353,600	4.65%	7,050,229	92.68%	0	0.00%	7,607,042
1931	1,091,669	7.94%	484,384	3.53%	1,029,427	7.49%	11,131,747	81.01%	3,880	0.03%	13,741,107
1932	1,128,512	8.31%	400,995	2.95%	867,123	6.39%	11,181,933	82.35%	0	0.00%	13,578,563
1933	1,339,467	1.57%	2,457	0.00%	665,107	0.78%	83,415,496	97.65%	0	0.00%	85,422,527
1934	937,565	4.84%	2,695	0.01%	1,059,376	5.46%	17,387,938	89.68%	1,102	0.01%	19,388,676
1935	1,039,177	5.82%	2,100	0.01%	675,125	3.78%	16,125,299	90.38%	0	0.00%	17,841,701
1936	5,314,366	25.40%	1,071,400	5.12%	1,210,074	5.78%	13,329,392	63.70%	0	0.00%	20,925,232
1937	5,686,903	25.57%	1,824,775	8.20%	1,060,157	4.77%	13,668,341	61.46%	0	0.00%	22,240,176
1938	1,144,393	6.28%	488,995	2.68%	1,207,414	6.63%	15,376,084	84.41%	0	0.00%	18,216,886
1939	240,097	0.93%	743,000	2.87%	613,149	2.37%	24,286,652	93.83%	0	0.00%	25,882,898
1940	11,077,258	24.94%	630,983	1.42%	787,425	1.77%	31,917,963	71.87%	0	0.00%	44,413,629
1941	9,645,955	22.65%	0	0.00%	423,940	1.00%	32,520,744	76.36%	0	0.00%	42,590,639
1942	8,484,146	21.45%	5,480	0.01%	598,027	1.51%	30,463,388	77.02%	0	0.00%	39,551,041
合計	48,165,433	11.03%	5,682,602	1.30%	11,424,587	2.62%	349,993,721	80.14%	21,444,248	4.91%	436,710,591
平均	2,833,261	9.65%	334,271	1.59%	672,035	3.52%	20,587,866	79.77%	1,261,426	5.46%	25,688,858

資料來源：依據臺灣經濟年報刊行會編，《臺灣經濟年報》，臺北：南天書局有限公司影印國際日本協會會昭和十六年版至昭和十九年版，全 4 冊，1996 年整理製作。

探究其原因，本研究認爲有三，其一，爲各會社質押股票借貸之利率各有不同，完全依據各會社信用與發展前景等條件，經銀行評估各別核貸，對於相關利息收益，銀行有主導地位。

其二，會社是以賺錢爲唯一目的的組織，對於投資機會的敏銳度較大，而資金需求同樣也會較大，銀行透過放款，可以間接掌握產業趨勢，以及藉由會社資金需求而提高銀行自身的獲利。

其三，株式會社所發行的股票，會讓銀行接受爲擔保品，首先應該是較大企業，再來其股票一定具備流通性，而且其流通性應該比國債還要好，若是會社對銀行違約，才有處分質押品收回債權的機會。若是缺乏流通性的股票，債權不好回收外也可能完全變成呆帳，所以缺乏流通性的股票是不會有銀行願意承接核貸的。

綜上所述，日治時期臺灣由株式會社所發行的股票，具備一定規模的流通性，且這種流通性是受到銀行業所能接受的重要核貸條件。這就表示當時即便在沒有正規股票交易所的環境中，臺灣股票市場已具有相當規模，而這個規模，足以創造相當程度的「信用」。

爲還原與瞭解日治時期臺灣股票市場之股票規模，本研究以表 2-3-4 爲例，將以股票爲擔保的貸出金與株式會社總資本金做比較，可以得出質押股票價值年平均爲 20,587,866 日圓（2,059 萬日圓），質押比例爲年平均 3.63%。若是以每股面額 50 日圓計算股數則爲年平均 411,757 股（41 萬股）。這可以從兩方面解釋，其一，爲株式會社願意質押給銀行取得貸款的質押比例意願，即會社願意將股權質押給銀行，使其屬於不受會社控制的籌碼比例，其二，爲銀行願意接受以股票爲擔保的質押比例上限。

表 2-3-4　1926 年至 1942 年株式會社以股票質押借貸比例一覽表

單位：日圓

年份	質押股票價值	株式會社資本金	質押比	換算股數
1926	12,732,121	563,300,060	2.26%	254,642
1927	11,159,049	570,918,500	1.95%	223,181
1928	9,828,927	526,417,100	1.87%	196,579
1929	8,418,418	511,827,500	1.64%	168,368
1930	7,050,229	469,032,250	1.50%	141,005

年份	質押股票價值	株式會社資本金	質押比	換算股數
1931	11,131,747	445,387,350	2.50%	222,635
1932	11,181,933	437,566,600	2.56%	223,639
1933	83,415,496	447,965,200	18.62%	1,668,310
1934	17,387,938	444,339,400	3.91%	347,759
1935	16,125,299	451,225,800	3.57%	322,506
1936	13,329,392	557,199,400	2.39%	266,588
1937	13,668,341	568,269,300	2.41%	273,367
1938	15,376,084	674,551,200	2.28%	307,522
1939	24,286,652	746,719,000	3.25%	485,733
1940	31,917,963	830,688,700	3.84%	638,359
1941	32,520,744	864,137,577	3.76%	650,415
1942	30,463,388	891,765,320	3.42%	609,268
平均	20,587,866	588,312,368	3.63%	411,757

資料來源：本研究整理製作。

　　若按前述會社願意將股權質押給銀行，使其屬於不受會社控制的籌碼之邏輯，便可藉以當作估算日治時期臺灣股票市場流通規模之參考依據之一。雖以此種方式不能代表實際的狀況，但在缺乏有效且準確的史料背景下，利用銀行業擔保別貸出金數據爲參考，估算日治時期臺灣股票市場的流通規模，此亦爲提供另一側面的觀察視角，同時也是一種具參考性的執行方式。

三、股票流通規模估算

　　股票市場的流通規模，是以股票交易過程中實際股數成交量來估算的。實際股數成交量是市面上自由買賣的數量，買賣之間就促成股票的轉手，轉手比例增多就會形成市場規模，流通市場便足以成立。

　　然而，日治時期臺灣島內株市場，並沒有形成或是由臺灣總督府推動建立之具備組織性、制度性與管理性的股票交易場所或集中交易市場。僅存在有價證券業者間的相互聯繫買賣，或是幾家業者合組成一個會員組織，在此組織內相互交流與交易，故並無詳實確切有關當時股票交易流通量之相關史料，可供反映實際股票交易之成交情形。

　　爲瞭解日治時期臺灣股票市場的流通規模，本研究一方面從日治時期相

關史料論述中找尋蛛絲馬跡，並藉此拼湊還原當時的情況。另一方面則嘗試利用史實數據爲計算基礎，重新建構日治時期臺灣股票市場流通規模，其結果如下：

（一）檔案史料記載之流通規模

就相關史料部分，其一，根據 1936 年 10 月 16 日《臺灣日日新報》所載，日人統計臺灣島內有價證券中的股票交易量達年四百萬股以上，直接由臺灣本島下單的交易量達一百萬股以上，一年間由日本內地投資臺灣株式會社股票所流出的金額比由臺灣本島投資日本內地株式會社股票所流出金額之差額達一百五十萬日圓。〔註144〕

其二，根據臺灣總督府殖產局商工課於 1939 年的調查，1936 年至 1938 年臺灣有價證券交易量（本島有價證券取扱高）的統計（表 2-3-5），1936 年成交股數爲 70 萬股，成交金額爲 5,020 萬日圓；1937 年成交股數爲 178 萬股，成交金額爲 12,325 萬日圓（1.23 億日圓）；1938 年成交股數爲 172 萬股，成交金額爲 12,661 日圓（1.26 億日圓），此三年平均成交股數爲 140 萬股，平均成交金額爲 10,002 萬日圓（1 億日圓）。

表 2-3-5 1936 年至 1938 年總督府殖產局本島證券交易統計調查

單位：日圓／股

時間	株式現物		株式長期清算		株式短期清算		合　　計		公社債
	株數	金額	株數	金額	株數	金額	株數	金額	
1936	226,985	5,878,344	57,240	2,932,583	412,440	41,393,608	696,665	50,204,535	10,584,364
1937	429,053	8,975,119	210,240	12,943,888	1,147,968	101,331,288	1,781,261	123,250,295	5,241,864
1938	464,389	6,972,203	129,930	7,981,821	1,127,228	111,659,544	1,721,547	126,613,568	12,301,484
平均	373,476	7,275,222	132,470	7,952,764	895,879	84,794,813	1,399,824	100,022,799	9,375,904

資料來源：臺灣總督府殖產局商工課，《臺灣證券取引所令附屬統計資料》，1939 年。

此項統計爲對臺灣當時所有有價證券交易之統計調查，故尚包含公債與公司債（公社債），但僅有金額統計，並無債券種類與交易單位之記載。1936 年公社債成交金額爲 1,058 萬日圓、1937 年 524 萬日圓、1938 年 1,230 萬日圓，此三年平均成交金額爲 938 萬日圓。

〔註144〕〈臺灣と證券の取引機關之が設置は極めて望ましい〉，《臺灣日日新報》，1936 年 10 月 16 日，第 2 版。

　　另此項統計調查，有價證券交易種類是包含日本股票市場與臺灣股票市場的所有交易，並非單獨對臺灣股票市場流通情況之調查，且僅有三個年度，故有其侷限性。但為官方數據，仍不失為瞭解日治時期臺灣股票市場流通情形重要參考依據。

　　其三，根據昭和十六年版《臺灣經濟年報》（1941 年），在其有價證券業的論述中，記載 1938 年（昭和 13 年）時，臺灣株式會社數有五百九十一家，資本金總額達五億二千六百萬日圓，發行股票總數達一千零五十萬股，推估流通股票的交易量一年間可達五百萬股至六百萬股。〔註 145〕

　　其四，成書於 1958 年的《臺灣省通志稿》，在其〈卷四　經濟志商業篇〉中關於日治時期臺灣有價證券商的敘述也是採昭和十六年版《臺灣經濟年報》（1941 年）中關於有價證券業的論述，即 1938 年時臺灣島內株式會社數五百九十一家，資本金總額五億二千六百萬日圓，股份總數一千零五十萬股。〔註 146〕

　　前述相關史料內容經比對後（表 2-3-6），除臺灣總督府殖產局商工課調查統計外，其餘史料記載實際上是不夠精準。根據前述表 2-3-1 的統計資料，1938 年株式會社數為七百五十七家，資本金總額為六億七千四百余萬日圓。表 2-3-1 的資料來源之一是臺灣行政長官公署接收臺灣後，依據原臺灣總督府的統計資料所編制的《臺灣省五十一年來統計提要》〔註 147〕，屬於官方數據，可信度較高。

表 2-3-6　日治時期臺灣股票市場相關史料記載之股票流通規模一覽表

單位：日圓

類　　別	臺灣總督府殖產局	臺灣日日新報	臺灣經濟年報	臺灣省通志稿
交易金額（年）	1 億	2 億	2.5 億至 3 億	2.5 億至 3 億
流通股數（年）	140 萬股	400 萬股	500 萬至 600 萬股	500 萬至 600 萬股

資料來源：本研究整理製作。

〔註 145〕臺灣經濟年報刊行會，《臺灣經濟年報》（臺北：南天書局有限公司影印國際日本協會昭和 16 年（1941）版，1996 年），頁 275。
〔註 146〕臺灣省文獻委員會編，〈卷四　經濟志商業篇〉，《臺灣省通志稿》（臺北：捷幼出版社再版臺灣省政府 1958 年版，第 19 冊，1999 年），頁 59。
〔註 147〕臺灣省行政長官公署統計室，《臺灣省五十一年來統計提要》，南投：臺灣省政府主計處，1994 年。

且前述昭和十六年版《臺灣經濟年報》關於有價證券業的論述中所提株式會社數據又與同書《臺灣經濟年報》後附臺灣主要經濟統計之第 5 表〈種類別會社調表〉所載株式會社數據不相符。

〈種類別會社調表〉中株式會社數在 1938 年的記載為株式會社數七百五十七家，資本金總額為六億七千四百余萬日圓。此項數據記載與前述來自於臺灣總督府的數據相符。故該篇關於有價證券業論述中，所記載之數據是不精準的。但仍可視為反映當時股票交易流通規模的參考史料之一。

若參照前述關於有價證券業的史料敘述：「資本金總額達五億二千六百萬日圓，發行股票總數達一千零五十萬股，推估流通股票的交易量一年間可達五百萬股至六百萬股」。可以換算出平均每股面額為 50 日圓，股票流通率為47.6%至 57.14%每年交易金額達 2.5 億日圓至 3 億日圓。

若以臺灣總督府殖產局商工課之調查統計數據計算，可得平均每股面額為 71.6 日圓，此數與日治時期株式會社股票發行面額以 50 日圓為大宗之習慣有所差異。股票流通率則為 1936 年 9.01%、1937 年 21.69%、1938 年 18.77%，平均 16.67%。

然而，前述諸史料記載，除臺灣總督府殖產局調查統計外，其餘關於臺灣股票市場之股票交易流通數量來源為何？在其記載中並未說明其依據，是否反映真實情形，仍有待商榷。但臺灣總督府殖產局調查統計資料，係包含日本與臺灣兩地股票市場之交易統計，有其侷限。而其餘史料記載所述股票流通量未將臺灣股票市場中屬「日本內地臺灣株市場」與「臺灣島內株市場」區隔，各有其侷限。故本研究認為，史料記載應可泛指為整體臺灣本地股票或證券之交易量，而非臺灣股票市場之流通量。由於本研究旨專注於「臺灣島內株股票市場」之股票流通情形，故嘗試建構其股票流通規模如後。

（二）本研究嘗試估算臺灣島內株市場之流通規模

為反映日治時期臺灣股票市場的樣貌，以及估算出日治時期臺灣島內株市場流通的規模，本研究主要參考之史實數據有彰化銀行臺日籍股東持股變動情況與臺灣商工銀行、新高製糖株式會社、臺灣倉庫株式會社等三家會社歷年股權買賣異動情況，以及前述臺灣島內銀行擔保別貸出金情況等共五種史實數據。

選擇以彰化銀行 1925 年至 1945 年間股權變動情形當作取樣計算基礎（詳參表 2-2-3），原因有二，其一，為 1925 年後彰化銀行總股數由前一年十

二萬股降爲九萬六千股，直至 1945 年均維持同樣的總股數，這不會受到增減資股票配發異動的影響，有助於取樣爲計算基礎的穩定性。其二，爲 1926 年彰化銀行日籍股東持股數正式超越臺籍股東的持股數且取得總股數過半數的 50.57%股權，就經營權角度而論，對於彰化銀行而言，對於股權來說是一種重大變化，具有股權轉讓與換手頻繁的參考性。

臺灣商工銀行、新高製糖株式會社、臺灣倉庫株式會社等三家會社歷年股權買賣異動情況，來源皆爲該會社之會社史或會社年誌，其本身便是記載股票買賣後的股權異動記錄。而日治時期會社史或會社誌中，有記錄股權異動情形的記載亦相當少見，諸如臺灣銀行、明治製糖、大日本製糖等會社史或會社誌，皆無對股權異動情況之記載。

選擇臺灣島內銀行以股票擔保貸出金質押比例，如前所述，係探會社願意將股權質押給銀行，使其股權屬不受會社控制的籌碼之邏輯，藉以當作估算股票市場流通規模之參考。

基於上述思考，且此研究領域未曾有相關之討論或估算日治時期臺灣股票市場流通規模，故本研究嘗試藉以提供估算日治時期臺灣股票市場中屬臺灣島內株市場流通規模之方法，雖然其侷限相當明顯，諸如資料年份完整性、種類關連性、資料數據量等侷限，但若能達拋磚引玉作用，使此問題後續探討得以更爲深入與擴展，便是本研究嘗試估算的目的與貢獻。

透過分析前述五種史實數據又可得六組可供代換爲股票周轉率之數值，其結果如下所述：

1. 彰化銀行 1926 至 1942 年間臺籍與日籍股東股權變化情況，分別爲臺籍股東股權年平均變動率 5.52%，日籍股東股權年平均變動率爲 4.28%（表 2-3-7）。

2. 臺灣商工銀行 1910 年至 1920 年股權買賣異動率爲年平均 34.25%。新高製糖株式會社 1910 年至 1934 年股權買賣異動率爲年平均 13.6%。臺灣倉庫株式會社 1916 年至 1934 年股權買賣異動率爲年平均 5.71%（表 2-3-8）。

3. 前述臺灣島內銀行以股票擔保貸出金質押率爲 3.63%（表 2-3-4）。

上述結果共取得 5.52%、4.28%、34.25%、13.6%、5.71%、3.63%等六組比例數值，其算術平均數爲 11.17%，其中位數爲 5.62%。分別將算術平均數與中位數代入替換股票周轉率，並將歷年株式會社資本金總額扣除在日本

股票上市的臺灣會社資本金以及以每股面額 50 日圓計算股數後（表 2-3-9），
可得以算術平均數 11.17%計算，臺灣島內株股票市場 1911 年至 1942 年流通
規模為年平均 21,245,942 日圓（2,125 萬日圓），流通股數為年平均 424,919
股（42 萬股）；大正時期（1912～1925）流通規模年平均為 15,008,178 日圓
（1,501 萬日圓），流通股數年平均為 300,164 股（30 萬股）；昭和時期（1926
～1942）流通規模為年平均 27,470,307 日圓（2,747 萬日圓），流通股數為年
平均 549,406 股（55 萬股）。

表 2-3-7　1926 年至 1942 年彰化銀行臺日籍股東持股變動一覽表

單位：股

時間	總股數	臺籍持股	異動率	日籍持股	異動率	時間	總股數	臺籍持股	異動率	日籍持股	異動率
1926	96,000	47,452	8.65%	48,548	10.20%	1937	96,000	38,656	7.88%	57,344	6.12%
1927	96,000	46,261	2.51%	49,739	2.45%	1938	96,000	37,523	2.93%	58,477	1.98%
1928	96,000	44,422	3.98%	51,578	3.70%	1939	96,000	36,746	2.07%	59,254	1.33%
1929	96,000	42,040	5.36%	53,960	4.62%	1940	96,000	38,623	5.11%	57,377	3.17%
1930	96,000	41,534	1.20%	54,466	0.94%	1941	96,000	43,091	11.57%	52,909	7.79%
1931	96,000	43,348	4.37%	52,652	3.33%	1942	96,000	33,026	23.36%	62,974	19.02%
1932	96,000	43,697	0.81%	52,303	0.66%	1944	96,000	36,663	11.01%	59,337	5.78%
1933	96,000	43,562	0.31%	52,438	0.26%	1945	96,000	38,223	4.25%	57,777	2.63%
1934	96,000	42,137	3.27%	53,863	2.72%	最　大		47,452	23.36%	62,974	19.02%
1935	96,000	40,768	3.25%	55,232	2.54%	最　小		33,026	0.31%	48,548	0.26%
1936	96,000	41,961	2.93%	54,039	2.16%	平　均		41,039	5.52%	54,961	4.28%

資料來源：依據《彰化銀行百年史》整理製作。

表 2-3-8　歷年新高製糖、臺灣商工銀、臺灣倉庫股權買賣異動一覽

單位：股

時間	新高製糖株式會社			臺灣商工銀行			臺灣倉庫株式會社		
	株發行數	株異動數	株異動率	株發行數	株異動數	株異動率	株發行數	株異動數	株異動率
1910	100,000	25,300	25.30%	20,000	786	3.93%	－	－	－
1911	100,000	17,030	17.03%	20,000	3,422	17.11%	－	－	－
1912	500,000	26,500	5.30%	23,000	17,019	74.00%	－	－	－

時間	新高製糖株式會社			臺灣商工銀行			臺灣倉庫株式會社		
	株發行數	株異動數	株異動率	株發行數	株異動數	株異動率	株發行數	株異動數	株異動率
1913	600,000	23,300	3.88%	23,000	14,420	62.70%	–	–	–
1914	600,000	15,110	2.52%	23,000	8,273	35.97%	–	–	–
1915	600,000	20,010	3.34%	23,000	2,240	9.74%	–	–	–
1916	600,000	59,790	9.97%	23,000	4,337	18.86%	40,000	2,690	6.73%
1917	700,000	34,980	5.00%	23,000	2,122	9.23%	40,000	3,600	9.00%
1918	700,000	49,800	7.11%	23,000	4,912	21.36%	40,000	4,642	11.61%
1919	700,000	64,200	9.17%	100,000	15,922	15.92%	40,000	1,800	4.50%
1920	1,160,000	374,880	32.32%	100,000	86,277	86.28%	40,000	5,881	14.70%
1921	1,160,000	158,870	13.70%	–	–	–	40,000	2,237	5.59%
1922	1,160,000	288,110	24.84%	–	–	–	40,000	440	1.10%
1923	1,160,000	128,620	11.09%	–	–	–	40,000	730	1.83%
1924	1,160,000	242,420	20.90%	–	–	–	40,000	770	1.93%
1925	1,160,000	218,720	18.86%	–	–	–	40,000	555	1.39%
1926	1,160,000	194,130	16.74%	–	–	–	40,000	4,910	12.28%
1927	1,160,000	405,630	34.97%	–	–	–	40,000	2,155	5.39%
1928	1,160,000	124,970	10.77%	–	–	–	40,000	2,147	5.37%
1929	1,160,000	90,290	7.78%	–	–	–	40,000	2,946	7.37%
1930	1,160,000	39,250	3.38%	–	–	–	40,000	680	1.70%
1931	1,160,000	45,180	3.89%	–	–	–	40,000	2,839	7.10%
1932	1,160,000	370,150	31.91%	–	–	–	40,000	2,716	6.79%
1933	1,620,000	212,490	13.12%	–	–	–	40,000	823	2.06%
1934	1,620,000	115,440	7.13%	–	–	–	40,000	830	2.08%
最大	1,620,000	405,630	34.97%	100,000	86,277	86.28%	40,000	5,881	14.70%
最小	100,000	15,110	2.52%	20,000	786	3.93%	40,000	440	1.10%
平均	940,800	133,807	13.60%	36,455	14,521	32.28%	40,000	2,284	5.71%

資料來源：依據《新高略史》、《臺灣商工銀行十年誌》、《臺灣倉庫株式會社二十年史》整理製作

表 2-3-9　1911 年至 1942 年臺灣島內株股票市場流通規模估算表

單位：日圓／股

時　間	資本金	平均數 11.17%		中位數 5.62%	
		流通金額	流通股數	流通金額	流通股數
1911	24,713,000	2,760,442	55,209	1,388,871	27,777
1912	42,248,000	4,719,102	94,382	2,374,338	47,487
1913	43,879,000	4,901,284	98,026	2,466,000	49,320
1914	33,625,000	3,755,913	75,118	1,889,725	37,795
1915	31,190,000	3,483,923	69,678	1,752,878	35,058
1916	23,205,000	2,591,999	51,840	1,304,121	26,082
1917	21,920,500	2,448,520	48,970	1,231,932	24,639
1918	46,980,500	5,247,722	104,954	2,640,304	52,806
1919	162,025,500	18,098,248	361,965	9,105,833	182,117
1920	205,125,500	22,912,518	458,250	11,528,053	230,561
1921	211,655,500	23,641,919	472,838	11,895,039	237,901
1922	277,758,500	31,025,624	620,512	15,610,028	312,201
1923	261,280,500	29,185,032	583,701	14,683,964	293,679
1924	256,778,000	28,682,103	573,642	14,430,924	288,618
1925	263,389,300	29,420,585	588,412	14,802,479	296,050
1926	245,021,360	27,368,886	547,378	13,770,200	275,404
1927	219,751,900	24,546,287	490,926	12,350,057	247,001
1928	211,500,500	23,624,606	472,492	11,886,328	237,727
1929	221,670,900	24,760,640	495,213	12,457,905	249,158
1930	178,875,650	19,980,410	399,608	10,052,812	201,056
1931	155,230,750	17,339,275	346,786	8,723,968	174,479
1932	147,410,000	16,465,697	329,314	8,284,442	165,689
1933	156,068,600	17,432,863	348,657	8,771,055	175,421
1934	150,542,800	16,815,631	336,313	8,460,505	169,210
1935	136,625,800	15,261,102	305,222	7,678,370	153,567
1936	231,599,400	25,869,653	517,393	13,015,886	260,318
1937	203,919,300	22,777,786	455,556	11,460,265	229,205

時　　間	資本金	平均數 11.17%		中位數 5.62%	
		流通金額	流通股數	流通金額	流通股數
1938	300,201,200	33,532,474	670,649	16,871,307	337,426
1939	335,719,000	37,499,812	749,996	18,867,408	377,348
1940	390,178,700	43,582,961	871,659	21,928,043	438,561
1941	449,427,577	50,201,060	1,004,021	25,257,830	505,157
1942	447,055,320	49,936,079	998,722	25,124,509	502,490
大正時期平均	134,361,486	15,008,178	300,164	7,551,116	151,022
昭和時期平均	245,929,339	27,470,307	549,406	13,821,229	276,425
總平均	190,205,392	21,245,942	424,911	10,689,543	213,787

資料來源：本研究整理製作。

　　以中位數 5.62%計算，臺灣島內株股票市場 1911 年至 1942 年流通規模為年平均 10,689,543 日圓（1,069 萬日圓），流通股數為年平均 213,791 股（21萬股）；大正時期（1912～1925）流通規模年平均為 7,551,115 日圓（755 萬日圓），流通股數年平均為 151,022 股（15 萬股）；昭和時期（1926～1942）流通規模為年平均 13,821,229 日圓（1,382 萬日圓），流通股數為年平均 276,425股（28 萬股）。

　　本研究為突顯上述流通規模之大小，且由於史料記載皆在昭和時期，故以昭和時期估算結果為例，將其與同時期臺灣銀行臺灣銀行券發行量（貨幣發行量）、臺灣農業生產總值以及臺灣工業生產總值之比較，其結果如下：

　　1. 以算術平均數計算，昭和時期股票流通規模 2,747 萬日圓（表 2-3-10）：

　　　（1）股票流通規模與臺灣銀行券發行量比較，佔臺灣銀行券發行量年平均 8,710 萬圓的 37.85%，以及佔臺灣銀行券發行量最高值 2.47億圓的 11.11%與佔發行量最低值 3,746 萬圓的 73.33%。

　　　（2）股票流通規模與農業生產總額比較，佔臺灣農業生產總額年平均 3.73 億日圓的 7.35%，以及佔農業生產總額最高值 6.32 億日圓的4.35%與農業生產總額最低值 2.1 億日圓的 13.08%。

　　　（3）股票流通規模與工業生產總額比較，佔臺灣工業生產總額年平均 3.34 億日圓的 8.64%，以及佔工業生產總額最高值 7.07 億日圓的3.88%與工業生產總額最低值 1.86 億日圓的 14.77%。

表 2-3-10　昭和時期平均數股票流通規模與貨幣發行量、農工產值比較

單位：日圓

時間	資本金	股票流通規模	臺灣銀行券發行量	佔發行量比	農業生產總額	佔農產產值比	工業生產總額	佔工業產值比
1926	245,021,360	27,368,886	45,817,886	59.73%	291,891,397	9.38%	201,380,387	13.59%
1927	219,751,900	24,546,287	45,058,841	54.48%	272,440,697	9.01%	185,947,261	13.20%
1928	211,500,500	23,624,606	47,689,740	49.54%	293,937,801	8.04%	225,426,646	10.48%
1929	221,670,900	24,760,640	47,277,344	52.37%	301,867,955	8.20%	263,817,319	9.39%
1930	178,875,650	19,980,410	41,575,644	48.06%	259,360,729	7.70%	246,899,846	8.09%
1931	155,230,750	17,339,275	37,459,271	46.29%	209,973,198	8.26%	204,956,574	8.46%
1932	147,410,000	16,465,697	43,317,880	38.01%	278,962,704	5.90%	227,860,203	7.23%
1933	156,068,600	17,432,863	43,742,907	39.85%	237,987,786	7.33%	224,560,443	7.76%
1934	150,542,800	16,815,631	48,857,124	34.42%	292,909,706	5.74%	234,211,249	7.18%
1935	136,625,800	15,261,102	58,423,980	26.12%	361,046,421	4.23%	293,504,542	5.20%
1936	231,599,400	25,869,653	64,217,597	40.28%	383,266,253	6.75%	312,607,040	8.28%
1937	203,919,300	22,777,786	83,569,387	27.26%	402,995,815	5.65%	363,810,264	6.26%
1938	300,201,200	33,532,474	110,852,581	30.25%	460,212,557	7.29%	394,147,185	8.51%
1939	335,719,000	37,499,812	143,068,768	26.21%	551,826,343	6.80%	570,763,328	6.57%
1940	390,178,700	43,582,961	173,011,861	25.19%	541,446,672	8.05%	362,195,714	12.03%
1941	449,427,577	50,201,060	199,472,790	25.17%	573,639,062	8.75%	659,772,525	7.61%
1942	447,055,320	49,936,079	247,215,275	20.20%	631,556,566	7.91%	707,258,692	7.06%
最高	449,427,577	50,201,060	247,215,275	59.73%	631,556,566	9.38%	707,258,692	13.59%
最低	136,625,800	15,261,102	37,459,271	20.20%	209,973,198	4.23%	185,947,261	5.20%
平均	245,929,339	27,470,307	87,095,816	37.85%	373,254,215	7.35%	334,065,836	8.64%

資料來源：依據臺灣經濟年報刊行會編，《臺灣經濟年報》，臺北：南天書局有限公司影印國際日本協會昭和十六年版至昭和十九年版，全 4 冊，1996 年整理製作。

2. 以中位數計算，昭和時期股票流通規模 1,382 萬日圓（表 2-3-11）：

　　（1）股票流通規模與臺灣銀行券發行量比較，佔臺灣銀行券發行量年平均 8,710 萬圓的 19.04%，以及佔臺灣銀行券發行量最高值 2.47 億圓的 5.59% 與佔發行量最低值 3,746 萬圓的 36.9%。

　　（2）股票流通規模與農業生產總額比較，佔臺灣農業生產總額年平均 3.73 億日圓的 3.7%，以及佔農業生產總額最高值 6.32 億日圓的 2.19% 與農業生產總額最低值 2.1 億日圓的 6.58%。

　　（3）股票流通規模與工業生產總額比較，佔臺灣工業生產總額年平均

　　3.34 億日圓的 4.35%，以及佔工業生產總額最高值 7.07 億日圓的 1.95%與工業生產總額最低值 1.86 億日圓的 7.43%。

　　上述比較結果，若以算術平均數論，臺灣島內株市場年平均股票流通規模佔臺灣銀行貨幣發行量年平均 37.85%，其中位數亦佔 19.04%，此比重不可謂之少。另相較於現今（2017 年）臺灣股票市場股票周轉率 83.79%，股票流通規模佔新臺幣發行量的 315.32%，日治時期臺灣島內株市場的交易顯得相對保守許多。

表 2-3-11　昭和時期中位數股票流通規模與貨幣發行量、農工產值比較

單位：日圓

時間	資本金	股票流通規模	臺灣銀行券發行量	佔發行量比	農業生產總額	佔農產值比	工業生產總額	佔工業產值比
1926	245,021,360	13,770,200	45,817,886	30.05%	291,891,397	4.72%	201,380,387	6.84%
1927	219,751,900	12,350,057	45,058,841	27.41%	272,440,697	4.53%	185,947,261	6.64%
1928	211,500,500	11,886,328	47,689,740	24.92%	293,937,801	4.04%	225,426,646	5.27%
1929	221,670,900	12,457,905	47,277,344	26.35%	301,867,955	4.13%	263,817,319	4.72%
1930	178,875,650	10,052,812	41,575,644	24.18%	259,360,729	3.88%	246,899,846	4.07%
1931	155,230,750	8,723,968	37,459,271	23.29%	209,973,198	4.15%	204,956,574	4.26%
1932	147,410,000	8,284,442	43,317,880	19.12%	278,962,704	2.97%	227,860,203	3.64%
1933	156,068,600	8,771,055	43,742,907	20.05%	237,987,786	3.69%	224,560,443	3.91%
1934	150,542,800	8,460,505	48,857,124	17.32%	292,909,706	2.89%	234,211,249	3.61%
1935	136,625,800	7,678,370	58,423,980	13.14%	361,046,421	2.13%	293,504,542	2.62%
1936	231,599,400	13,015,886	64,217,597	20.27%	383,266,253	3.40%	312,607,040	4.16%
1937	203,919,300	11,460,265	83,569,387	13.71%	402,995,815	2.84%	363,810,264	3.15%
1938	300,201,200	16,871,307	110,852,581	15.22%	460,212,557	3.67%	394,147,185	4.28%
1939	335,719,000	18,867,408	143,068,768	13.19%	551,826,343	3.42%	570,763,328	3.31%
1940	390,178,700	21,928,043	173,011,861	12.67%	541,446,672	4.05%	362,195,714	6.05%
1941	449,427,577	25,257,830	199,472,790	12.66%	573,639,062	4.40%	659,772,525	3.83%
1942	447,055,320	25,124,509	247,215,275	10.16%	631,556,566	3.98%	707,258,692	3.55%
最高	449,427,577	25,257,830	247,215,275	30.05%	631,556,566	4.72%	707,258,692	6.84%
最低	136,625,800	7,678,370	37,459,271	10.16%	209,973,198	2.13%	185,947,261	2.62%
平均	245,929,339	13,821,229	87,095,816	19.04%	373,254,215	3.70%	334,065,836	4.35%

資料來源：依據臺灣經濟年報刊行會編，《臺灣經濟年報》，臺北：南天書局有限公司影印國際日本協會昭和十六年版至昭和十九年版，全 4 冊，1996 年整理製作。

　　然而，現今臺灣股票市場參與者眾多，且為具有現代化交易與管理制度以及股票市場國際化推展多年，容易吸引國內外的資金參與投資。日治時期臺灣股票市場，不論是日本內地臺灣株市場還是臺灣島內株市場，由於日本政府排斥外資對臺灣的投資，僅可投資日本本土股票市場。臺灣股票市場的參與者又僅為日本人及少數臺籍精英族群。

　　一般無財力的民眾是無緣參與股票市場投資的。以 1941 年（昭和 16 年）臺北市一個臺籍建築工人為例，其平均最高日薪 2.9 日圓，[註148] 年薪僅1,044 日圓，僅足夠買 9 股臺灣銀行股票（1941 年 6 月 8 日每股 111.9 日圓），股權僅佔股票發行量三十萬股的 0.003%，或 20 股彰化銀行股票（1941 年 6月 8 日每股 50 日圓），股權僅佔股票發行量九萬六千股的 0.02%，雖然持股可以參加股東大會，但恐連發言權利都沒有。

（三）史料記載與本研究估算分析

　　若將臺灣總督府殖產局統計調查結果，年均交易金額 1 億日圓及交易股數年均 140 萬股，與本研究以昭和時期算術平均與中位數，估算臺灣島內株市場年平均流通股數分別為 55 萬股與 28 萬股相較，則可得臺灣島內株市場之流通量約佔臺灣股票交易量的 39.29% 與 20%。流通金額部分，與本研究以昭和時期算術平均數與中位數，估算臺灣島內株市場年平均流通金額分別為2,747 萬日圓與 1,382 萬日圓相較，流通金額分別佔 27.47% 與 13.82%。

　　而將前項《臺灣經濟年報》記載臺灣股票市場年平均成交五百萬股至六百萬股，與本研究以昭和時期算術平均與中位數，估算臺灣島內株市場年平均流通股數分別為 55 萬股與 28 萬股相較（以五百萬股計），則可得臺灣島內株市場之流通量約佔臺灣股票市場流通股數的 11% 與 5.6%。

　　流通金額部分，與本研究以昭和時期算術平均數與中位數，估算臺灣島內株市場年平均流通金額分別為 2,747 萬日圓與 1,382 萬日圓相較（以 2.5 億日圓計），流通金額分別佔 10.98% 與 5.52%。

　　上述兩項比較結果顯示，臺灣島內株市場流通情形均未超過 50% 以上。審酌日治時期日人資本所投資經營的企業規模皆大於臺人資本所投資經營的企業，故此項本研究所得出臺灣島內株市場佔整體臺灣股票市場流通規模的數據仍是極具參考性。

〔註148〕臺北市役所，《昭和十六年　臺北市統計書》（臺北：臺北市役所，1943 年），
　　　　頁 176～177。

　　然而，實際在日治時期臺灣股票市場之股票流通率，並無充足的統計資料可供計算。而前述相關史料記載皆有其侷限，除臺灣總督府殖產局統計調查外，其餘史料記載均屬推估性質，且並無提供推估計算之來源。本研究所採五種史實數據樣本，亦無法涵蓋當時臺灣實際股票流通市場之全貌，以及所有株式會社股票流通之情況。倘後續有更多詳細記載株式會社股權變動相關史料檔案出土，則由本研究所建構之推算股票流通規模方法，將得以更有效率的發揮。

　　故本研究以臺灣總督府殖產局統計調查爲依據，認爲臺灣股票市場在昭和時期，股票流通量約爲年平均 140 萬股至 180 萬股之間，流通金額約爲年平均 1 億日圓至 1.3 億日圓之間。而由臺人資本所形成的臺灣島內株股票市場在昭和時期，股票流通量約爲年平均 28 萬股至 55 萬股之間，佔臺灣股票市場股票流通量 20%至 39.29%之間，流通金額約爲年平均 1,382 萬日圓至 2,747 萬日圓之間，佔臺灣股票市場流通金額約年平均 13.82%至 27.47%之間。

圖 2-3-6　1911 年至 1942 年臺灣島內株市場股票流通規模趨勢圖

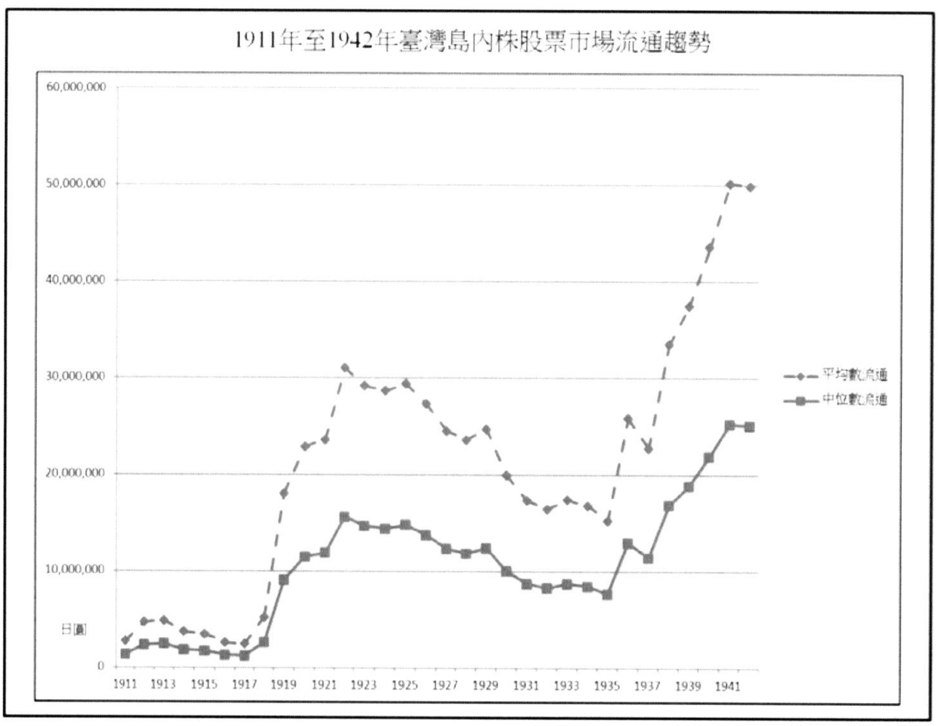

資料來源：本研究整理製作。

　　昭和時期股票流通流通率，不論是史料記載最大的 57.14%還是最小的 9.01%，或本研究估算之算術平均數 11.17%與中位數 5.62%。以現今（2017年）的視野來看，2007 至 2017 年臺灣證券市場年平均股票周轉率 109.87%，〔註 149〕相較而言，昭和時期股票流通周轉率仍是顯得相當小。但是其流通規模的發展趨勢仍是向上（如圖 2-3-6），故也可以說隨著經濟發展、工業化程度以及株式會社資本金的增加，股票的流通規模也將同步成長。這種發展趨勢與現今（2017 年）臺灣證券市場的發展軌跡是相同的趨勢。

〔註 149〕臺灣證券交易所編，〈年度股票交易量值統計表〉，2007 年至 2017 年，網址：http://www.tse.com.tw/zh/statistics/statisticsList?type=07&subType=235，上網日期：2018 年 3 月 25 日。

第三章　日治時期臺灣證券交易所設置問題與證券業之發展

　　日治時期臺灣股票市場發展逐漸成熟，但日本統治臺灣期間並未設置集中交易制度的證券交易所，相較於日本本土、滿洲、朝鮮等地皆有設置證券交易所，何因造成獨漏同屬殖民地的臺灣未有設置。前人論述認爲乃因「工業日本，農業臺灣」之殖民政策所致，但本研究認爲此論述過於籠統與武斷。故本章主題之一便是梳理關於日治時期臺灣證券交易所設置問題之史實，藉以尋求更爲深入詳盡的論述。

　　其次，股票市場得以形成是由公司股東、證券業者以及投資人三方互動聯繫所促成的，其中又以扮演居中仲介角色的證券業者最爲重要，舉凡媒介交易、增進股票市場流通量與引導資金都少不了證券業者。而日治時期臺灣有價證券業者，在過往此領域之相關研究甚少被提及，其發展變化情形更無詳盡之論述。

　　故本章主題之二旨在探討日治時期臺灣股票市場中，有價證券業在不同年代的發展情況，並以臺籍經營者爲核心，探討其個人背景以及是何因緣得以經營此業等討論。藉以填補相關研究領域不足之處。

第一節　臺灣證券交易所設置問題

　　日治時期臺灣隨著經濟發展的進步，使臺灣股票市場不論是在日本內地交易的臺灣股票，還是在臺灣本地交易的股票，均呈現成長的趨勢，由於股票交易的活絡，使臺灣商工業界以日人爲主導力量，出現希望臺灣總督府設

置證券交易所的呼籲聲浪以及出現多次證券交易所設立請願運動。

一、證券交易所請願運動概況

商品交易所（取引所）自 1895 日本領臺後的翌年（1896 年），日人天野光五郎以應設置「臺北米穀交易所」，以及日人古畑直畑提出應設置「臺灣樟腦五品交易所」爲由，向臺灣總督府提案請願，希望設置相關交易所。臺灣總督府當時以商業機關在臺灣發展尚不成熟爲由不許可結案。〔註1〕此後幾乎每年都有關於設置各種商品交易所的請願，向臺灣總督府提案。

最早提出臺灣應設置股票證券交易所提案的是 1906 年時，由日人三好德三郎〔註2〕（1873～1939）、柵瀬軍之佐向臺灣總督府提交「取引所設置請願書」，〔註3〕臺灣總督府仍然裁定不許可。此後日本內地與臺灣日人商工業界便發起數十次包含股票、米穀、砂糖等商品在內的交易所設立請願陳情運動。

諸如 1907 年由日人荒井泰治、柵瀬軍之佐等共十七人援引日本內地交易所令提出一個在臺北與臺南兩地同時設立「米糖株式三品取引所」設立計劃請願書，計劃採公司制〔註4〕之株式會社組織，並擬該會社創立資本金三十萬日圓。〔註5〕

1910 年時同樣由日人發起「臺灣取引所設立計劃」，擬組織一個包含米、茶、砂糖、有價證券、金銀貨等商品在內的交易所，同樣也是以採株式會社組織，創立資本金定一百萬日圓。〔註6〕

1911 年日人松村鶴吉郎糾集東京十人、大阪四人以及臺北五人合計十九人提出與前述同名的「臺灣取引所」設立請願。〔註7〕此後以「臺灣取引所」

〔註1〕〈取引所の不認可〉，《臺灣日日新報》，1896 年 9 月 19 日，第 3 版。
〔註2〕三好德三郎（1873～1939），日本京都府宇治人，自小學習製茶與茶樹栽培技術，1899 年前往臺灣文山、坪林等地研究烏龍茶，曾任臺灣協會臺灣支部協議員、臺北商工會監察人、臺北州協議會會員、臺灣總督府評議會會員等職，是實業界在臺日人中有影響力的人物。
〔註3〕貝山好美，〈臺灣證券取引所に就て〉，《臺灣經濟叢書（7）》（臺北：臺灣經濟研究會，1939 年），頁 270。
〔註4〕交易所分爲「公司制」與「會員制」兩種，公司制即股份制公司是由政府開辦或是民間募股成立，股份制公司股東享有營利分紅，而會員制，一般由證券業者組成，其運作經費由會員繳納，沒有營利分紅。
〔註5〕〈臺南の取引所〉，《臺灣日日新報》，1907 年 6 月 13 日，第 4 版。
〔註6〕〈臺灣取引所設立計劃〉，《臺灣日日新報》，1910 年 5 月 15 日，第 3 版。
〔註7〕〈臺灣取引所發起人〉，《臺灣日日新報》，1911 年 4 月 2 日，第 2 版。

為名或相似名，便成為請願提案名稱之主流。

　　臺灣總督府於 1940 年間曾有歷年關於設立交易所請願案件之統計（表 3-1-1），自 1907 年起至 1939 年止，按時代分為明治時期有四件、大正時期有二十一件、昭和時期有九件，共計有三十四件。其中以大正時期請願案件最多，但時間均在 1914 年至 1919 年間，此時日本經濟正受惠於第一次世界大戰的戰時經濟榮景，故請願案件在此時期較多因受此激勵所致。

表 3-1-1　1907 年至 1939 年臺灣總督府統計交易所請願案一覽

時　　間	發　起　人	陳情案名稱	連署數
1907 年	荒井泰治外三名	株式會社臺南三品取引所	4
1909 年 11 月	濱崎建吉、八束可海、高倉藤平外五名	株式會社臺灣取引所	8
1911 年 03 月	八束可海、高倉藤平外不明	株式會社臺灣取引所	－
1911 年 10 月	廣瀨千秋外六十三名	株式會社臺灣取引所	64
1914 年 02 月	尾崎保外十一名	株式會社臺灣取引所	12
1914 年 9 月 11 日	八束可海、廣瀨千秋、飯田精一外三十八名	株式會社臺灣取引所	41
1914 年 09 月 26 日	荻原壽之助外一名	臺灣米穀取引所	2
1914 年 12 月 07 日	臺北商工會	株式會社臺灣取引所	－
1915 年 12 月 13 日	杉山義雄外百三十五名	株式會社臺灣取引所	136
1916 年 10 月 21 日	桂寅次郎、相良大八郎外二十六名	株式會社三品取引所	28
1916 年 12 月 28 日	政尾藤吉、鳩山一郎外二十五名	株式會社臺灣取引所（米、砂糖、有價證券）	27
1917 年 10 月 20 日	馬越恭平外六名	臺灣米穀商品取引所	7
1917 年 10 月 23 日	稻澤兼作、久保田二郎外二十九名	株式會社臺灣取引所	31
1918 年 01 月 07 日	山口恒太郎外十二名	株式會社臺灣取引所（有價證券）	13
1918 年 05 月 17 日	明石順吉外六十五名	株式會社臺灣取引所	66
1918 年 06 月 08 日	杉山義雄、鈴木由郎外百十七名	株式會社臺灣取引所	119
1919 年 03 月 05 日	第三回全島實業大會	取引所急設ニ關スル件	－

時　　間	發　起　人	陳情案名稱	連署數
1919 年 03 月 25 日	二川茂助外十名	株式會社臺灣取引所	11
1919 年 03 月 30 日	杉山義雄外百十八名	株式會社臺灣取引所	119
1919 年 04 月 25 日	池上仲三郎外二十三名	株式會社臺灣取引所	24
1919 年 11 月 07 日	井上堅太郎、二川茂助外九名	株式會社臺灣取引所	11
1919 年 11 月 21 日	馬越恭平外十一名	臺灣株式米穀商品取引所	12
1919 年 11 月 22 日	武內作平外三十五名	株式會社臺灣取引所（有價證券、米、砂糖）	36
1919 年 11 月末日	長井益太郎外二十六名	株式會社臺灣取引所	27
1919 年 12 月 01 日	打田傳吉外七名	株式米穀及砂糖取引所	8
1928 年 03 月 31 日	第十二回全島實業大會	米穀取引改善ニ關シ建議ノ件	－
1928 年 12 月 30 日	吉村鐵之助、坂本素魯哉外十六名	株式會社臺灣米穀取引所	18
1929 年 03 月 25 日	安保忠毅、後宮新太郎外二十八名	株式會社臺灣取引所	30
1929 年 09 月 28 日	皷包美、小权吉久外五十一名	株式會社臺灣株式商品取引所	53
1930 年 02 月 21 日	川上八百藏外一四二名	米穀取引所	143
1935 年 11 月 15 日	第十九回全島實業大會	本島ニ臺灣取引所令施行促進ヲ再要望ノ件	－
1936 年 10 月	第二十回全島實業大會	臺灣ニ株式證券ノ現物市場ヲ急速ニ認可セラレ度其ノ筋ニ請願ノ件	－
1938 年 06 月	赤司初太郎、後宮信太郎、片岡辰次郎外三名	臺灣株式取引所	6
1939 年 09 月	堀德次郎外正米市場組合員九名	臺灣株式取引所	10

資料來源：依據臺灣總督府，〈臺灣取引所設置ニ關スル陳情及決議一覽表〉（1940 年），《臺灣證券取引管理附屬統計資料》，臺灣法實證研究資料庫，臺灣大學圖書館典藏，索書號：565.3 整理製作。

　　請願發起連署人以日本內地的連署人數居多，臺灣本地的連署人數居次。臺灣方面的在臺日人發起人中，不乏在臺商工業界日本名人。如曾任臺灣商工銀行董事長的荒井泰治，以及曾任彰化銀行董事長與常務董事的坂本素魯哉等人。臺北商工會與全島實業大會更是具備足以代表當時臺灣商工業

界的聲音,至少是囊括所有在臺經商的日人。

　　然而,臺人在此項推動設立交易所請願等相關運動中,參與者非常少。據林獻堂日記之記載,有辜顯榮、林熊徵、許丙、郭廷俊、徐乃庚等人。〔註8〕林獻堂亦曾受日人關直彥勸誘,以臺灣交易所發起人,參加1923年(大正12年)的交易所設立請願,〔註9〕還為此吃上兩次官司,導致纏訟多年。其後以一次和解與一次敗訴告終,並為此付出約十一萬二千日圓的和解金與賠償金:〔註10〕

> 福本謙治郎辯護士書來,謂吉田清重之請求,我方敗訴。聞之頗為愕然,此訴訟係大正十二年(1923年)關直彥招余參加台灣取引所創立之發起人,不得當局之許可,會社遂改散,越年提出創立費之請求,十五年(1926年)使培火、呈祿與管財人青木辯護士交涉,遂支出萬二千円以作和解。昭和四年(1929年)又再提出請求,十二年(1937年)秋終審了即將判決,彼方屢次延期,至昨日(1940年6月21日)突然言渡我方敗訴,真為意外,其金額約近十萬円也。

　　林獻堂此後便不再參與此類請願運動。1929年及1932年時,林獻堂第二次訴訟尚在東京的法院進行裁判中,仍有臺人與日人分別邀請或勸誘林獻堂參與交易所請願運動,這兩次林獻堂皆即表拒絕參加。其拒絕理由據其日記記載為:

1929年2月21日:〔註11〕

〔註8〕　林獻堂著;許雪姬等編註。灌園先生日記/1929-02-21。上網日期:2018年10月21日,檢自中央研究院臺灣史研究所臺灣日記知識庫:http://taco.ith.sinica.edu.tw/tdk/灌園先生日記/1929-02-21。

〔註9〕　林獻堂著;許雪姬等編註。灌園先生日記/1930-02-06。上網日期:2018年10月21日,檢自中央研究院臺灣史研究所臺灣日記知識庫:http://taco.ith.sinica.edu.tw/tdk/灌園先生日記/1930-02-06。

〔註10〕　林獻堂著;許雪姬等編註。灌園先生日記/1934-03-23。上網日期:2018年10月21日,檢自中央研究院臺灣史研究所臺灣日記知識庫:http://taco.ith.sinica.edu.tw/tdk/灌園先生日記/1934-03-23;林獻堂著;許雪姬等編註。灌園先生日記/1940-06-22。上網日期:2018年10月21日,檢自中央研究院臺灣史研究所臺灣日記知識庫:http://taco.ith.sinica.edu.tw/tdk/灌園先生日記/1940-06-22。

〔註11〕　林獻堂著;許雪姬等編註。灌園先生日記/1929-02-21。上網日期:2018年10月21日,檢自中央研究院臺灣史研究所臺灣日記知識庫:http://taco.ith.sinica.edu.tw/tdk/灌園先生日記/1929-02-21。

徐乃庚受後宮、許丙等之託，持台灣取引所申請書，請余捺印爲發
起人。余觀其已經蓋印者二十餘人，如辜顯榮、林熊徵、許丙、郭
廷俊等一班御用紳士，設使將來有許多的利益，我亦不願參加，立
刻辭之。

1932 年 6 月 8 日：〔註 12〕

四時餘雨稍霽，攀龍使坤火導後宮合名會社之事務員浦川一二來，
謂奉後宮信太郎氏之命，請余爲台灣取引所設立之發起人。余力辭
之，其原因有三，一、不願與辜顯榮、林熊徵、許丙、郭廷俊等輩
合作；二、取引所若成立，恐引導台灣人之投機熱，將來之害不知
至於若何；三、曾一次受關直彥之誤，不可再誤。

　　這顯示一方面熱衷參與此類交易所請願運動的臺人，大抵爲與日人較爲
親近的臺籍精英，而與日人較不親近的臺籍精英彼此間互爲扞格。另一方面
臺人商工業界對設立交易所，除立場意見不同外，臺人參與者皆是隨日人之
意向而起舞。若與表 3-1-1 一同參照可得此類交易所請願運動，皆以日人爲主
要推動力量，臺人僅處附隨之地位。

　　此類請願運動也有出現利用運動名義牟利的現象。1916 年臺灣總督府官
員曾表示：總督府對於交易所設置問題，須周詳查核其利害。坊間流傳總督
府已認可交易所之設立的。這種流言不知何來，竟有藉此應需運動費用而誘
人出資附隨。交易所乃以公益爲目的，豈是透過運動就能設立，望注意不要
被流言所惑。〔註 13〕

　　另據本研究翻查《臺灣日日新報》有關之報導記載，雖未做詳細統計，
大抵認爲「交易所請願運動」，在 1930 年之前，以米穀交易所的需求聲浪最
大，其次是砂糖交易所，第三才是股票與債券等有價證券交易所。1930 年後
始開始有些許以股票交易所爲主要請願需求之報導，1937 年後則皆以證券或
股票爲名義的交易所請願陳情，米穀與砂糖設置交易所之請願需求報導則相
當少。

〔註 12〕　林獻堂著；許雪姬等編註。灌園先生日記/1932-06-08。上網日期：2018 年 10
　　　　月 22 日，檢自中央研究院臺灣史研究所臺灣日記知識庫：http://taco.ith.sinica.
　　　　edu.tw/tdk/灌園先生日記/1932-06-08。
〔註 13〕　〈臺灣の三問題　取引所問題〉，《臺灣日日新報》，1916 年 8 月 7 日，第 2
　　　　版。

二、臺灣總督府對證券諸商品交易所請願運動立場之演變

臺灣商工業界為證券及諸商品交易所之設置請願運動，所提案的理由相當多樣，希望藉以遊說政府當局接納其請願。諸如（一）臺灣產業發展異常進步發達，農業生產達三億六千萬日圓，工業生產達二億六千五百萬日圓，臺灣總產值已達六億八千萬日圓，應趁臺灣始政四十年大博覽會之契機，且帝國南方政策已確立，使將來能更進一層發展，應設置臺灣交易所；〔註14〕（二）交易所為必要的經濟機關；〔註15〕（三）臺灣新事業創立計劃容易達成，可以吸引日本內地資金與人才；〔註16〕（四）金融機構資金越來越雄厚；〔註17〕（五）銀行對有價證券為擔保的放款額相當高，所以臺灣島內株的價格要有一致公定價，銀行放款才有依據；〔註18〕（六）股票交易金額逐漸增多，一年股票交易量達五百萬股至六百萬股；〔註19〕（七）臺灣的地理位置可以為戰後（指中日戰爭）南中國經濟發展投資與對確保臺灣以南地方經營之發言權；〔註20〕（八）日本所有殖民地中除臺灣外皆有證券交易所；〔註21〕（九）南進國策中本島臺灣拓殖會社的發展對南中國與南洋之開發有至大關係，交易所的設置可以使這個目標充分發揮機能等，〔註22〕這些請願理由，不一而足。

〔註14〕 貝山好美，〈臺灣に於て株式證券の現物市場設置は刻下の急務なり〉，《臺灣米報》，昭和十一年十月號，1936 年 11 月 6 日，頁 1。

〔註15〕 〈取引所設立に就て〉，《臺灣日日新報》，1910 年 5 月 21 日，第 3 版。

〔註16〕 臺灣銀行調查課，《昭和十一年九月　調查資料蒐錄　第一輯》（臺北：臺灣銀行調查課，1936 年），頁 77。

〔註17〕 牛尾竹之助，〈臺灣證券取引所設置の必要と本島經濟界に及ぼす影響〉，《臺灣金融經濟月報》（臺北：臺灣銀行，昭和十四年十月號，1939 年），頁 2。

〔註18〕 志摩源三編，〈證券取引所設置問題〉，《臺灣金融經濟月報》（臺北：臺灣銀行，昭和十年十一月號，1935 年），頁 4；貝山美好，〈臺灣證券取引所に就て〉，《臺灣經濟叢書（7）》（臺北：臺灣經濟研究會，1939 年），頁 278。

〔註19〕 陳逢源，《臺灣經濟と農業問題》（臺北：萬出版社，1944 年），頁 235。

〔註20〕 貝山美好，〈臺灣證券取引所に就て〉，《臺灣經濟叢書（7）》（臺北：臺灣經濟研究會，1939 年），頁 279；林佛樹，《戰時下の臺灣經濟》（臺北：臺灣經濟通信社，1939 年），頁 198；小川功，〈「虛業家」による外地取引所・証券会社構想の瓦解〉，《彥根論叢》，第 367 號，2007 年 7 月，頁 105。

〔註21〕 志摩源三編，〈證券取引所設置問題〉，《臺灣金融經濟月報》（臺北：臺灣銀行，昭和十年十一月號，1935 年），頁 3；〈滿鮮已設取引所　何以臺灣猶未設　開取引所設置座談會〉，《臺灣日日新報》，1937 年 3 月 5 日，第 8 版。

〔註22〕 貝山好美，〈臺灣に於て株式證券の現物市場設置は刻下の急務なり〉，《臺灣米報》，昭和十一年十月號，1936 年 11 月 6 日，頁 1。

　　但臺灣設立證券交易所，關鍵的第一關卡，是臺灣總督府的政策方針。第二關卡，則是日本中央政府的最終裁決。在 1936 年以前，臺灣總督府的第一個考量，是認爲臺灣當時的經濟與產業發展尚不成熟。

　　如 1907 年時任臺灣總督府殖產局權度課課長山田申吾認爲，要先解決如幼稚般的臺灣經濟狀態與本島產業需更發達，等將來砂糖產量是現在的三倍，米是現在的兩倍，才有設立交易所的必要。〔註 23〕雖然未述及股票等方面是否可設置交易所，但當時觀點是將股票（株券）與米、砂糖視爲同等「商品」。

　　再如 1920 年時任臺灣總督田健治郎（1855～1930）對此設立股票交易所問題的答覆，根據其日記所載均表示不許可之意。

　　如 1920 年 3 月 2 日記載：〔註 24〕

　　　　直訪田邊翁於綠町邸，寬話時事約二時間。依松本氏之來迎，直入
　　　　松本邸，林謙吉郎、中村啓次郎來會，請臺灣株式取引之特許頗切。
　　　　予舉非其時機之理由，峻拒之，二人則閉口。田邊翁亦來會，共夕
　　　　飯，寬話而散，留宿於松本邸。

　　又如 1920 年 11 月 27 日記載：〔註 25〕

　　　　中村啓次郎來訪，問臺灣株式取引所許否之意向。予述臺灣經濟界
　　　　之事情，答不可許之意。

　　顯見臺灣總督府認爲，臺灣是否設立股票交易所，需要視臺灣經濟及產業生產等發展，更爲成熟時以及有較適切的時機而定。

　　另據田健治郎日記之記載有值得注意之處，就是來向田健治郎總督提出交易所設置願望是以股票交易所（株式取引所）爲請願訴求。此與當時提出相同請願理由以涵蓋米、砂糖、股票等商品爲主要訴求的聲浪頗不相符。1920年 5 月，日本東京、大阪兩股票交易所發生股票價格暴跌，日本爆發經濟危機。田健治郎日記 3 月 2 日記載設置臺灣股票交易所請願訴求，在經濟危機爆發前，屬戰後經濟榮景泡沫尚未戳破前，提出此訴求尚合理。

〔註 23〕〈取引所問題に就て〉，《臺灣日日新報》，1907 年 11 月 13 日，第 3 版。

〔註 24〕田健治郎作；吳文星等編著。田健治郎日記/1920-03-02。上網日期：2018 年
　　　　10 月 21 日，檢自中央研究院臺灣史研究所臺灣日記知識庫：http://taco.ith.
　　　　sinica.edu.tw/tdk/田健治郎日記/1920-03-02。

〔註 25〕田健治郎作；吳文星等編著。田健治郎日記/1920-11-27。上網日期：2018 年
　　　　10 月 21 日，檢自中央研究院臺灣史研究所臺灣日記知識庫：http://taco.ith.
　　　　sinica.edu.tw/tdk/田健治郎日記/1920-11-27。

　　但 11 月 27 日之記載，經濟危機已爆發，日本政府正焦頭爛額的處理善後，此時又提出設置股票交易所訴求，就頗不合理與不符時機。故本研究認爲應是主要目的還是爲設置諸商品交易所。以股票交易所爲名義，是因爲當時日本內地股票交易所可以交易國債、公債、地方債等債券，對於遊說當時常有發債需求的日本政府或臺灣總督府，藉以達成設置臺灣交易所的目的較爲有利。

　　臺灣總督府第二個考量因素，應爲對於日本內地股票交易所發展歷史中，不斷出現股票或商品投機炒作風氣盛行的擔憂與厭惡。如 1914 年時任臺北地方法院檢察局檢察官小野得一郎，在查緝違法證券業者時表示：交易所須由精通金融經濟界事情的人參與，現在各種無資格者投身其中，亂買亂賣，其精神與賭博無異，臺灣沒有交易所開設許可，交易需求可直接向日本內地證券業者委託。〔註 26〕

　　1917 年拓殖調查委員會表示：雖不反對公布市價，但日本內地各交易所現狀，實如賭博場，各學者、委員多倡議改善組織，故否決臺灣交易所設置案。〔註 27〕

　　1940 年時臺灣總督府派遣事務官赴東京拓殖省推動與說明臺灣設立證券交易所計劃。1941 年時臺灣總督赴東京辦理要務時，也對日本中央政府表達，臺灣設置證券交易所，是推動臺灣工業化所必須的。但日本中央政府對於臺灣總督府所提設立證券交易所計劃腹案，認爲需要考慮投機風氣如何可以排除，以及與中央金融的連結性後才可實施，並未對臺灣是否設置證券交易所做出裁決。〔註 28〕

　　1943 年臺北帝國大學教授今西庄次郎討論交易所問題時認爲：日本內地投機盛行，若流入臺灣引起投機風潮，不利於臺灣經濟發展。〔註 29〕雖然此論述發表時臺灣總督府已經推動過設置證券交易所計劃，但仍代表日人當中不少是持反對臺灣設立證券交易所的觀點。

　　再如 1943 年時日本中央政府以有價證券投機交易過當，尤其是股票交易

〔註 26〕　〈不埒極る仲買取次店〉，《臺灣日日新報》，1914 年 9 月 8 日，第 7 版。
〔註 27〕　〈臺灣取引所否決〉，《臺灣日日新報》，1917 年 12 月 26 日，第 2 版。
〔註 28〕　〈臺灣證券取引所　中央で再檢討を開始　投機性排除の解決が難問〉，《臺灣日日新報》，1941 年 7 月 19 日，第 2 版。
〔註 29〕　〈臺灣株式取引所設置問題（二）〉，《臺灣日日新報》，1943 年 5 月 7 日，第 2 版。

的投機行爲，爲將投機交易排除，使股票價格公正以及讓市場資金的動員，可以適當安排至生產擴充所需資金上。〔註30〕因此制訂〈日本證券取引所法〉將當時日本內地十一所股票交易所全部合併成爲「日本證券交易所」一所，並藉此完全統制證券市場以配合日本政府戰時經濟管制。

故對於投機行爲的擔憂與尋求改善，尤其擔心設置證券交易所後，不但沒有達成資金的有效引導，反而從日本內地引進投機風氣。這始終是日本中央政府與臺灣總督府，對於臺灣是否設置證券或諸商品交易所之政策方針的思考核心。

這類請願運動在提交請願書後，由臺灣總督府以不許可駁回的循環，一直持續到1936年才有轉機。此前雖有臺灣總督府對於設置證券交易所的調查動作，〔註31〕但始終僅處於「只聞樓梯響」的階段。

1936年臺灣總督府殖產局商工課將「取引所設置需要經費」編列在昭和12年度（1937年度）的預算內，而昭和13年度（1938年度）預算中編列「證券取引所制度實施準備需要經費」八千五百四十六日圓。〔註32〕

1940年臺灣總督府殖產局商工課爲設立證券交易所之法律依據，擬訂〈臺灣證券取引所令〉草案。經時任臺灣總督小林躋造（1877～1962）於同年5月14日裁決同意該草案，並將之送往東京拓務省進行審議。〔註33〕於是臺灣總督府5月21日派遣時任殖產局商工課事務官筧勝家，屬官大內義衛、屬官奧村幸利以及時任臺灣總督府官房審議室事務官鈴木信太郎，屬官長山秀夫等一行五人，攜帶該草案於基隆港出發，先赴滿洲、朝鮮等地股票交易所視察，〔註34〕再赴東京爲此草案向日本中央政府說明。〔註35〕

〔註30〕 眾議院事務局，《第八十一回帝國議會眾議院 日本證券取引法案外四件委員會議錄（速記）第二回》（昭和18年（1943年）2月3日，第六類第三號，內閣印刷局），收錄於日本國立國會圖書館，頁3。

〔註31〕 〈臺灣の取引所 近く開設を見んか〉，《臺灣日日新報》，1916年1月30日，第2版。

〔註32〕 林佛樹，《臺灣經濟の基礎知識》（臺北：臺灣經濟通信社，1938年），頁395頁。

〔註33〕 〈待望久しき 證券取引所令案 十四日總督の決裁を受く〉，《臺灣日日新報》，1940年5月15日，第3版。

〔註34〕 〈臺灣取引所問題で 筧事務官上京〉，《臺灣日日新報》，1940年10月11日，第2版。

〔註35〕 〈臺灣取引所令案 法制局へ廻付〉，《臺灣日日新報》，1940年7月14日，第3版；〈臺灣取引所問題で 筧事務官上京〉，《臺灣日日新報》，1940年10月11日，第2版。

臺灣總督府所擬訂〈臺灣證券取引所令〉草案，其要點如下所述：〔註 36〕

（一）臺灣證券交易所採株式會社組織，並考量臺灣本島的特殊情況，
　　　將一般株式會社組織容易產生的缺陷予以改善。

（二）資本金擬訂爲最低三百萬日圓，由島內企業家參與設置，其股份
　　　按主要企業家分配。

（三）交易結算機構（代行機關）由證券交易所自行兼營或以出資一百
　　　萬日圓以上資本之結算代行會社設置。

（四）臺灣證券交易所之正式交易員（取引員）資格，由資產十萬日圓
　　　以上之證券業者、實業家中選出。另外在東京與大阪兩股票交易
　　　所選取若干一流的交易員參加，交易員人數定爲三十名至五十
　　　名。

（五）交易員身份保證金爲一萬日圓至三萬日圓，初期爲三萬日圓，交
　　　易員的分店或辦事處資格與日本內地規定相同。

（六）臺灣證券交易所比照日本內地股票交易所制度，分爲股票市場（現
　　　物取引）與期貨市場（先物取引）；股票市場以交易股票、公債、
　　　社債等實物標的，期貨市場則以交易長期清算交易與短期清算交
　　　易兩種股票期貨標的。

（七）期貨市場中之長期清算交易，分爲以約定買賣成交當日起至該月
　　　末須完成履約之交易，稱爲「當月限」交易；約定三個月限制的
　　　合約，於買賣成交當日起至次月底前，須完成履約之交易，稱爲
　　　「中限」交易；〔註 37〕以每月定期合約中，經清算交易最早完成
　　　履約之交易，稱爲「先限」交易等三種交易方式。

（八）期貨市場中之短期清算交易，則爲成交日的隔日須完成買賣履
　　　約。

（九）臺灣證券交易所上市股票標的的標準爲資本金三百萬日圓以上之島
　　　內會社，現在有二十五家島內會社符合資格；已在日本內地股票

〔註 36〕〈臺灣證券取引所　中央で再檢討を開始　投機性排除の解決が難問〉，《臺
　　　　灣日日新報》，1939 年 8 月 14 日，第 2 版。

〔註 37〕類似現今臺灣期貨交易將一年當中分爲三月、六月、九月、十二月等四個的
　　　　季月合約，可交易以季月起算連續兩個月份與不連續之季月合約，以十月合
　　　　約爲例，可交易之合約爲十月、十一月、十二月、次年三月、六月、九月，
　　　　共六個合約，依此類推。

市場上市的一流會社股票，如糖業股、臺電股、臺拓股、臺銀股等島內會社，擬網羅在臺灣證券交易所上市交易。

（十）目前臺灣證券交易所內之組織構成，正研究如何分配得使其基礎穩固，並擬設立審議機關，可將過往弊害除去，以及將日本內地現行之有價證券業取締法令引進本島實施，用以整頓地方證券業者。

這些跡象都顯示，臺灣總督府推動設立臺灣證券交易所的時間不遠，引起民間熱議。民間認為自明治 40 年起，相關設置請願運動，陳情達三十數回，此時有望設立證券交易所，多年「懸案」〔註 38〕終於有解。

1941 年，時任臺灣總督長谷川清（1883～1970）親赴東京處理包含臺灣設置證券交易所、中國海南島開發問題等多種要務時，表示希望臺灣證券交易所設置問題，能夠以政治解決方式來解決此項多年「懸案」，並認為證券交易所設置問題已是臺灣工業化發展之必須要件。〔註 39〕

日本中央政府的回應如前述，對於臺灣總督府所提設立證券交易所之訴求，認為必須考慮投機風氣如何可以排除，以及能與中央金融連結運行後才可實施。其後，臺灣總督府為設置臺灣證券交易所鋪路，清掃出抑制投機的環境。便於 1941 年 5 月 11 日實施〈有價證券業取締規則〉，開始整頓臺灣島內的有價證券業者。並將有價證券業列為特許行業，需要臺灣總督府許可始得經營。

同年 11 月 29 日臺灣總督府公布全臺許可有價證券家數為六十八家，〔註 40〕完全控制業者的生態。然而，日本中央政府對於臺灣設置證券交易所問題，始終未作成設置與否的決議。

1942 年，日本中央政府開始整頓日本內地股票市場，1943 年時日本中央政府以股票市場投機風氣過甚，為將投機交易排除，使市場資金可適當安排至生產擴充所需。制訂〈日本證券取引所法〉將當時日本內地十一所股票交

〔註38〕〈臺北取引所　最近總督府に許可出願　創立は絕望か〉，《臺灣日日新報》，1927 年 10 月 27 日，第 2 版；〈懸案の取引所令　公布は十月項の見込　產組と農會統合も研究〉，《臺灣日日新報》，1940 年 8 月 16 日，第 2 版。

〔註39〕〈證券取引所開設　一舉政治的解決を見るか　臺灣工業化の必須要件〉，《臺灣日日新報》，1941 年 5 月 8 日，第 2 版。

〔註40〕〈全島六十八業者　有價證券業の許可數〉，《臺灣日日新報》，1941 年 11 月 30 日，第 2 版。

易所全部合併成爲「日本證券交易所」一所，並取消股票市場中長期存在的期貨交易，限制僅能以現貨實物交易，並藉此統制證券市場以配合戰時經濟管制。臺灣設置證券交易所問題便就此擱置。此後民間仍不時有發起設置請願運動，但都未能使此問題得到解決。

臺灣總督府轉變政策立場的原因，據時任臺灣總督府殖產局商工課長井田憲次表示，主要是藉由成立證券交易所，能使物資分配統制更強化，藉以達成戰時經濟體制下的經濟再編成的目的。〔註41〕除此之外，本研究認爲尙有二項因素，其一爲臺灣自 1930 年起開始推動工業化至 1939 時已有顯著的成果。

1930 年後，日本對臺灣殖民政策開始轉變。爲擺脫世界經濟大恐慌對日本的影響，以及 1931 年滿洲事變促使軍國主義色彩日漸濃厚，日本國策轉往以海外侵略爲發展主軸。與此同時，在殖民地經營政策上，除原先以米糖生產基地的任務外，另外又賦予臺灣承擔軍需品生產基地與南進基地的任務。並推動以軍需產業爲重點的工業化。〔註42〕

1930 年時臺灣工業生產總額爲 246,899,846 日圓（2.47 億日圓），1939 年時工業生產總額已達 570,763,328 日圓（5.7 億日圓），成長 231.71%。1930 年至 1939 年工業生產總額爲年平均 307,332,067 日圓（3.1 億日圓），其成長率爲年平均 9.2%，工業生產總額發展趨勢保持向上的格局（圖 3-1-1）。

其中 1935 年工業生產總額成長率達 25.32%，是直接促使臺灣總督府轉變立場，並於翌年（1936 年）開始啓動關於設置證券交易所問題之調查。是當時民間認爲設置證券交易所轉機浮現的重要原因之一。爲使臺灣工業化成果得以持續擴大發展，就有設置證券交易所的需求。

其二，1939 年時，是中日戰爭初期階段，日軍在中國戰場兵鋒銳健，這不僅鼓舞日本全國上下民心士氣高昂，同時也認爲這場戰爭應能在短時間內結束。這吸引想在中日戰爭結束後，利用臺灣地理條件的優勢，獲取南中國以及南洋地區利益的資本家或財閥的覬覦，企圖事先佈局。

臺灣若能設置證券交易所，對這些資本家或財閥而言，則可發揮靈活調度資金以及吸收南中國與南洋等地資金的功能。這些資本家或財閥必定會透

〔註41〕 〈證券取引所は　新機構の株式で　物資統制は更に強化〉，《臺灣日日新報》，1938 年 7 月 31 日，第 2 版。

〔註42〕 涂照彥著、李明峻譯，《日本帝國主義下的臺灣》（臺北：人間出版社，2017年），頁 130。

過各種管道對臺灣總督府施予遊說與影響。

　　這點僅從前述臺灣總督田健治郎日記記載中得出，如林謙吉郎（1865～1920）便是日本明治至大正時期的企業家，擔任過日本京濱銀行董事、東京瓦斯株式會社董事等職，有被稱為「東京的豪商」〔註 43〕的名號。而商人見官員的本質，當然是以遊說為主要目的，交往情誼為次。諸如這樣的拜見請願，必定相當頻繁，且不僅止於臺灣總督府，應包含日本政府各相關部門機關，都會有同樣情況發生。

圖 3-1-1　1926 年至 1942 年臺灣工業生產總額趨勢圖

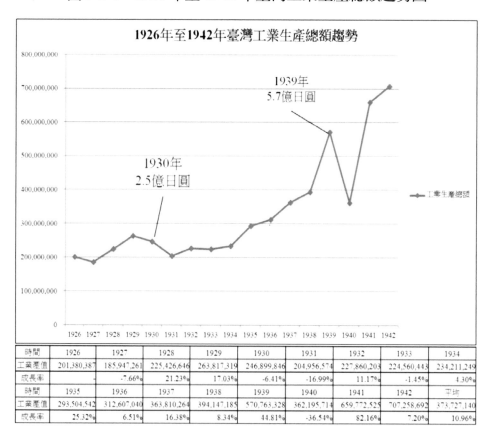

時間	1926	1927	1928	1929	1930	1931	1932	1933	1934
工業產值	201,380,387	185,947,261	225,426,646	263,817,319	246,899,846	204,956,574	227,860,203	224,560,443	234,211,249
成長率	-	-7.66%	21.23%	17.03%	-6.41%	-16.99%	11.17%	-1.45%	4.30%
時間	1935	1936	1937	1938	1939	1940	1941	1942	平均
工業產值	293,504,542	312,607,040	363,810,264	394,147,185	570,763,328	362,195,714	659,772,525	707,258,692	373,727,140
成長率	25.32%	6.51%	16.38%	8.34%	44.81%	-36.54%	82.16%	7.20%	10.96%

資料來源：依據《臺灣經濟年報》，昭和十六版年至昭和十九年版繪製。

〔註 43〕　田中君頌德碑記載：「東京の豪商林謙吉郎がそれを知るところとなり林氏の配下となる。」檢自網頁：碑に遺德を残す　田中亀次郎（鹿野），網址：http://www.taihakumachikyo.org/taihk/taihk0177/index.html，上網日期：2018 年11 月 2 日。

三、綜合分析

　　綜上，日治時期臺灣證券交易所設置問題，是由設置米穀、砂糖等商品交易所請願運動而起的。以日本領臺灣初期的殖民政策，乃是賦予臺灣成爲供應日本全國米、糖生產基地的特殊地位（特化）。來自日本從事米、糖交易的商人對於臺灣米、糖等諸商品交易所的設置就有急切的需求。故 1930 年以前的交易所設置請願運動是以米糖爲核心，股票爲附屬的發展。

　　1930 年後，日本對臺灣殖民政策開始轉變，開始推動以軍需產業與南進準備爲重點的工業化。隨著臺灣推動工業化的發展，交易所設置請願運動也逐漸轉變爲以米、糖、股票共爲核心的發展階段。1937 年後至 1943 年，交易所設置請願運動更轉變爲以股票爲核心，米、糖等諸商品爲附屬的發展。

　　交易所設置請願活動主要的推動力量，是以日本內地商界人士爲主力，在臺商界日人爲次，臺人則居其末席。其中在臺日人也非單純僅在臺從事商業活動，而是橫跨臺、日兩地經營各種事業，故臺灣設置交易所請願運動，實際上並非源於臺灣本地之實際需求，而是爲滿足日人資本利於進出臺灣的需求所驅動的。

　　此項交易所設置請願活動，對日本中央政府與臺灣總督府的立場而言，1936 年以前皆抱持反對設置交易所的立場，所持反對設置之理由大抵爲臺灣經濟與產業發展尚不成熟，以及擔心與厭惡日本內地市場投機風氣會引進臺灣，擾亂臺灣以米糖爲核心的殖民地經濟發展。

　　1936 年後，臺灣總督府鑒於自 1930 年起推動臺灣工業化有顯著成果，又受到資本家或財閥各種遊說請願之影響。遂由殖產局商工課開始進行各種調查，爲推動臺灣證券交易所的設置做準備，並於 1940 年擬訂〈臺灣證券取引所令〉草案送交日本中央政府進行審議，1941 年臺灣總督赴東京時也表示證券交易所乃臺灣工業化發展之必須，希望能透過政治解決處理。

　　日本中央政府則以投機風氣能否獲得抑制，以及能否與中央金融連結等理由未作成設置決議。其後臺灣總督府爲設置證券交易所鋪路，開始整頓業者，藉以創造適合環境。1942 年起，日本中央政府開始整頓日本股票市場，並於 1943 年將全國十一所股票交易所合併爲一所，達到控制市場與經濟統制的目的。至此臺灣設置交易所問題完全被擱置，直至日本戰敗都未能解決。

　　這顯示日本中央政府對於臺灣設置交易所問題的政策立場始終一致。臺

灣總督府對設置證券交易所，此項問題的立場，雖然有所轉變，也進行過推動，並擬訂法令與整頓市場與業者，但最終也未能獲得實現。

故本研究認為日治時期臺灣未能建立集中交易制度的證券交易所，乃是因為日本中央政府視臺灣為米糖生產基地、軍需品生產基地與南進政策前進基地的特殊地區，希望維持臺灣經濟的穩定性與控制性，不希望被日本內地長期投機風氣所影響，進而導致對臺灣經濟統制的失控，使其海外擴張政策遭受阻礙。

第二節　臺灣有價證券業之發展

臺灣有價證券業的發展，是隨著股份制企業在臺灣廣泛發展下所衍生出來的。根據日人統計，1936 年時臺灣島內有價證券中的股票交易量達年四百萬股以上，直接由臺灣本島下單的交易量達一百萬股以上，一年間由日本內地投資臺灣株式會社股票所流出的金額，比由臺灣本島投資日本內地株式會社股票所流出金額還高，其差額達一百五十萬日圓。〔註 44〕1938 年時，臺灣株式會社數有五百九十一家，資本金總額達五億二千六百萬日圓，發行股票總數達一千零五十萬股。推估流通股票的交易量，一年間可達五百萬股至六百萬股。有價證券業者開設的「株式現物問屋」〔註 45〕（株屋）在全島皆有分布，其數有一百五十家之多。〔註 46〕

臺灣有價證券業的發展，可以分為三個階段。第一階段為 1899 年臺灣銀行設立至 1923 年日本〈商法〉在臺灣實施前。第二階段為 1923 年日本商法在臺灣實施後至 1941 年臺灣總督府公布實施〈有價證券業取締規則〉〔註 47〕。第三階段為 1941 年臺灣總督府公布實施〈有價證券業取締規則〉後至 1945 年日本戰敗。

日本〈商法〉實施前，臺灣總督府基於治理需要，基本沿用臺灣傳統商

〔註 44〕 〈臺灣と證券の取引機關之が設置は極めて望ましい〉，《臺灣日日新報》，1936 年 10 月 16 日，第 2 版。

〔註 45〕 日治時期對於從事買賣證券的商行或店家稱為「株式現物問屋」，簡稱「株屋」。

〔註 46〕 臺灣經濟年報刊行會，《臺灣經濟年報》（臺北：南天書局有限公司影印國際日本協會昭和 16 年（1941）版，1996 年），頁 275。

〔註 47〕 「有價證券業取締規則」（1941 年 05 月 11 日），〈府報第 4185 號〉，《臺灣總督府府（官）報》，國史館臺灣文獻館，典藏號：0071034185a001。

業習慣，亦即「舊慣」。按臺灣傳統舊慣是沒有近代企業組織的，臺灣總督府傾向以臺灣合股的舊慣管理臺人之企業組織，為此於 1909 年依據合股舊慣制訂「臺灣合股令」〔註48〕，並於 1912 年以府令限制臺人使用「會社」名稱。

　　臺人企業想要組成會社組織，就必須至少有一名日籍股東參與持股，成為臺日合資企業。然而臺灣合股令並未獲得日本中央政府同意，為因應治理需求，故而於 1923 年在臺灣進行法治改革，並將臺灣納入日本〈商法〉的管理。〔註49〕

　　由於此前臺灣未實施〈商法〉，只有日人企業、臺日合資企業才有股票發行，股票供給較少。同時日本販賣債券的業者在臺設立支部（支店），因本社在日本本土，具有貨源取得優勢，能掌握國債、社債的份額較大，對於在臺灣銷售與流通市佔必定較高，這也擠壓小型業者的空間。

　　1923 年日本〈商法〉實施後，雖然在株式會社數以及資本金總額的變化上並未有大幅的跳躍，但是卻促使臺人對於股份制度企業的認識加深，開始參與投入股份制度企業的建立，從事有價證券的業者亦是隨此逐步增加。在此時期出現了許多專營有價證券業者與更多的兼營有價證券業者，形成百家爭鳴之勢，但也使未受管理的證券市場出現諸多亂象。

　　1941 年 5 月 11 日臺灣總督府鑑於當時市面上證券交易亂象頻發，以及為戰時體制做準備，便制訂公佈〈有價證券業取締規則〉，開始對有價證券業進行整頓，所有從事有價證券的業者都必須向臺灣總督府提出申請，再由臺灣總督府決定是否許可經營。雖然整頓有價證券業者有助於產業整合與證券市場正常發展，但相較於前期百家爭鳴的狀況而言，臺灣總督府採許可制後，臺人資本在有價證券業受壓抑的情形更為明顯。

　　由於相關缺乏系統性的史料，這有礙於完整建構日治時期有價證券業發展全貌，故本研究根據日治時期不同年代所編撰年鑑形式之會社錄、商工便覽等資料，以及當時媒體報導相關資料，按不同階段，嘗試建構出日治時期有價證券業的發展情況，並據此討論其特點。

〔註48〕 「臺灣合股令三草按議了具申ノ件（舊慣調查會長）」（1911 年 11 月 01 日），〈明治四十四年永久保存第三十三卷〉，《臺灣總督府檔案》，國史館臺灣文獻館，典藏號：00001799011。

〔註49〕 高淑媛，〈日治時期臺灣總督府之企業管理政策（1895～1923）〉，《臺灣史研究》，第 12 卷第 1 期，2005 年，頁 43。

一、臺灣最早在本地開設證券商號之討論

　　據日人杉野嘉助所撰《臺灣商工十年史》之記載，最早在臺灣本地開設的證券商號（元祖），是由黑田菊太郎〔註50〕在臺南開設的株式現物問屋。〔註51〕黑田氏所開設的證券商號，後因一時股票熱潮冷卻而停業；臺北最早出現的證券商號則是由日人上田熊次郎（1874～？）所開設的高砂商事（1922年改爲株式會社高砂商店），其次同樣爲日人田傲吉（1888～？）所開設的田傲吉商店，1915 年（大正 4 年）12 月安田良吉在臺南開設安田株式屋，臺中則由日人月形善次郎於 1917 年（大正 6 年）時開設。

　　日本經濟受惠於第一次世界大戰所形成的戰時經濟榮景，在 1919 年（大正 8 年）時，臺灣島內出現一波投資股票的熱潮，株式現物問屋相繼開業，臺北除高砂商事與田傲吉商店外，新增加了二十一家株式問屋，臺中原本有二家業者，尚有一家臺灣證券賣買株式會社正在新設立，在臺南就相繼出現安田株式店、丸十、福源、新高、坂本等五家，另尚有以買賣國外股票（外株）爲目的而新設立的臺南信託株式會社。〔註52〕

　　本研究以杉野嘉助所撰《臺灣商工十年史》所述爲線索，梳理相關史料，得出黑田菊太郎約在 1909 年時（明治 42 年），以其所開設「黑田回漕店」〔註53〕兼營代理日本東京與大阪等地證券會社在臺灣的業務，以及米穀期貨交易業務，〔註54〕此應爲杉野嘉助稱黑田菊太郎爲「株屋」元祖之因。1911 年時日本證券會社來臺開設分店或辦事處開始逐漸增多，爲減少競爭，黑田氏與當時臺南赤崁地區望族張文選〔註55〕及經營鴉片館生意的張文波〔註56〕合作開設「○三兩替店」〔註57〕，又稱「黑田兩替店」或「丸三兩替

〔註50〕　黑田菊太郎，日本兵庫縣人，除株式現物問屋外，尚有經營貨物運送、黑田回禮店。參見《南部臺灣紳士錄》（作者不詳，臺南：株式會社臺南新報社，1907 年），頁 24。

〔註51〕　原文：「本島に於ける株式現物問屋の元祖は臺南の黑田菊太郎氏」。參見杉野嘉助，《臺灣商工十年史》（臺南：作者自行出版，1919 年），頁 89。

〔註52〕　杉野嘉助，《臺灣商工十年史》（臺南：作者自行出版，1919 年），頁 89～90。

〔註53〕　又稱「船問屋」，起源於日本江戶時代，以經營河岸港口間來回船隻安排載客與載貨等業務，船運業或稱擺渡業。

〔註54〕　杉野嘉助，《臺灣商工十年史》（臺南：作者自行出版，1919 年），頁 75。

〔註55〕　柯萬榮，《臺南州名士錄》（臺南：臺南州名士錄編纂局，1931 年），頁 27。

〔註56〕　〈本島美人の竊盜　犯人は惡給仕の姉〉，《臺灣日日新報》，1915 年 4 月 21日，第 7 版。

店」。〔註 58〕

　　但同年在臺灣開設的證券商號，據 1911 年 12 月 12 日《臺灣日日新報》記載尚有臺北的一三美商會、大西兩換店、平安商會、櫨山商會，臺南的黑田兩替店、澤商店、張質亭、櫨山支店，高雄的櫨山取次店。〔註 59〕其中臺北之一三美商會據 1911 年 2 月 19 日《臺灣日日新報》報導，雖為日人岡村勇吉獨力經營，但實際幕後控制的是板橋林家（林本源），剛村勇吉原為板橋林家之通譯。〔註 60〕故一三美商會應在 2 月 19 日前便已開設，開設時間應為當年最早。張質亭為東京丸三商社之代理店，實際由張文選與張文波所控制。〔註 61〕平安商會、櫨山商會及其支店、澤商店皆為日本證券會社在臺所設立的支部。〔註 62〕大西兩換店則無史料記錄。

　　杉野加助所稱臺北最早為上田熊次郎所開設之高砂商事，據 1919 年所出版《臺灣商工便覽》之記載稱上田氏渡臺時間為 1912 年（明治 45 年）。〔註 63〕顯然前述一三美商會開設更早，故杉野加助之論述有誤。

　　綜上，本研究認為最早從事株式現物問屋業務的是黑田菊太郎所開設的代理店，其主要經營為日本股票與日本臺灣株股票，即日本股票交易所上市之股票。但若按證券業務的本質論，臺北「一三美商會」並非代理店，屬獨立專業經營的商號，且不論日本股票交易所上市股票還是臺灣島內株股票均有經營，此點從《臺灣日日新報》最早關於臺灣島內株股票行情報價，就是

〔註 57〕　○三兩替店，黑田菊太郎所開設，位於臺南做蔑街，現今臺南市中西區開基武廟一帶，主要經營公債株券現物賣買、東京定期株式取次、東京株式取引所仲買人多田岩吉特約店。參見杉浦和作，《臺灣商工人名錄》（臺北：臺灣商工人名錄發行所，1912 年），頁 363。

〔註 58〕　杉野嘉助，《臺灣商工十年史》（臺南：作者自行出版，1919 年），頁 75～76。另據 1912 年杉浦和作編撰《臺灣商工人名錄》中記載「○三兩替店」是由黑田菊太郎、張文波、張文運所經營，而杉野嘉助，《臺灣商工十年史》記載為黑田菊太郎、張文選、張文波，由於日治時期相關紳士錄、名士錄等有關張文選之記載為齒科名醫且無經營株屋的情況，故究係何者為誤植仍有待商榷，本研究採杉野加助之說。參見杉浦和作，《臺灣商工人名錄》（臺北：臺灣商工人名錄發行所，1912 年），頁 363。

〔註 59〕　〈株式熱に就て〉，《臺灣日日新報》，1911 年 12 月 12 日，第 3 版。

〔註 60〕　〈一三美商會と林家〉，《臺灣日日新報》，1911 年 2 月 19 日，第 5 版。

〔註 61〕　杉野嘉助，《臺灣商工十年史》（臺南：作者自行出版，1919 年），頁 76。

〔註 62〕　杉野嘉助，《臺灣商工十年史》（臺南：作者自行出版，1919 年），頁 76；杉浦和作，《臺灣商工人名錄》（臺北：臺灣商工人名錄發行所，1912 年），頁 363。

〔註 63〕　鈴木常良，《臺灣商工便覽》（第二版）（臺中：株式會社臺灣新聞社，1919 年），頁 4。

由一三美商會所提供可得知。〔註64〕故臺灣最早之證券商號應為一三美商會，同時也是最早經營臺灣島內株股票之證券商號。

二、臺灣1920年代前有價證券業者

臺灣1920年代前經營有價證券業的情形，據1919年由臺灣新聞社編撰並出版發行的《臺灣商工便覽》〔註65〕（大正八年第二版），其〈第二篇　會社要鑑〉中登載三百三十四家會社資料，經本研究梳理後，整理出營業項目內登載有價證券買賣相關者，不含銀行業及與無盡業，〔註66〕共計十一家（表3-2-1）。

表3-2-1　1920年以前臺灣有價證券業者　　　　　　　　　　　　單位：日圓

名　　稱	創立	資本金	代表人	地　　點	營業項目
帝國公債信託株式會社	1910	200,000	鹽田奧造	支部：臺北北門街 本社：東京京橋區	公債販售
日本公債株式會社	1912	200,000	眞鍋　斌	支部：臺北撫臺街 本社：東京京橋區	有價證券販賣
東京國債株式會社	1914	600,000	志水美英	支部：臺北撫臺街 本社：東京日本橋區	國債販賣
合資會社丸十株式店	1917	10,000	橫山長七	臺南市開由町	有價證券株式買賣
基隆ブローカー合資會社	1919	35,000	田尻 與八郎	臺北廳基隆街新店	有價證券買賣、土地船舶仲介
大正信託株式會社	1919	300,000	曾景煌	臺北市大稻埕	信託業、有價證券
丙南信託株式會社	1919	500,000	黃石木	臺北市大稻埕	信託業、有價證券
臺灣證券株式會社	1919	500,000	蔡蓮舫	臺中廳臺中街	有價證券買賣
東升物產信託株式會社	1919	500,000	黃茂盛	臺中廳臺中街	信託業、有價證券
東瀛物產信託株式會社	1919	1,000,000	江建臣	桃園廳桃園街	信託業、有價證券
臺南信託株式會社	1919	500,000	陳百亨	臺南市白金町	信託業、有價證券

資料來源：依據《臺灣商工便覽》（1919年版）整理製作。

〔註64〕　〈株式現物相場表〉，《臺灣日日新報》，1911年3月3日，第5版。
〔註65〕　臺灣新聞社編，《臺灣商工便覽》，臺中：臺灣新聞社，1919年。
〔註66〕　銀行業與無盡業除本身業務範圍內，大多也從事有價證券之代理、投資、買賣等業務。無盡業爲將傳統民間標會組織整合所形成的公司。

　　其中本社所在地為日本，並以支部形式在臺灣經營業務者計有三家，皆是以公債、社債及有價證券販賣為主業。依地區分，臺北有六家、臺中有二家、臺南有二家、桃園有一家，基本上以人口較多較為發達的都市為主。以代表人（社長、代表取締役）區分，日人開設有五家，臺人開設有六家。以開設時間區分（不計日人支部），1917 年由日人開設之合資會社丸十株式店最早，屬臺人之會社皆為 1919 年所設立。以產業別區分，有價證券業六家，其中臺人開設僅為一家，日人支部三家，日人專營二家；信託業五家，均為臺人所開設。

　　以資本金區別（不計日人支部），資本金最大者為臺人所開設的東瀛物產信託株式會社的一百萬日圓，最少者為日人所開設的合資會社丸十株式店的一萬日圓。不過產業性質與專兼營比較基數不同，若僅比較專營有價證券業者，則以臺灣證券株式會社的五十萬日圓資本金最高。

　　綜上可得知，在 1919 年前，臺人從事有價證券業務，乃是以信託業為本業的兼營方式。日人多以專營方式經營。由臺人所創立，且真正稱得上專營有價證券業務的會社，僅有臺灣證券株式會社一家。究其原因，應與其創辦人蔡蓮舫（1875～1936）身兼彰化銀行監察人有關，身處金融業第一線的銀行業，較有接觸及認識其他金融產業發展趨勢的眼界與機會。

三、臺灣 1920 年至 1930 年有價證券業者

　　臺灣 1920 至 1930 年代經營有價證券業者的情形，據 1927 年杉浦和作編撰《臺灣會社銀行錄》〔註67〕（昭和二年版，共收錄九百三十五家會社）、1928年《臺灣會社銀行錄》〔註 68〕（昭和三年版，共收錄九百七十七家會社）及 1928 年根本松男、三宅富士郎共同編撰的《會社、銀行、商工業者名鑑》〔註 69〕（昭和三年版，共收錄四百六十五家會社）等三種專門記載日治時期各類會社相關資料的重要史料。其中《臺灣會社銀行錄》是依據臺灣各地地方法院（裁決所）商業登記公告所編撰。〔註 70〕而《會社、銀行、商工業者

〔註 67〕　杉浦和作編，《臺灣會社銀行錄》，臺北：臺灣實業興信所，1927 年。

〔註 68〕　杉浦和作編，《臺灣會社銀行錄》，臺北：臺灣實業興信所，1928 年。

〔註 69〕　根本松男、三宅富士郎編，《會社、銀行、商工業者名鑑》，臺北：高砂改進社，1928 年。

〔註 70〕　杉浦和作編，〈凡例〉，《臺灣會社銀行錄》（臺北：臺灣實業興信所，1927 年）；杉浦和作編，〈凡例〉，《臺灣會社銀行錄》（臺北：臺灣實業興信所，1928 年）。

名鑑》則是依據實地調查資料所編撰。〔註71〕

由於這三種會社錄史料的出版年代相近，故本研究採將營業項目內登載有價證券買賣相關者合併整理。除銀行業與無盡業外，共計專營有價證券業者十四家，兼營有價證券業者八十家，總計共九十四家。

（一）專營有價證券業者

專營有價證券業者（表3-2-2），依地區別爲臺北市六家、新竹州一家、臺中市二家、臺南市（州）四家、高雄市一家，是以人口較多較爲發達的都市爲主。以開設時間區分，在此時期最早的是1917年由日人開設的合資會社⊕株式店（丸十株式店），最晚則是臺人所開設的高砂證券株式會社。

表3-2-2　1920年至1930年臺灣專營有價證券業者　　　　　單位：日圓

名　　稱	創立	資本金	代表人	地　　點	營業項目
合資會社一〇商會	1922	20,000	橫山虎次	臺北市末廣町	國庫債券、勸業債券、有價證券
株式會社高砂商店	1922	1,000,000	上田熊次郎	臺北市本町	有價證券業
株式會社臺灣勸業社	1923	100,000	高山　仰	臺北市壽町	有價證券、動產不動產
次高信託合資會社	1923	12,000	千葉文三	臺北市若竹町	有價證券
大盛證券合資會社	1926	4,000	許敦禮	臺北市大和町	有價證券業
昭和商事合名會社	1927	4,300	劉添壽	臺北市下奎府町	有價證券
順興產業合資會社	1924	2,000	簡江	新竹州桃園街	有價證券
春英株式會社	1922	8,000	吳子瑜	臺中市花園町	有價證券業
高砂證券株式會社	1928	20,000	蔡敏庭	臺中市榮町	有價證券、信託業
合資會社⊕株式店	1917	10,000	橫山長七	臺南市錦町	有價證券
合名會社富國商店	1924	5,000	藤田尙作	臺南市花園町	有價證券
合資會社大同商會	1927	10,000	折橋勝正	臺南市臺町	有價證券
萬年利殖株式會社	1927	10,000	王　吉	臺南州北門郡佳里庄	有價證券
高雄證券株式會社	1920	135,000	光田元重	高雄市山下町	有價證券

資料來源：依據《臺灣會社銀行錄》（1927年版）、《臺灣會社銀行錄》（1928年版）、《會社、銀行、商工業者名鑑》（1928年版）整理製作。

〔註71〕根本松男、三宅富士郎編，〈凡例〉，《會社、銀行、商工業者名鑑》（臺北：高砂改進社，1928年）。

　　以資本金區與代表人區分，日人開設的有八家，臺人開設則爲六家。資本金最高是日人開設的株式會社高砂商店一百萬日圓，最低則爲臺人開設的順興產業合資會社二千日圓。日人資本金最高者爲株式會社高砂商店一百萬日圓，臺人資本金最高者爲高砂證券株式會社二萬日圓。

　　日人資本金加總爲一百二十九萬二千日圓，而臺人資本金加總爲四萬八千三百日圓，臺人資本僅達日人資本 3.74%，日人資本是臺人資本的 26.75 倍。雖然本研究取樣資料爲當時臺灣所有會社的不完全統計資料，但僅以資料登載收錄部分而言，亦可間接反映臺日資本在有價證券業中經濟力量的差距。

　　再者，從臺人資本金較少這點也可以大致顯示出此時期臺人對於經營有價證券業的投入還是較少的。這應與日人此時在業界的勢力仍具有控制標的物來源以及掌握客源（日人）有關。

（二）兼營有價證券商

　　兼營有價證券商依本業區分爲土地相關產業四十七家、信託業十家、米穀業十家、其他業別如貿易業、礦業、運輸業、茶業、織物吳服及樟腦業等共計十三家，合計八十一家。

　　在土地相關產業兼營有價證券業部分（表 3-2-3），以地區區分爲，臺北（含臺北市、臺北州、基隆市）二十家、新竹州十五家、臺中（含臺中市、臺中州）十家、臺南州二家。以開設時間區分（不計日人支部），最早的是 1919 年設立的東南拓殖株式會社，最晚的則是 1927 年設立的曙安合資會社。

表 3-2-3　1920 年至 1930 年兼營有價證券商－土地相關產業　單位：日圓

名　　　稱	創立	資本金	代表人	地　　點	營業項目
株式會社禮和商行	1923	1,000,000	顏國年	基隆市田寮港	動產不動產、有價證券、事業調查
鈴木合名會社	1902	50,000,000	鈴木よね	支店：臺北市北門町 本社：神戶市海岸通	不動產及有價證券
三井合名會社	1909	300,000,000	高須 時太郎	支店：臺北市築地町 本社：東京市日本橋	不動產、有價證券、農林、製茶
朝日興業株式會社	1922	1,000,000	林熊光	臺北市御成町	不動產、礦山、有價證券

名　　稱	創立	資本金	代表人	地　　點	營業項目
用和振業合資會社	1922	50,000	許智貴	臺北市建成町	動產不動產仲介、有價證券
瑞昌興業株式會社	1922	80,000	宋瑞昌	臺北市永樂町	動產不動產、會社株式買賣
德馨建業株式會社	1922	1,000,000	劉嘉輝	臺北市太平町	土地家屋買賣、有價證券
訓眉建業株式會社	1922	5,000,000	林鼎禮	臺北市日新町	土地家屋、有價證券
林本源興殖株式會社	1923	1,000,000	林松壽	臺北市大正町	土地家屋、農林、有價證券
振成興產株式會社	1923	2,000,000	黃東茂	臺北市永樂町	土地開墾、不動產、有價證券
林本源維記興業株式會社	1923	2,000,000	林祖壽	臺北州海山郡板橋庄	土地家屋、有價證券
株式會社樹德商行	1923	400,000	黃純青	臺北州海山郡鶯歌庄	土地建物、有價證券
永樂土地建物株式會社	1923	500,000	深江彥二	支店：臺北市榮町 本社：東京市	土地建物、有價證券
合資會社黃鼎美商店	1923	160,000	黃金生	臺北市龍山寺町	土地建物、米穀、公債株式買賣
合資會社春記商行	1924	140,000	陳其春	臺北市元園町	土地家屋買賣、有價證券
永昌產業株式會社	1924	100,000	許　丙	臺北市兒玉町	土地家屋買賣、有價證券
泰昌興業株式會社	1925	50,000	李炎海	臺北市七星郡汐止街	土地建物、米穀、有價證券
京和合資會社	1925	100,000	曾我純太郎	臺北市大和町	土地、礦物採掘、有價證券
鶴木產業株式會社	1925	1,000,000	林鶴壽	臺北市建成町	土地、有價證券
株式會社福昌商行	1926	50,000	林嵩壽	臺北市太平町	不動產、有價證券
東南拓殖株式會社	1919	500,000	翁瑞春	新竹州大溪郡龍潭庄	土地開拓、有價證券
合資會社自治商行	1922	112,000	江宗盛	新竹州大溪郡大溪街	動產不動產、有價證券

名　　　稱	創立	資本金	代表人	地　　點	營業項目
合資會社大山商行	1923	17,000	陳天賜	新竹州大溪郡	動產不動產、有價證券
新大產業合資會社	1923	30,000	徐阿爐	新竹州大溪郡	土地開墾造林、有價證券買賣
合資會社南溟商行	1923	13,300	林天薩	新竹州大溪郡大溪街	動產不動產、有價證券
共成興產合資會社	1923	8,000	翁瑞財	新竹州大溪郡龍潭庄	不動產、有價證券
三益株式會社	1923	500,000	林金鐘	新竹州竹東郡竹東庄	土地開墾、農林、有價證券
邱光忠公嘗合資會社	1923	60,000	邱雲興	新竹州苗栗郡銅鑼	動產不動產、有價證券
大興產業合資會社	1924	11,800	呂鼎鑄	新竹州大溪郡	動產不動產、有價證券、歐米雜貨
合資會社平和商行	1924	35,000	江序達	新竹州大溪郡大溪街	不動產動產、有價證券、米穀肥料
仁德太平商會	1924	10,000	范姜萍	新竹州中壢郡中壢庄	不動產、公債株式現物買賣
李逢香公合資會社	1926	5,000	李金財	新竹州苗栗郡四湖庄	動產不動產、有價證券所有買賣
永盛隆合資會社	1926	9,000	范永沐	新竹州苗栗郡頭尾庄	動產不動產、有價證券
曙安合資會社	1927	4,000	黃貴夫	新竹州苗栗郡苗栗街	動產不動產、有價證券
擎記興業株式會社		500,000	鄭肇基	新竹街北門	不動產、有價證券
中部拓殖株式會社	1920	600,000	張王書	臺中市楠町	土地開墾、不動產、有價證券
中南拓殖株式會社	1920	1,000,000	吳　文	臺中州大甲郡大甲街	土地開拓、有價證券
吳鸞旂實業株式會社	1922	1,000,000	吳子瑜	臺中市楠町	土地、有價證券、礦業、機械煉瓦
大豐拓殖株式會社	1922	5,000,000	辜顯榮	臺中市彰化郡鹿港街	土地開墾、造林、砂糖、有價證券
大全興業株式會社	1922	600,000	蔡蓮舫	臺中市寶町	不動產、有價證券、肥料

名　　　稱	創立	資本金	代表人	地　　點	營業項目
三五實業株式會社	1922	500,000	林獻堂	臺中州大屯郡霧峰庄	土地建物、內外證券買賣
春堂拓殖合資會社	1924	20,000	楊英梧	臺中州彰化西門	土地開墾、不動產、有價證券
順昌物產株式會社	1925	100,000	紀　盛	臺中州大甲郡龍井庄	土地開墾、不動產、有價證券
平裕和株式會社	1925	160,000	王學潛	臺中州大甲郡清水	土地開墾、不動產、有價證券
五郎合資會社	1926	50,000	林楷堂	臺中州大屯郡霧峰庄	土地、有價證券、金錢貸付
永豐同族恒產株式會社	1924	172,000	廖行生	臺南州虎尾郡西螺	土地開墾、穀米肥料、有價證券
朴子拓殖株式會社		150,000	黃媽典	臺南州東石郡朴子	土地開墾、穀物糖粉、有價證券

資料來源：依據《臺灣會社銀行錄》（1927 年版）、《臺灣會社銀行錄》（1928 年版）、《會社、銀行、商工業者名鑑》（1928 年版）整理製作。

　　以資本金與代表人區分，日人在臺支部三家、日人開設僅一家，臺人開設四十三家。不列計日人支部，資本金最高者，爲板橋林家林鼎禮所開設的訓眉建業株式會社，與鹿港辜家辜顯榮所開設的大豐拓殖株式會社，同爲五百萬日圓最高，最低者爲曙安合資會社的四千日圓。

　　臺人資本總計二千六百二十九萬七千一百日圓，日人資本不含支部爲十萬日圓，若連日人支部併入計算擇日人資本金高達三億五千零六十萬日圓，由於資本金登載並無依據地區不同而有所區別，比較基期不同，倘列計則有如僅鈴木合名會社一家資本金五千萬日圓大於臺人資本金總合之現象發生，雖然此也可間接反映臺日資本之差距，但爲便於比較之故，本研究採不列計日人支部處理（以下同）。

　　在信託業兼營有價證券業部分（表 3-2-4），以地區區分，臺北市有四家、臺中市五家、高雄州屏東街一家。開設最早的是由基隆顏家顏國年（1886～1937）於 1912 年所開設的臺灣興業信託株式會社，最晚的則是 1926 年由霧峰林家林獻堂擔任社長的大東信託株式會社。以資本金分析，資本金最高者爲大東信託株式會社的二百五十萬日圓，最低則爲林梅堂爲代表人的利源產業信託株式會社資本金四萬五千日圓。

表 3-2-4　1920 年至 1930 年兼營有價證券商－信託業　　　　單位：日圓

名　　　稱	創立	資本金	代表人	地　　點	營業項目
臺灣興業信託株式會社	1912	1,000,000	顏國年	臺北市下奎府町	信託業
大正信託株式會社	1919	300,000	曾景煌	臺北市大稻埕	不動產及有價證券買賣
太平興業株式會社	1920	1,000,000	周清桂	臺北市上奎府町	信託、物產輸出入、礦山、有價證券
株式會社天南信託公司	1923	100,000	徐朝鳳	臺北市永樂町	信託業、土地、有價證券仲介
鹿港物產信託株式會社	1920	500,000	許金木	臺中州彰化郡鹿港庄	信託業、有價證券買賣
臺中產業信託株式會社	1920	500,000	陳邦幾	臺中市綠川町	信託業、動產不動產、有價證券
草屯產業信託株式會社	1922	250,000	林逢春	臺中州南投郡草屯庄	金錢貸付、有價證券買賣
利源產業信託株式會社	1923	45,000	林梅堂	臺中州大屯郡霧峰庄	金錢貸付、動產不動產、有價證券
大東信託株式會社	1926	2,500,000	林獻堂	臺中市榮町	信託業、有價證券
屏東信託株式會社	1916	500,000	蕭恩卿	高雄州屏東街	信託業、土地、有價證券

資料來源：依據《臺灣會社銀行錄》（1927 年版）、《臺灣會社銀行錄》（1928 年版）、《會社、銀行、商工業者名鑑》（1928 年版）整理製作。

　　信託業兼營有價證券業者僅有臺人會社，日人開設之信託業會社沒有兼營的情況。此與前述日人在土地相關產業中有兼營有價證券業務者僅為一家情形類似，此亦可反映出日人經營會社有偏好專營，不偏好兼營的傾向；而臺人經營會社則對於兼營有較為偏好的傾向。

　　再者，信託業原就屬於金融產業的一環，所以信託業在有價證券的部分基本上應是以替客戶投資為主體，兼營有價證券買賣應該是附屬業務，這與銀行業性質相近，但並非所有信託業都有兼營的現象。

　　米穀業兼營有價證券業者部分（表 3-2-5），依地區別為臺北市一家、臺北州一家、新竹州五家、臺中市一家、臺中州一家、嘉義街一家。以創立時間區分，最早的是 1922 年設立的瑞泰合資會社，最晚的則是 1928 年設立的合

資會社陳合發商行。以資本金區分，最高者爲新竹州桃園街的中興產業株式
會社一百萬日圓，最低者爲新興合資會社四千日圓。米穀業兼營有價證券業
者同樣並無日人設立的會社，於前述土地相關業、信託業相仿。

表 3-2-5　1920 年至 1930 年兼營有價證券商－米穀業　　　單位：日圓

名　　稱	創立	資本金	代表人	地　點	營業項目
瑞泰合資會社	1922	300,000	許雨亭	臺北市泉町	精米業、土地建物、有價證券
株式會社王謙發商行	1923	300,000	王士龍	臺北州海山郡鶯歌庄	米穀、砂糖、製茶、有價證券
龍光合資會社	1923	6,000	翁瑞和	新竹州大溪郡龍潭庄	農產物販賣、有價證券、不動產
中興產業株式會社	1923	100,000	簡朗山	新竹州桃園街	米穀、土地、有價證券
新興合資會社	1924	5,000	翁瑞慶	新竹州大溪郡龍潭庄	農產物販賣、有價證券、不動產
順治合資會社	1924	4,000	翁瑞川	新竹州大溪郡龍潭庄	農產物販賣、有價證券、不動產
合資會社陳合發商行	1928	68,000	陳慶輝	新竹州桃園街	米穀、不動產、有價證券
合資會社大裕商行	1924	16,000	游添成	臺中市橋町	米穀雜貨、有價證券
田中物產合資會社	1925	20,000	邱魏助	臺中州員林郡田中	豆粕肥料、米砂糖麥粉、有價證券
合資會社大豐商店	1927	15,000	鄭火森	嘉義街北門	米穀買賣、公債株式買賣

資料來源：依據《臺灣會社銀行錄》（1927 年版）、《臺灣會社銀行錄》（1928 年版）、《會社、
　　　　　銀行、商工業者名鑑》（1928 年版）整理製作。

　　表 3-2-5 中，龍光合資會社、新興合資會社、順治合資會社等三家應爲同
一家族所有，具有同樣是米穀業、兼營有價證券業、資本金少、企業組織同
爲合資會社、設立地區相同等特點。此特點雖與本研究主題關連度較低，但
對於日治時期家族創業模式相關研究仍具有參考性。

　　其他業別兼營有價證券業部分（表 3-2-6），分布區域爲臺北市五家、臺北
州一家、基隆市三家、新竹州三家、臺中市一家。以產業別區分爲貿易業三
家、礦業三家、運輸業一家、茶業一家、樟腦業一家、織物吳服業二家、資
金供應業一家、商品供應業一家，合計十三家。

表 3-2-6　1920 年至 1930 年兼營有價證券商－其他業別　　　　單位：日圓

名　　　稱	創立	資本金	代表人	地　　點	營業項目
貿易業					
東南興業株式會社	1920	300,000	陳玉鳴	臺北市	內外物產輸出入、有價證券、不動產
臺灣物產商事合資會社	1924	50,000	副島增市	臺北市建成町	臺灣物產買賣、有價證券買賣
臺灣物產商事株式會社	1919	500,000	蔡遊庭	臺中市千歲町	有價證券、米穀、物產移出入
礦業					
近江商事合資會社	1924	60,000	佐藤彌一郎	基隆市哨船頭	石炭礦業、有價證券所得及買賣
中臺商事商業株式會社	1926	200,000	吳子瑜	基隆市哨船頭	礦山買賣代裡、有價證券
株式會社建成商行	1922	600,000	黃氏玉	新竹州大溪郡大溪街	石炭販賣、有價證券
運輸業					
合資會社萬榮運輸部	1924	5,250	吳萬輝	基隆市石牌	運輸業、米穀、有價證券
茶業					
株式會社永裕茶行	1922	600,000	陳朝煌	臺北市日新町	茶製造販賣、公債社債株式買賣投資
樟腦業					
關西興業株式會社	1923	200,000	徐阿爐	新竹州新竹郡關西庄	樟腦業、土地及有價證券買賣
織物吳服					
株式會社富永商店	1922	300,000	富永新一	支店：臺北市太平町 本社：愛知縣海東郡	織物買賣、動產不動產、有價證券
協和合資會社	1923	10,000	黃又安	新竹州中壢郡楊梅庄	吳服雜貨、米穀砂糖、有價證券
資金供應					
益豐商事株式會社	1923	100,000	劉闌亭	臺北州海山郡板橋	資金供應、公債株式買賣

名　　　稱	創立	資本金	代表人	地　　　點	營業項目
商品供應						
合資會社桂商社	1924	6,000	王振桂	臺北市建成町	諸官署學校會社組合用品供應、土木、勞力、有價證券買賣

資料來源：依據《臺灣會社銀行錄》（1927年版）、《臺灣會社銀行錄》（1928年版）、《會社、銀行、商工業者名鑑》（1928年版）整理製作。

四、臺灣 1930 年至 1940 年有價證券業者

臺灣 1930 至 1940 年代經營有價證券業者的情形，據 1941 年鹽見喜太郎編《臺灣諸會社銀行錄》〔註 72〕（昭和十六年第二十三版）中共登載二千七百四十四家，其中株式會社一千四百二十六家、有限會社三十三家、合名會社二百一十三家、合資會社一千零七十二家。經本研究耙梳整理出營業項目內登載有價證券買賣相關者，不含銀行業與無盡業，計有專營有價證券商二十七家，兼營有價證券商九十一家，總計共一百一十八家。

（一）專營有價證券業者

臺灣 1930 年至 1940 年專營有價證券業者（表 3-2-7），依地區分，宜蘭一家、臺北市十五家、臺中市二家、臺中州一家、臺南市三家、臺南州二家、高雄市三家，其分布是以人口較多較為發達的地區為主。依時間區分（不列計日人支部），最早的是 1922 年由日人所設立的株式會社高砂商店，最晚的則是 1940 年由日人所設立的新高證券株式會社、山二證券株式會社、泰源證券株式會社以及臺人所設立的株式會社三光商會。

以資本金區分（不列計日人支部），最高的是臺南市由日人所設立臺灣證券株式會的二百萬日圓最高，最低則是設立於臺中市的合資會社中外證券四千日圓。其日人中最低資本金為合資會社丸中株式店的五千五百日圓最低，臺人資本金最高者為霧峰林家分支林瑞騰所設立的瑞裕拓殖株式會社五十萬日圓最高，最低者為萬年證券株式會社的一萬日圓。

日人總資本金為三百八十三萬三千五百日圓，臺人總資本金為一百一十

〔註72〕鹽見喜太郎編，《臺灣諸會社銀行錄》，臺北：博揚文化事業有限公司影印臺灣實業興信所編纂部昭和 16 年（1941）版，書名更改為《日治時期臺灣公司名錄（《臺灣諸會社銀行錄》1940）》，2013 年。

一萬六千八百二十五日圓，日人資本是臺人資本的 3.43 倍。此與 1920 年至
1930 年時期比較，臺人資本有明顯增幅，與日人差距由 26.75 被縮小到 3.43
倍，顯見此一時期臺人有較積極投入有價證券業的傾向。

表 3-2-7　1930 年至 1940 年臺灣專營有價證券業者　　　單位：日圓

名　　稱	創立	資本金	代表人	地　　　點	營業項目
蘭陽振興株式會社	1937	50,000	李謀枝	宜蘭市	金錢貸付業、公債株券商品買賣
藤本ビルブローカー證券株式會社	1906	10,000,000	福田千里	支店：臺北市表町 本社：大阪市東區	有價證券引授、有價證券買賣
株式會社高砂商店	1922	500,000	上田光一郎	臺北市本町	有價證券委託買賣
野村證券株式會社	1925	10,000,000	片岡普吾	支店：臺北市表町 本社：大阪市東區	公債社債株式買賣仲介
株式會社双葉商行	1925	190,000	古莊秀夫	臺北市太平町	有價證券及不動產買賣仲介
山一證券株式會社	1926	10,000,000	木下　茂	支店：臺北市京町 本社：東京市日本橋區	公債社債株式買賣仲介
臺灣證券株式會社	1933	10,000	森　春喜	臺北市本町	公債社債及有價證券買賣仲介
富榮證券株式會社	1935	180,000	野木幹嗣	臺北市京町	公債社債株式買賣
臺灣證券興業株式會社	1938	90,000	船橋武雄	臺北市大和町	公社債證券、株式買賣
大生商事株式會社	1938	120,000	吉田建成	臺北市日新町	國債證券社債株券等買賣仲介
蓬萊商事株式會社	1938	100,000	林銅蘆	臺北市蓬萊町	有價證券及不動產買賣仲介
大一商事株式會社	1939	100,000	王　樞	臺北市京町	有價證券及不動產委託買賣
南榮商券株式會社	1939	100,000	宋瑞昌	臺北市建成町	有價證券及不動產買賣仲介
新高證券株式會社	1940	198,000	川本澤一	臺北市末廣町	公社債株式現物買賣
株式會社三光商會	1940	195,000	杜燦煌	臺北市永樂町	公社債證券買賣

名　　　稱	創立	資本金	代表人	地　　　點	營業項目
山二證券株式會社	1940	180,000	山本平吉	臺北市建成町	公債社債株式買賣仲介
瑞裕拓殖株式會社	1926	500,000	林瑞騰	臺中州大屯郡霧峰庄	有價證券、不動產、金錢貸付
合資會社中外證券	1936	4,000		臺中市寶町	有價證券買賣
泰源證券株式會社	1940	180,000	保高　男	臺中市新富町	公社債株式其他證券商品仲介
萬年利殖株式會社	1927	36,825	吳　近	臺南州北門郡佳里街	有價證券買賣
東洋證券商事株式會社	1929	120,000	秦　豐二	支店：臺南市錦町 本社：東京市日本橋區	有價證券買賣
萬年證券株式會社	1931	10,000	王　吉	臺南州北門郡佳里街	證券買賣
合資會社丸中株式店	1932	5,500	堺　精一	臺南市西門町	株式買賣
臺灣證券株式會社	1935	2,000,000	大川鐵雄	臺南市上鯤鯓	諸會社株式及債券
高雄商工振興株式會社	1937	100,000	田中東芽	高雄市山下町	金融業、公債社債手形等仲介
高雄商工證券合資會社	1937	25,000	阮再麟	高雄市山下町	有價證券買賣
臺灣商工共榮株式會社	1937	80,000	橋本九八	高雄市北野町	金融業、公債社債手形等仲介

資料來源：依據《臺灣諸會社銀行錄》（1941年版）整理製作。

　　另以臺灣證券株式會社為名的共有二家，分別是1933年在臺北市本町設立，代表人為日人森春喜，資本金為一萬日圓，以及1935年設立於臺南市下鯤鯓，代表人為日人大川鐵雄，資本金二百萬日圓。這顯示日治時期會社名登錄，依不同轄區地方法院商業登記，是可重複的，亦即當時並無全國單一商標之概念，而是可以依據地域不同設置同一會社名。

　　此點在《臺灣諸會社銀行錄》所登載會社資料中尚有不少案例，如臺北州海山郡從事資金供應、動產不動產買賣、公債株式現物買賣仲介的益豐商事株式會社，設立於1923年，代表人陳登元，資本金十萬日圓。同樣名為益豐商事株式會社，1936年設立臺北市永樂町，另有支店設於彰化市、出張所設於神戶市，從事肥料、雜穀、農產物加工販賣，代表人黃呈聰，資本金二

十萬日圓。〔註73〕

又如會社名爲興亞產業株式會社，就有 1940 年，在臺南市本町從事土地開拓兼營有價證券業，代表人林叔恒，資本金十九萬八千日圓；以及設立在臺南州虎尾郡土庫庄從事土地動物賃貸、金錢貸付，代表人陳廷枝，資本金十八萬日圓；與 1941 年設立於基隆市福德町，從事金錢貸付、動產不動產買賣、生命火災保險代理，代表人紀秋水，資本金十萬日圓等三家。〔註74〕

上述缺乏全國單一商標概念，可依地區別設置同名稱會社的現象對於日治時期商業登記、商業管理、商標法規等相關研究具有值得參考之處。

以代表人區分，日人本社在東京支部設在臺灣四家外，日人在臺灣設立經營有價證券業者共十三家；臺人則爲九家，餘一家無代表人資料。

（二）兼營有價證券業者

兼營有價證券商依本業區分爲土地相關產業四十一家、信託業七家、米穀農產業十四家、物品販賣業十家、運輸業六家、其他業別如金錢貸付業、劇場業、製糖業、茶業等共計十三家，合計九十一家。

在土地相關產業兼營有價證券業部分（表 3-2-8），依地區別爲基隆市一家、臺北市十九家、臺北州四家、新竹州三家、臺中市二家、臺中州二家、臺南市五家、臺南州三家、高雄市二家。依時間別，最早創立的爲 1913 年設立的林本源維記興業株式會社，最晚則爲 1941 年設立的ハヤシ產業株式會社、和順產業株式會社、新南興發株式會社。

以資本金區分，最高者爲訓眉建業株式會社的五百萬日圓最高，最低者爲春英株式會社的八千日圓。春英株式會社在 1920 年至 1930 年時期本業爲有價證券買賣（參閱表 3-2-2），到此時期營業項目轉爲以土地相關產業爲主要項目並兼營有價證券業。日人總資本金一百九十五萬日圓，臺人總資本金一千五百八十八萬五千日圓，臺人資本是日人資本的八倍。

以代表人分析，此時期日人兼營家數有增加，日人設立爲十家，臺人設立爲三十一家，家數比爲 1：3。但依前述資本金與家數而論，日人兼營有價證券業的傾向比臺人低，此與 1920 年至 1930 年相較，該傾向仍是一致。

〔註73〕 鹽見喜太郎編，《臺灣諸會社銀行錄》，（臺北：博揚文化事業有限公司影印臺灣實業興信所編篡部昭和 16 年（1941）版，2013 年），頁 24。

〔註74〕 鹽見喜太郎編，《臺灣諸會社銀行錄》，（臺北：博揚文化事業有限公司影印臺灣實業興信所編篡部昭和 16 年（1941）版，2013 年），頁 68～69。

表 3-2-8　1930 年至 1940 年兼營有價證券商－土地相關產業　　單位：日圓

名　　　稱	創立	資本金	代表人	地　點	營業項目
株式會社致和洋行	1930	80,000	蘇先致	基隆市高砂町	土地建物、有價證券、金錢貸借
南方產業株式會社	1922	1,000,000	英　建也	臺北市	土地家屋、有價證券委託買賣
訓眉建業株式會社	1922	5,000,000	林鼎禮	臺北市大正町	土地家屋、有價證券買賣仲介
朝日興業株式會社	1922	1,000,000	林熊光	臺北市永樂町	不動產經營、有價證券買賣
瑞昌興業株式會社	1922	80,000	宋瑞昌	臺北市永樂町	動產不動產、株式買賣
林本源興殖株式會社	1923	1,000,000	林松壽	臺北市大正町	土地家屋、公債社在有價證券買賣仲介
振成興業株式會社	1923	2,000,000	黃在榮	臺北市建成町	土地開墾、有價證券買賣仲介
株式會社樹德商行	1923	400,000	黃逢時	臺北市宮前町	土地建物、有價證券
新新興業株式會社	1928	50,000	張　園	臺北市宮前町	土地建物、有價證券
張東隆殖產株式會社	1936	1,000,000	張東華	臺北市太平町	不動產、有價證券買賣
株式會社瑞昌商行	1936	160,000	和田サクイ	臺北市新富町	動產不動產、有價證券買賣仲介
永隆豐業株式會社	1937	80,000	許智貴	臺北市建成町	土地建物、有價證券買賣仲介
東邦拓殖商事株式會社	1937	160,000	中村教市郎	臺北市榮町	土地建物、有價證券買賣
草山土地株式會社	1938	120,000	陳逸松	臺北市太平町	不動產、有價證券買賣
泰美產業株式會社	1938	150,000	陳天順	臺北市太平町	土地開墾、有價證券買賣
池上商事株式會社	1939	50,000	池上政吉	臺北市壽町	土地建物、有價證券買賣及仲介
寅記興業合名會社	1940	30,000	劉祖電	臺北市太平町	不動產、有價證券買賣
東亞產業株式會社	1940	100,000	船越慶亮	臺北市本町	不動產買賣、有價證券電話加入權買賣
臺瀛拓殖株式會社	1940	100,000	盧　額	臺北市永樂町	土地建物、有價證券電話買賣

名　　稱	創立	資本金	代表人	地　　點	營業項目
共榮商事株式會社	1940	80,000	劉　尙	臺北市新富町	動產不動產、金錢貸付、有價證券買賣
林本源維記興業株式會社	1913	2,000,000	林祖壽	臺北州海山郡板橋街	土地家屋、公債社在有價證券買賣仲介
發記興業株式會社	1924	20,000	鄭賜發	臺北州海山郡板橋街	貸地業、土地開墾、有價證券
泰昌興業株式會社	1925	50,000	李炎海	臺北州七星郡汐止街	土地建物、有價證券買賣
興村商事株式會社	1940	100,000	盧楊柳	臺北州淡水郡三芝庄	不動產、有價證券委託買賣
新竹殖產株式會社	1928	10,000	本山幸三	新竹州桃園郡桃園街	土地開墾、有價證券買賣仲介
桃園建築株式會社	1930	40,000	吳朝旺	新竹州桃園郡桃園街	土地家屋、有價證券買賣
臺灣產業拓殖株式會社	1938	100,000	鄭萬吉	新竹市西門町	土地開墾、金錢貸借、有價證券取引仲介
中部拓殖株式會社	1920	240,000	張王書	臺中市梅ヶ枝町	動產不動產、有價證券買賣
春英株式會社	1922	8,000	吳子瑜	臺中市花園町	土地建物、有價證券
大和拓殖株式會社	1933	1,200,000	辜偉甫	臺中州彰化郡鹿港街	土地建物、砂糖製造、製鹽業、有價證券
德義株式會社	1936	80,000	蕭火木	臺中州員林郡社頭庄	不動產、金錢貸付、有價證券
南部共榮株式會社	1939	100,000	堀內　明	臺南市末廣町	不動產、有價證券、金錢貸付
ハヤシ產業株式會社	1941	180,000	林　とし	臺南市末廣町	不動產、農林業、有價證券
興亞產業株式會社	1940	198,000	林叔恒	臺南市本町	土地開拓、有價證券買賣
合名會社永義興商行	1935	78,000	楊文富	臺南市西門町	土地建物、砂糖雜貨、有價證券
和順產業株式會社	1941	50,000	劉　壽	臺南市東門町	不動產、農場經營、有價證券買仲介
永豐同族恒產株式會社	1924	173,000	廖行生	臺南州虎尾郡西螺街	土地、籼米肥料、有價證券買賣及仲介
益源株式會社	1939	180,000	林朝景	臺南州虎尾郡西螺街	土地開發、有價證券買賣

名　　稱	創立	資本金	代表人	地　點	營業項目
朝深興業合名會社	1939	198,000	黃朝深	臺南州虎尾郡虎尾街	土地建物賃貸、有價證券
坪內合名會社	1933	10,000	坪內貫吉	高雄市山下町	動產不動產、有價證券
新南興發株式會社	1941	180,000	三浦光次	高雄市田町	土地建築工事、有價證券

資料來源：依據《臺灣諸會社銀行錄》（1941 年版）整理製作。

在信託業兼營有價證券業部分（表 3-2-9），依地區別為基隆市一家、新竹市二家、臺中市一家、彰化市一家、嘉義市一家、屏東市一家。設立時間最早的是 1919 年創立的同仁恒產株式會社，最晚的則是 1941 年設立的南國興業信託株式會社以及大新金融信託株式會社。以資本金區分，最高是大東信託株式會社二百五十萬日圓，最低則為興亞信託株式會社十八萬日圓。日人總資本金二十一萬日圓，臺人總資本金四百四十八萬日圓，臺人資本金是日人資本金的 21.3 倍。

表 3-2-9　1930 年至 1940 年兼營有價證券商－信託業　　　　單位：日圓

名　　稱	創立	資本金	代表人	地　點	營業項目
南國興業信託株式會社	1941	100,000	林田建基	基隆市元町	信託業、有價證券委託買賣
同仁恒產株式會社	1919	500,000	原福軒	新竹市表町	信託業、有價證券仲介
大新金融信託株式會社	1941	110,000	增山久芳	新竹市表町	信託業、金融貸付、有價證券買賣
大東信託株式會社	1926	2,500,000	林獻堂	臺中市榮町	信託業、有價證券媒介、不動產
昭和信託株式會社	1936	250,000	黃呈聰	彰化市	信託業、有價證券
興亞信託株式會社	1939	180,000	劉傳來	嘉義市元町	信託業、有價證券
屏東信託株式會社	1916	1,050,000	李開山	屏東市屏東	信託業、公債社株式

資料來源：依據《臺灣諸會社銀行錄》（1941 年版）整理製作。

以代表人區分，日人設立二家，臺人設立為五家。與 1920 年至 1930 年時期比較，日人信託業有兼營有價證券傾向，但資本金規模少屬於小型信託業，而日人大型信託業仍未有兼營有價證券業之傾向。

在米穀農產業兼營有價證券業部分（表 3-2-10），依地區別為臺北市五家、臺北州二家、新竹州四家、臺中州一家、臺南州一家、臺南市一家。依時間區分，最早的是 1920 年設立的臺灣農林株式會社，最晚則是 1939 年設立的振農物產株式會社與玉山興業合名會社。

表 3-2-10　1930 年至 1940 年兼營有價證券商－米穀農產業　　單位：日圓

名　　稱	創立	資本金	代表人	地　　點	營業項目
臺灣農林株式會社	1920	2,000,000	張　園	臺北市下奎府町	開墾及畜牧、不動產有價證券買賣貸付及仲介
株式會社新興商行	1936	150,000	楊　良	臺北市永樂町	肥料、米穀、有價證券委託買賣
臺北產業株式會社	1937	150,000	葉　寬	臺北市大橋町	米穀販賣、有價證券買賣
怡美商事株式會社	1938	200,000	郭鳥隆	臺北市永樂町	肥料砂糖、土地建物、有價證券
莊義芳商事株式會社	1938	300,000	莊輝玉	臺北市永樂町	肥料砂糖、不動產、有價證券
株式會社盈豐商行	1937	50,000	楊水法	臺北州海山郡板橋街	肥料米穀、有價證券買賣
玉豐商事株式會社	1938	140,000	盧續祥	臺北州宜蘭郡頭圍庄	米穀買賣、有價證券買賣
中興產業株式會社	1924	140,000	綠野竹二郎	新竹州桃園郡桃園街	米穀、有價證券買賣
株式會社勝利商行	1936	250,000	曾安祥	新竹州中壢郡中壢街	農產物移輸入、有價證券買賣
株式會社東興商會	1936	60,000	吳朝旺	新竹州桃園郡桃園街	米穀肥料、有價證券
株式會社宏隆商行	1938	250,000	劉廷興	新竹州中壢郡中壢街	農產物、建材、有價證券買賣
振農物產株式會社	1939	100,000	林其賢	臺中州大屯郡霧峰庄	米穀及株式買賣仲介
玉山興業合名會社	1939	192,000	廖添德	臺南州虎尾郡西螺街	農業經營、有價證券
新豐產業株式會社	1934	100,000	茂木久松	臺南市西門町	農產、不動產、有價證券

資料來源：依據《臺灣諸會社銀行錄》（1941 年版）整理製作。

以資本金及代表人區分，最高者為臺灣農林株式會社二百萬日圓，最低者為株式會社盈豐商行五萬日圓。日人開設二家，總資本金二十四萬日圓，臺人開設十二家，臺人總資本金三百八十四萬二千日圓，臺人資本是日人資本的十六倍。同樣顯示日人兼營有價證券的傾向較低。

在物品販賣業兼營有價證券業部分（表 3-2-11），依地區別為臺北市二家（含日人支部）、嘉義市三家、臺南市三家、臺南州一家、高雄市一家，共計十家。依時間區分，最早的是 1933 年設立的蕚既物產株式會社，最晚則是 1940 年設立的有限會社瑞和商會及日華商事合名會社。

表 3-2-11　1930 年至 1940 年兼營有價證券商－物品販賣業　　單位：日圓

名　　稱	創立	資本金	代表人	地　　點	營業項目
張東隆商事株式會社	1936	500,000	張水福	臺北市太平町	砂糖、雜貨、自動車輪移入、有價證券
合名會社渡邊藤吉本店	1936	1,200,000	渡邊藤吉	出張所：臺北市本町 本店：福岡市上西町	金物硝子自動車建材、有價證券
合名會社瑞益商店	1936	150,000	高本瑞久	嘉義市西門町	物品販賣業、有價證券
合名會社新泉品商店	1938	10,000	蔡有勝	嘉義市西門町	物品販賣業、有價證券
有限會社瑞和商會	1940	10,000	蔡世英	嘉義市新富町	物品買賣業、有價證券買賣
蕚既物產株式會社	1933	100,000	陳蕚棣	臺南市港町	山海產、洋漢藥、食料品、有價證券
合名會社清海商行	1934	30,000	吳清海	臺南市西門町	海產物食料販賣、有價證券
共進商事株式會社	1939	100,000	永田幸三郎	臺南市本町	物品販賣業、有價證券買賣
日華商事合名會社	1940	20,000	蘇逢炳	臺南州新營郡白河庄	山產物買賣、有價證券
株式會社永豐商店	1934	1,000,000	何皆來	高雄市湊町	物品販賣業、有價證券買賣

資料來源：依據《臺灣諸會社銀行錄》（1941 年版）整理製作。

以資本金與代表人區分（不列計日人支部），資本金最高者為株式會社永豐商店的一百萬日圓，資本金最低者為合名會社新泉品商店與有限會社瑞和商會的一萬日圓。日人支部一家、日人設立二家、臺人設立七家。日人總資本金為二十五萬日圓，臺人總資本金為一百六十七萬日圓，臺人資本是日人

資本的 6.7 倍。同樣顯示日人兼營有價證券的傾向較低。

在運輸業兼營有價證券部分（表 3-2-12），分布地區都在臺灣南部，其中嘉義市一家、臺南市二家、臺南州三家，共計六家。

表 3-2-12　1930 年至 1940 年兼營有價證券商－運輸業　　　單位：日圓

名　　稱	創立	資本金	代表人	地　　點	營業項目
嘉義自動車株式會社	1932	400,000	林田新平	嘉義市榮町	自動車運輸業、有價證券買賣
西螺自動車株式會社	1927	100,000	黃朝深	臺南州虎尾郡西螺街	自動車運轉業、有價證券買賣
臺南乘合自動車株式會社	1929	75,000	鹿沼留吉	臺南市壽町	自動車業、有價證券買賣
臺西自動車株式會社	1931		黃朝深	臺南州虎尾郡虎尾街	運輸業、金融貸付、有價證券買賣
東石自動車株式會社	1932	10,000	廣田正典	臺南州東石郡朴子	運輸業、株式買賣
東亞商事株式會社	1939	150,000	張德和	臺南市明治町	自動車及用品買賣、有價證券買賣

資料來源：依據《臺灣諸會社銀行錄》（1941 年版）整理製作。

資本金最大者爲日人開設的嘉義自動車株式會社四十萬日圓，最少者亦爲日人開設的東石自動車株式會社一萬日圓。自動車業爲此時期較新的產業，實際部分會社應屬於自動車買賣，爲便於歸納，故都列於運輸業中。以時間區分，1927 年設立的西螺自動車株式會社最早，1939 年設立的東亞商事株式會社最晚。

在其他業別兼營有價證券業部分（表 3-2-13），依產業區分，金錢貸付業三家、劇場業二家、樟腦業一家、木材業一家、製糖業一家、茶業一家、礦業與建材業四家，合計十三家。

五、臺灣總督府 1937 年至 1940 年有價證券業者調查統計

臺灣總督府殖產局商工課爲推動臺灣證券交易所設立，於 1937 年至 1940 年對臺灣全島有價證券業者做過一番調查統計（表 3-2-14）。其統計結果爲全臺有價證券業者營業總數爲二百三十一家。按地區別爲臺北州四十九家、新竹州十四家、臺中州六十四家、臺南州七十二家、高雄州二十九家、花蓮港廳三家。

表 3-2-13　1930 年至 1940 年兼營有價證券商－其他業別　　　單位：日圓

名　　稱	創立	資本金	代表人	地　　點	營業項目
金錢貸付業					
株式會社永樂質舖	1937	140,000	李榮昌	臺北市永樂町	金錢貸付、有價證券委託買賣仲介
三和恒產株式會社	1937	50,000	陳阿爐	臺北州羅東郡羅東街	金錢貸付、公債券株買賣
益豐商事株式會社	1923	100,000	陳登元	臺北州海山郡板橋街	資金、不動產、公債株式買賣及仲介
劇場業					
臺灣興行株式會社	1940	40,000	張清秀	臺北市永樂町	劇場經營、株式有價證券買賣投資
大觀商事株式會社	1930	10,000	黃榮賢	高雄州鳳山郡鳳山街	劇場事業、有價證券及土地買賣
樟腦、木材、製糖、茶業					
關西興業株式會社	1923	200,000	陳俊宏	新竹州新竹郡關西庄	樟腦業、有價證券買賣
合名會社多木商會	1941	20,000	陳高昂	臺南市永樂町	木材、家具、土地建物、有價證券
臺灣拓殖興業株式會社	1939	185,000	岡　泰良	花蓮市花蓮港	製糖、土地開拓、有價證券買賣仲介
東邦紅茶株式會社	1939	150,000	郭少三	臺北市日新町	土地開拓、茶業、內外有價證券買賣
礦業、建材					
丸三產業株式會社	1940	150,000	小山三郎	基隆市日新町	石炭建材雜貨、有價證券
日進產業株式會社	1939	180,000	小林　琿	臺北市本町	礦產物、纖維材料、有價證券
株式會社豐茂商店	1934	300,000	羅　水	嘉義市元町	建築金物鐵材、機械製造販賣、有價證券買賣仲介
東南工業株式會社	1941	100,000	林文樹	嘉義市南門町	建築材料製造販賣、有價證券買賣

資料來源：依據《臺灣諸會社銀行錄》（1941 年版）整理製作。

表 3-2-14　1937 年至 1940 年臺灣總督府殖產局商工課有價證券業調查統計

州廳別	時　間				1937 年至 1940 年
	1937	1938	1939	1940	營業者總數
臺北州	23	22	22	37	49
新竹州	2	2	4	10	14
臺中州	18	25	30	38	65（64）
臺南州	34	36	33	36	72
高雄州	11	14	14	15	29
花蓮港廳	1	1	2	2	3
合　計	89	100	105	138	232（231）

說明：臺中州營業者總數經本研究核對統計清冊，其數應爲 64 家，全臺總數應爲 231 家。
資料來源：臺灣總督府，〈本島有價證券取扱業者州廳別一覽表〉（1940 年），《臺灣證券取引管理附屬統計資料》，臺灣法實證研究資料庫，臺灣大學圖書館典藏。

在全臺有價證券業者總數二百三十一家中，以代表人或經營者區分，日人爲七十一家，臺人爲一百三十六家，不詳者爲二十四家。日人開設總店，支店由臺人爲代表者亦有不少，如日人所開設之大有商行，全臺有十四家店，除總店由日人經營外，其餘十三家支店皆以臺人爲代表人。

以商號名區分，以「商店」爲名者四十九家、以「商行」爲名者四十六家、以「證券社」爲名者三十二家，以「株式店」爲名者二十七家，以「商會」爲名者爲二十五家、以「商事」爲名者爲十六家，無商號名者爲八家（跑單幫或股票捎客）、以「株式會社」爲名者爲七家、以「屋」爲名者爲五家，以「公司」爲名者二家、以「合資會社」爲名者僅一家，其餘商號名者爲十三家。這顯見除株式會社、合資會社外，均爲無商業登記之商號。

此份統計調查資料係對全島有價證券業者全面性之調查，但其所附有價證券業者統計清冊（參見附錄二），幾乎都是未做商業登記的商號與店家，且支店、出張所列計眾多。僅日人所創大有商行，其支店、出張所、代理店、取次店等，全臺達十四家之多。同爲日人開設濱谷株式店，亦有十一家店。但林獻堂所有之大東信託株式會社，全臺除臺中總店外，尚有臺北、新竹、

臺南、高雄等四家支店。〔註75〕但統計調查中，僅列計新竹支店一家，其餘四家未列入。日人證券會社也諸多未列計於統計調查清冊內，如野村證券、山一證券等知名證券會社臺灣支店等。其餘有商業登記之證券會社也無列計。顯示臺灣總督府殖產局商工課所做全島有價證券業者之調查，並非全面性，仍頗有疏漏，應屬不完全統計結果。

另據此統計調查，二百三十一家有價證券業者之創業年份，1937年至1940年間創立者有一百二十四家，佔總數54%。這顯示自1936年起臺灣總督府有意推動臺灣證券交易所設立之跡象後，民間解讀此項「交易所設置懸案」將得以解決，有出現轉機之機會，故引發民間業者紛紛創立證券行號或增加支店等現象。

這份調查統計雖有疏漏，但對臺灣全島未做商業登記的證券業者則有詳加調查，這對瞭解日治時期臺灣證券業的生態極具參考性。其所網羅證券業者部分，出現許多開設於非地區中心區域的商號，諸如開設於臺北州臺中州有北斗郡北斗街的大有商行支店、開設於臺南州新化郡玉井庄的三和商店、開設於高雄州恆春郡美濃庄的一商會等。顯示除工商業發達之地區中心區域外，雖然家數不多，但相關證券業者的經營觸角亦伸展至農業生產所在區域。

六、臺灣1941年後之有價證券業者

1941年5月11日，臺灣總督府公佈實施〈有價證券業取締規則〉，並開始對全臺有價證券業者展開信用調查。〔註76〕同年11月展開有價證券業者申請作業，為期十天〔註77〕，當時有約一百二十家以上的業者提出申請。〔註78〕11月29日臺灣總督府公布全臺許可有價證券家數為六十八家（表3-2-15）。〔註79〕

〔註75〕 竹本伊一郎，《臺灣會社年鑑（昭和十三年版）》（臺北：臺灣經濟研究會，1937年），頁155。

〔註76〕 〈證券業者信用調查月末には終了　不正業者を徹底的に判決〉，《臺灣日日新報》，1941年7月30日，第2版。

〔註77〕 〈證券取締規則許可　申請期十日限り〉，《臺灣日日新報》，1941年11月7日，第2版。

〔註78〕 〈證券業者の申請　全島で百廿の多數に及ぶ〉，《臺灣日日新報》，1941年11月12日，第2版。

〔註79〕 〈全島六十八業者　有價證券業の許可數〉，《臺灣日日新報》，1941年11月30日，第2版。

表 3-2-15　　1941 年臺灣總督府許可本島六十八家有價證券業者一覽

地區	會社名稱	代　表	會社名稱	代　表
臺北州	野村證券株式會社臺北支店	片岡音吾	大有商行	奧田繁
	藤本ビルブローカー證券會社臺北支店	三輪小郎	大一商事株式會社	今城豐
	山一證券株式會社臺北支店	木下茂	大岡商店	內藤進
	新高證券株式會社	川本澤一	東來商行	吉田大藏
	富榮證券株式會社	村上顯宗	綿谷株式店	綿谷勝武
	合資會社三成社	志村壽男	村岡證券店	村田健一
	臺灣興業信託株式會社	方川德潤	丸一商店	木村繁
	田成吉商店	田幸吉	明治屋商店	月形賢次郎
	岡崎文雄商店	岡崎文雄	山二證券株式會社	山本平吉
	大盛證券商店	許敦禮	双葉商行	古莊秀夫
	臺灣信託株式會社	林藤二	福や商行	橫田禎次
	臺灣證券興業株式會社	松井繁太郎	朝陽商會	洪永熙
	大阪屋商店	松本太輔	－	－
臺中州	臺中證券社	濱田正	新合利商店	王四經
	イリマル商店	淺香彌三郎	丸山商店	黃　本
	泰源證券株式會社	保高勇	大東信託株式會社	陳　夫
	村上商店	村上市太郎	大有商行臺中支店	奧田繁
	東寶證券店	飛田九五郎	泰源證券彰化出張所	保高勇
	三和證券商事社	大本米吉	－	－
臺南州	德泰商行	許燦然	三德商行	劉傳能
	豐榮商店	許惠	豐茂商店	羅　水
	榮豐商店	黃榮	永島質舖	永島正夫
	豐田商店	郭池中	興亞信託會社	劉傳末
	三榮商會	楊和順	明治證券社	松尾源治
	日形兩替店	月形德三郎	蔡南達株式問屋	蔡清信
	新福源株式店	吳氏水	東洋商事社	張生財
	石井商事社	石井松之助	益發商行	林　好

地區	會社名稱	代　表	會社名稱	代　表
臺南州	大和商行	上林久芳	大東信託臺南支店	陳　夫
新竹州	綿谷株式店新竹支店	綿谷勝武	大東信託新竹支店	陳　夫
花蓮港	山口商店	山口庄吉	大有商行花蓮港支店	奧田繁
高雄州	岡野金穀商店	岡野金穀	松岡商店	松岡本晴
高雄州	高雄商行	李玉輝	大東信託高雄支店	陳　夫
高雄州	石川株式店	石川孝造	大有商行高雄支店	奧田繁
高雄州	平野會	木田芳暢	豐繁商店高雄支店	羅　水
高雄州	高雄商會	黃天賜	竹豐榮商店高雄支店	許　惠

資料來源：依據〈全島六十八業者　有價證券業の許可數〉，《臺灣日日新報》，1941 年 11 月 30 日，第 2 版整理製作。

　　這份許可名單依地區別爲臺北州二十五家、新竹州二家、花蓮港二家、臺中州十一家、臺南州十八家、高雄州十家。

　　比較特別的是同一會社不同地區的分店（支店）也算一個許可名額，如大東信託佔四個名額、大有商行同樣也佔四個名額。

　　以代表人區分，臺人會社二十四家、日人會社四十四家，臺日會社各佔總數爲臺人會社 35%，日人會社 65%，日人會社是臺人會社的 1.83 倍，顯示臺灣總督府在裁量許可與否有壓抑臺人會社傾向。

　　若更細部分析臺北、臺中、臺南、高雄等地臺日會社比例，臺北州總數二十五家，臺人會社僅佔二家，日人會社二十三家，日人會社是臺人會社的 11.5 倍。

　　臺中州總數十一家，臺人會社僅佔三家，日人會社八家，日人會社是臺人會社的 2.67 倍。

　　臺南州總數十八家，臺人會社佔十三家，日人會社五家，臺人會社是日人會社的 2.6 倍。

　　高雄州總數十家，臺人會社佔五家，日人會社也是五家，比例相當。

　　這揭示臺灣北部臺人會社比較受壓抑，而臺灣南部較沒有這種現象，但從金融發展角度而論，臺灣北部金融發展較南部發達，有價證券貨源、客源也以北部爲大宗，雖然南部壓抑情形較少，但是整體來說，對臺人會社在有價證券業的發展而言，實屬較不公平，而對日人會社有較爲明顯的優待。

臺灣總督府所許可的六十八家有價證券業者應是首波許可名單，〈有價證券業取締規則〉中並未制訂許可家數的上限，後續仍有提出申請並取得許可的業者，如在昭和十八年版《臺灣年鑑》（1943 年）所記載昭和 17 年（1942年）1 月至昭和 18 年（1943 年）3 月新設會社資料中，〔註80〕行業登記為證券業的會社就有五家（表 3-2-16），顯示只要取得臺灣總督府許可，仍是可以取得從業資格。

表 3-2-16　1942 年 1 月至 1943 年 3 月臺灣有價證券業新設立會社表

會社名稱	地　點	代　表	資本金（日圓）
南星證券株式會社	臺北市	姜崇煜	52,000
華南商行株式會社	臺北市	吳深淵	60,000
臺灣有價證券株式會社	臺北市	松井繁太郎	195,000
朝日證券株式會社	臺北市	杜燦煌	52,000
濱屋商事株式會社	臺北市	綿谷勝武	100,000

資料來源：依據《臺灣年鑑》（昭和十八年版，1943 年）整理製作。

有價證券業經過臺灣總督府整頓並採許可制度後，雖然〈有價證券業取締規則〉並未限制兼營業者，〔註 81〕但依本研究所掌握之資料，如昭和十七年版《臺灣會社年鑑》〔註82〕（1941 年 11 月）、昭和十八年版《臺灣會社年鑑》〔註83〕（1942 年 11 月）中並未見兼營業者出現，故仍尚待後續研究挖掘。本研究認為應是在臺灣總督府許可階段便採不許可兼營之技術手段處理，但這無礙臺灣有價證券業走向全專營模式的階段。

〔註80〕　五味田忠，《臺灣年鑑》（臺北：臺灣通信社，昭和 18 年版，1943 年），收錄於臺北市翔大圖書有限公司出版《日治時期臺灣經貿文獻叢編》，第一輯第 23 冊，2005 年，頁 164～177。

〔註81〕　依據日本本國昭和 13 年（1938 年）6 月 29 日公告實施的〈有價證券業取締法施行規則〉第一條規定：其他事業兼營者，須以書面記載其事業概要。據此應為他業可兼營有價證券之解釋。參見大藏省印刷局編，《官報》（昭和 13 年 6 月 29 日第 3445 號）（東京：大藏省印刷局，1938 年），收錄於日本國立國會圖書館，書誌 ID：000000078538，頁 1063。

〔註82〕　竹本伊一郎，《臺灣會社年鑑》（昭和十七年版），臺北：成文出版社有限公司影印臺灣經濟研究會昭和 16 年（1941 年）11 月 11 日發行，1999 年。

〔註83〕　竹本伊一郎，《臺灣會社年鑑》（昭和十八年版），臺北：成文出版社有限公司影印臺灣經濟研究會昭和 17 年（1942 年）11 月 10 日發行，1999 年。

七、綜合分析

綜上各時期臺灣有價證券業的情形，可以歸納出幾個特點如下：

（一）有價證券業是以地區中心城市為經營核心區

專營有價證券業者主要以人口較多且商業較發達地區分布，並隨著發展而往周邊擴散。但大體仍是以地區中心城市為主，這點也同樣出現在銀行業與信託業。正確的說，金融產業發展必然是選擇工商業發達區域為起點，因為市場跟客源都在此，有價證券同屬金融產業一環，發展模式於其他金融產業無異。與此同時，亦有少數證券業者往非地區中心區域，如農業生產區域，伸展其經營觸角。

兼營有價證券業者也是出現同樣以中心都市為經營核心的現象。一方面是當時臺灣工商業發展趨向也是由中心往周邊擴散的緣故；另一方面應為身處於工商較發達區才有兼營有價證券的現象。

（二）有價證券業的發展軌跡是日人引進臺人跟進的過程

專營有價證券業在 1920 年前，是以日人所經營的商號、會社等為主體，臺人所創專營有價證券業者，以株式會社組織創立者，僅 1919 年創立之臺灣證券株式會社一家。臺灣專營有價證券業的發展軌跡是從最早由日人來臺以開設支部的方式經營，到日人直接在臺灣島內設置商號或會社，而後出現首家由臺人創立的證券會社。這揭示有價證券業是由日人所引進，並經歷由日人主導市場到臺人開始仿效並參與經營之逐步擴散發展的過程。

（三）有價證券業的主導力量始終以日資為主

從前述各時期臺日資本的對比可得出日人資本在此領域的投入皆大於臺人資本。這點在日治時期其他產業也同樣有著日人資本大於臺人資本的情形，只是主要產業（製糖業、銀行業、樟腦業等）比較明顯會有這現象。主要產業受到日本執政當局有意壓抑臺人資本，並給予日人資本優勢地位，是有著殖民治理與經濟控制的考量，但在有價證券業，應不是如此。

當時即便是日本國內，乃至於全球，有價證券業都不是一種主要產業，而是需要視工商業發展情形與經濟興衰等背景依附而生。所以臺灣有價證券業中日人資本優於臺人資本的情況，應是日人引進後，臺人逐步仿效跟進的結果。而臺人資本基於此產業尚陌生的背景下，是處於探索階段，沒有貿然積極投入，而是採取在擁有本業之餘的兼營模式來接觸此產業。這也可解釋

為何當時臺人經營之企業不少都有兼營有價證券業的情況。

（四）有價證券的投資客源以日人為主體

在有價證券客源部分，從事買賣各種證券的顧客，是以日本內地與臺灣島內的日人為最大客群，臺人客群尚少。據日人於 1941 年（昭和 16 年）的調查，臺灣人習慣於買賣土地、家屋或將財物儲藏在家裡，對於公債、股票（株券）等有價證券的認識與投資觀念缺乏。〔註 84〕在這種背景下，臺灣除精英階層外，幾乎沒有其他客源，對於有價證券業的發展形成阻礙。

再從前述日人之統計，一年間由日本內地投資臺灣株式會社股票所流出的金額，比由臺灣本島投資日本內地株式會社股票所流出金額之差額達一百五十萬日圓。顯示日本內地的客源才是大宗，而這些客源絕大部分是掌握在大型且為本社日本支部臺灣的證券商手上，即便由日人設立於島內的專營券商所能掌握此種客源亦少，那麼由臺人專營的有價證券業者實際上是很難獲得這些訂單，這也是臺人企業採取兼營方式的原因之一。

（五）臺灣兼營有價證券業者本質上都是商品買賣業

從上述各時期臚列之兼營有價證券業者，其本業經營項目的本質都是買賣業，不論是土地、家屋、動產、不動產、米穀等，除少部分外，都是不參與製造與生產的，都不是工業部門，而是經手某項商品的買賣業，屬於商業部門。

（六）臺灣日治時期尚未有全國性商標概念

同名會社商業登記未受限制，依不同地區可以登記同一名稱會社名，如前述名為臺灣證券株式會社，分別於臺北市、臺南市各有一家。其商業登記分屬於臺北、臺南地方法院，但可同時存在。但同一地區未見有同名會社現象。

（七）臺人企業有家族、地緣等關係而開設同一行業會社現象

如前述 1920～1930 年米穀業兼營有價這勸業者中，龍光合資會社、新興合資會社、順治合資會社等三家應為同一家族所有，具有同樣是米穀業、兼營有價證券業、資本金少、企業組織同為合資會社、設立地區相同等特點。

另外板橋林家與霧峰林家，其家族成員也都會從事相似的行業，兼營有價證券的狀況也會一致。

〔註84〕臺灣經濟年報刊行會，《臺灣經濟年報》（臺北：南天書局有限公司影印國際日本協會昭和 16 年（1941）版，1996 年），頁 276。

（八）1941 年後臺灣總督府壓抑臺人資本經營有價證券業

1941 年〈有價證券業取締規則〉實施後，臺灣總督府首先許可六十八家專營有價證券業者中，臺人企業被許可經營數低於日人企業，臺日企業各佔總數爲臺人企業 35%，日人企業 65%，日人企業是臺人企業的 1.83 倍，臺灣總督府有明顯壓抑臺人資本傾向。

第三節　臺灣有價證券業的臺籍經營者

產業研究離不開對於企業經營者的分析，因爲企業是人所創造的，而產業則是由眾多同型企業所構成的。臺灣日治時期有價證券業的發展軌跡是由日人引進臺人跟進的過程。在發展初期，基本上沒有太多的法令限制，對於產業本身也沒有過多的規範，且未形成統一制度的公開市場，故臺灣有價證券業如一般商品買賣業般，形成專營與兼營兩種經營型態。

然而，有價證券業是金融產業的一環，仍是需要具備應當有的專業知識，對當時臺灣人來說，是一種新型態的產業。故對於有價證券業經營者的梳理、解析其背後所具備的背景，並探討何以從接觸到投入有價證券業等問題，將有助於理解日治時期臺灣有價證券業的發展。

本節依據前面章節所探討各時期有價證券業發展情形，依據由臺人所經營之會社代表人〔註85〕資料比對查找相關人物之文獻，歸納並區分爲專營有價證券業者與各產業兼營有價證券業者的方式，依據會社代表人之經歷展開討論如下：

一、專營有價證券業

臺人中最早開設專營有價證券會社——臺灣證券株式會社的代表人蔡蓮舫，出身臺中清水蔡源順家族，與林獻堂關係密切。蔡蓮舫擔任過彰化銀行監察人〔註86〕共十六年（自 1913 年起至 1929 年止）〔註87〕，與林獻堂同在彰化銀行共事。

〔註85〕 日治時期會社代表人不一定是社長，有時是以總經理（專務取締役）或是董事（取締役）來擔任，故本研究依循當時習慣以代表人稱之。

〔註86〕 杉浦和作編，《臺灣會社銀行錄》（臺北：臺灣實業興信所，1927 年），頁 6。

〔註87〕 葉榮鐘，《近代臺灣金融經濟發展史》（臺北：晨星出版有限公司，2002 年），頁 119～120。

　　蔡蓮舫幼年受傳統漢學教育，1888 年考中秀才，日治後，於 1897 年獲頒紳章，並曾任臺中區長、臺中市協議會員、臺中州協議會員等要職。事業方面則擔任前述彰化銀行監察人外，尙有華南銀行監察人、臺中製糖會社總經理等職務，是日治時期臺灣中部舉足輕重的仕紳。﹝註 88﹞臺灣證券株式會社爲臺人最早以株式會社組織，所開設之專營有價證券會社，有別於一般證券商號。故蔡蓮舫可視爲臺灣有價證券業的先驅人物。

　　東瀛物產信託株式會社社長江建臣（1872〜？），新竹州大溪人，明治 40 年（1907）獲賜紳章，擔任過公學校學務委員、員樹林區區長與大溪街街長等公職。明治 41 年（1908）後，投身實業界推動地方產業，對地方文化與社會福利的推動充滿熱誠。﹝註 89﹞

　　春英株式會社代表人吳子瑜（1885〜1951）爲當時臺灣中部知名仕紳與林獻堂亦關係密切。吳子瑜爲彰化銀行 1911 年至 1912 年﹝註 90﹞監察人吳鸞旂（1862〜1922）之子，吳鸞旂之父吳景春與林獻堂之父林文欽（1854〜1900）爲表兄弟。吳子瑜擔任過臺灣金融界先驅陳炘（1893〜1947）創辦並由林獻堂擔任社長的大東信託株式會社代表取締役﹝註 91﹞與多家會社代表人。

　　高砂證券株式會社代表人蔡敏廷（1879〜？），是臺中清水仕紳家族蔡家出身，受傳統漢學教育，擔任過清水街協議員、清水信用組合組合長、清水製冰株式會社代表、公共埤圳評議會員等要職，因積極對地方開發的貢獻而獲頒紳章。﹝註 92﹞

　　順興產業合資會社代表人簡江（1885〜？），爲新竹州桃園街人，臺灣總督府國語學校畢業，畢業後在臺灣總督府鐵道部任職，之後轉任桃園公學校教師並任教十餘年，爲培育兒童貢獻心力，是地方教育界最有信望人士。﹝註 93﹞

﹝註 88﹞ 李毓嵐，〈1920 年代臺中士紳蔡蓮舫的家庭生活〉，《臺灣史研究》，第 20 卷第 4 期，2013 年，頁 51〜53。
﹝註 89﹞ 林進發，〈新竹州〉，《臺灣官紳年鑑》（臺北：成文出版社有限公司影印民眾公論社昭和 10 年（1935）版，1999 年），頁 46。
﹝註 90﹞ 葉榮鐘，《近代臺灣金融經濟發展史》（臺北：晨星出版有限公司，2002 年），頁 119。
﹝註 91﹞ 杉浦和作編，《臺灣會社銀行錄》（臺北：臺灣實業興信所，1927 年），頁 8。
﹝註 92﹞ 林進發，〈臺中州〉，《臺灣官紳年鑑》（臺北：成文出版社有限公司影印民眾公論社昭和 10 年（1935）版，1999 年），頁 140。
﹝註 93﹞ 林進發，〈新竹州〉，《臺灣官紳年鑑》（臺北：成文出版社有限公司影印民眾

　　瑞裕拓殖株式會社的林瑞騰，出身霧峰林家分支，受傳統漢學教育，早年參與協和製糖會社之經營獲得相當的成績。協和製糖被帝國製糖合併後，創辦瑞裕拓殖株式會社並擔任社長，同時也擔任臺灣製腦株式會社與大東信託株式會社之董事，對社會事業與公共事業每年都有大量捐獻。〔註94〕

　　南榮商券株式會社代表人宋瑞昌（1886～？），國語學校師範部畢業，在大稻埕公學校執教五年，最初從事米糖移輸出貿易，後創辦瑞昌興業株式會社投入土地相關產業、擔任過臺灣正米市場組合員、臺灣製冰冷藏株式會社總經理（專務取締役），公職部分擔任過臺北市學務委員、臺北第三高女保護者會幹事。〔註95〕

　　萬年利殖株式會社社長王吉，臺南州北門郡佳里庄人，受傳統漢學教育，其家族是地方屈指的望族（素封家）〔註96〕。擔任過保正、保甲聯合會會長等公職，在地方實業界相當活躍，創辦萬年利殖株式會社並擔任社長，同時也是佳里興精米公司代表人。〔註97〕

　　萬年利殖株式會社代表人吳近（1899～？），醫師出身，臺灣總督府醫學專門學校畢業，在臺南州北門郡佳里庄開設私立醫院，擔任過公學校校醫、防疫委員等公職，後擔任由王吉開設的萬年利殖株式會社擔任總經理，由於擁有經營事業天分，繼王吉另外開設萬年證券株式會社並擔任社長後，接任萬年利殖株式會社社長，王吉轉爲該會社董事。〔註98〕

　　從上述專營有價證券業的代表人分析，大致有幾個共通性，其一，爲都有擔任過公職的經歷，這表示與日人關係良好，是日人籠絡的對象。其二，爲專業經營有價證券業者並非經營者唯一事業，僅是所經營事業其中之一，經營諸多企業，其業務往來與金融業之接觸必不可少，亦可從中獲取相關金

　　　　公論社昭和10年（1935）版，1999年），頁34。
〔註94〕林進發，〈臺中州〉，《臺灣官紳年鑑》（臺北：成文出版社有限公司影印民眾公論社昭和10年（1935）版，1999年），頁168。
〔註95〕臺灣新民報社編，《臺灣人士鑑》（臺北市：臺灣新民報社，昭和12年版，1937年），頁204。
〔註96〕素封家系日本用語，素是無的意思，封指封地、封土的意思，家指諸侯家之意，合起來則爲沒有封地的諸侯家。明治時期對有錢的資產家家族的代稱之一。
〔註97〕林進發，〈臺南州〉，《臺灣官紳年鑑》（臺北：成文出版社有限公司影印民眾公論社昭和10年（1935）版，1999年），頁23。
〔註98〕林進發，〈臺中州〉，《臺灣官紳年鑑》（臺北：成文出版社有限公司影印民眾公論社昭和10年（1935）版，1999年），頁28。

融專業知識。其三，為社會關係具有連結性，如蔡蓮舫與林獻堂之關係、吳子瑜與林獻堂之關係、王吉與吳近之關係。這些關係所構成的網絡，對於形塑相關金融專業知識是有幫助的。其四，為具有相當的財力，這些代表人身後都有家族的支撐。

二、土地相關產業兼營有價證券業者

臺人經營土地相關為本業並兼營有價證券買賣者，有不少是當時臺灣頗具份量的家族與仕紳。臺灣五大家族中除高雄陳家外，板橋林家的林熊光（1897～1971）、林祖壽（1895～？）、林松壽（1899～1938）、林鼎禮等，基隆顏家的顏國年、霧峰林家的林獻堂、鹿港辜家的辜顯榮等，臺灣五大家族中有四家參與經營（表3-3-1）。

朝日興業株式會社代表人林熊光，出身板橋林家，是林益壽的三子，華南銀行創辦人林熊徵之弟，東京帝國大學經濟學部商業科畢業，擔任過大成火災海上保險株式會社常務取締役社長、臺北州協議會員等職務。〔註99〕

林本源維記興業株式會社代表人林祖壽，出身板橋林家，是林維源次子，漢學造詣頗深，曾任臺北州協議會員，事業以擔任板橋林家所擁有事業為主，如林本源維記興業株式會社社長、林本源伯記產業株式會社、林本源興殖株式會社取締役。〔註100〕

林本源興殖株式會社代表人林松壽，出身板橋林家，是林維源四子，曾任北京政府交通署長，與北京政界交遊廣泛。事業以擔任板橋林家所擁有事業為主，如林本源興拓株式會社社長、林本源伯記產業株式會社、林本源祖記產業株式會社等「重役」〔註101〕。〔註102〕

訓眉建業株式會社代表人林鼎禮，出身板橋林家，為林爾嘉三子，林爾嘉為林維源長房。

〔註99〕 林進發，〈臺北州〉，《臺灣官紳年鑑》（臺北：成文出版社有限公司影印民眾公論社昭和10年（1935）版，1999年），頁14；臺灣新民報社編，《臺灣人士鑑》（臺北市：臺灣新民報社，昭和12年版，1937年），頁470。

〔註100〕 林進發，〈臺北州〉，《臺灣官紳年鑑》（臺北：成文出版社有限公司影印民眾公論社昭和10年（1935）版，1999年），頁88；臺灣新民報社編，《臺灣人士鑑》（臺北市：臺灣新民報社，昭和12年版，1937年），頁456。

〔註101〕 重役在日文語境中系指董事會成員，包含董事長、董事、監察人等要職。

〔註102〕 林進發，〈臺北州〉，《臺灣官紳年鑑》（臺北：成文出版社有限公司影印民眾公論社昭和10年（1935）版，1999年），頁152。

表 3-3-1　1920～1930 年五大家族經營土地事業並兼營有價證券業一覽

單位：日圓

名　　稱	創立	資本金	代表人	地　點	營業項目
基隆顏家					
株式會社禮和商行	1923	1,000,000	顏國年	基隆市田寮港	動產不動產、有價證券、事業調查
板橋林家					
朝日興業株式會社	1922	1,000,000	林熊光	臺北市御成町	不動產、礦山、有價證券
訓眉建業株式會社	1922	5,000,000	林鼎禮	臺北市日新町	土地家屋、有價證券
林本源興殖株式會社	1923	1,000,000	林松壽	臺北市大正町	土地家屋、農林、有價證券
林本源維記興業株式會社	1923	2,000,000	林祖壽	臺北州海山郡板橋庄	土地家屋、有價證券
鶴木產業株式會社	1925	1,000,000	林鶴壽	臺北市建成町	土地、有價證券
株式會社福昌商行	1926	50,000	林嵩壽	臺北市太平町	不動產、有價證券
霧峰林家					
三五實業株式會社	1922	500,000	林獻堂	臺中州大屯郡霧峰庄	土地建物、內外證券買賣
五郎合資會社	1926	50,000	林楷堂	臺中州大屯郡霧峰庄	土地、有價證券、金錢貸付
鹿港辜家					
大豐拓殖株式會社	1922	5,000,000	辜顯榮	臺中市彰化郡鹿港街	土地開墾、造林、砂糖、有價證券

資料來源：依據《臺灣會社銀行錄》（1927 年版）、《臺灣會社銀行錄》（1928 年版）、《會社、銀行、商工業者名鑑》（1928 年版）整理製作。

　　株式會社禮和商行代表人顏國年，出身基隆顏家，幼年受漢文教育，讀過日人公學校，日語流利。其兄顏雲年（1875～1923）經營金礦業，為瑞芳礦場大包商。第一次世界大戰（1914～1918）發生後，顏雲年乘機收購收戰爭影響而經營困難的中、小型煤礦，並委託顏國年管理，兄弟倆合力建立起家族礦業王國。

　　1923 年顏雲年逝世後，家族事業由顏國年掌管，成立海山炭礦株式會社，並投資南部交通，海山輕鐵、南洋倉庫、臺灣水產、禮和商行、臺北自動車、基隆商工信用組合、大成火災海上會社等事業，形成多角化經營之企業組織。因事業有成，家財鉅萬，熱心公益，在地方上聲譽卓著，受到日本

當局重視，迭次頒授褒章、赤十字社有功章等，擔任過基隆市協議會員、臺北州協議會員、臺灣總督府評議員等公職。〔註 103〕

用和振業合資會社代表人許智貴（1885～？），臺灣總督府國語練習所畢業，擔任過臺北廳雇員、臨時土地調查局、市學務委員、臺北北衛生副組合長等公職。辭任公職後，轉任林本源總事務所會計係擔任計理之職，受華南銀行創辦人林熊徵的信賴。其後創辦聯發商行從事酒精輸出與對中國貿易等事業。〔註 104〕

合資會社黃鼎美商店代表人黃金生，受傳統漢學教育，13 歲時因父亡繼承家業，從事酒類買賣，22 歲時轉為經營米穀業，成為米商。擔任過臺北市協議會員、方面委員、州稅所得稅調查委員、勸業委員、臺灣米庫利用販賣組合長等公職，是當時臺北屈指可數的大實業家。〔註 105〕

永昌產業株式會社代表人許丙（1891～1963），曾擔任過林本源總事務所庶務係長、林本源製糖株式會社監察人、臺灣興業信託株式會社（基隆顏家）監察人、臺灣土地開拓株式會社董事、高雄製糖株式會社董事等重要職務，也曾擔任過臺北市協議會員。〔註 106〕曾在東京建造豪宅，拓展對日本中央要員之關係。復投資滿洲和朝鮮礦山和土地買賣，大獲其利，成為臺灣屈指可數之百萬富翁。1945 年 4 月被敕選為日本貴族院議員。1949 年臺灣省政府主席吳國楨聘其為省政府顧問。曾首創發行愛國獎券。〔註 107〕

〔註 103〕國家圖書館，〈顏國年〉，《臺灣歷史人物小傳——明清暨日據時期》，檢自國家圖書館網頁：http://memory.ncl.edu.tw/tm_cgi/hypage.cgi?HYPAGE=toolbox_figure_detail.hpg&subject_name=%E8%87%AF%E7%81%A3%E6%AD%B7%E5%8F%B2%E4%BA%BA%E7%89%A9%E5%B0%8F%E5%82%B3--%E6%98%8E%E6%B8%85%E6%9A%A8%E6%97%A5%E6%93%9A%E6%99%82%E6%9C%9F&subject_url=toolbox_figure.hpg&project_id=twpeop&dtd_id=15&xml_id=0000300750，上網日期：2018 年 2 月 17 日。

〔註 104〕林進發，〈臺北州〉，《臺灣官紳年鑑》（臺北：成文出版社有限公司影印民眾公論社昭和 10 年（1935）版，1999 年），頁 11。

〔註 105〕林進發，〈臺北州〉，《臺灣官紳年鑑》（臺北：成文出版社有限公司影印民眾公論社昭和 10 年（1935）版，1999 年），頁 19。

〔註 106〕林進發，〈臺北州〉，《臺灣官紳年鑑》（臺北：成文出版社有限公司影印民眾公論社昭和 10 年（1935）版，1999 年），頁 30。

〔註 107〕國家圖書館，〈許丙〉，《臺灣人物誌（1895～1945）》，檢自國家圖書館網頁：http://memory.ncl.edu.tw/tm_cgi/hypage.cgi?HYPAGE=toolbox_figure_detail.hpg&project_id=twpeop&dtd_id=15&subject_name=%E8%87%AF%E7%81%A3%E4%BA%BA%E7%89%A9%E8%AA%8C(1895-1945)&subject_url=toolbox_figure.hpg&xml_id=0000295004&who=%E8%A8%B1%E4%B8%99，上網日期：2018 年 2 月 17 日。

新大產業合資會社代表人徐阿爐（1871～？），新竹州老焿庄（今新竹縣關西鎮）人，家族為地方望族（素封家）。擔任過學務委員、地方稅務調查員、協議會員等公職以及石光信用組合組合長，性格節儉到守財奴的地步，對金錢相當執著。〔註108〕

邱光忠公嘗合資會社代表人邱雲興（1887～？），臺灣總督府國語學校畢業，大正7年（1918）獲頒紳章。擔任過新竹州協議會員、銅鑼庄長、富士水利組合長、土地整理委員、農會地方委員等公職，以及任教於卓蘭、苗栗與銅鑼等地公學校，是地方代表人物。〔註109〕

擎記興業株式會社代表人鄭肇基（1885～1937），幼時憑家有貲財捐為監生，後又因1909年廣東水災急賑捐輸，獲清政府授與「欽加同知銜」、「議敘奉直大夫」，故其本身仍保有中國傳統仕紳地位。〔註110〕也曾在臺東暴風雨罹災救助、皇太子奉迎、東京大震災救助等捐輸莫大私財，獲日本政府獎賞紳章、有功章、褒狀等表彰。曾擔任新竹州協議會員以及東洋拓殖、大成海上、新竹帽蓆、新高商業、華南銀行、新竹電燈等會社重役，是地方重要代表人物。〔註111〕

仁德太平商會代表人范姜萍，擔任過新竹州會議員、楊梅商工會長、臺灣農林株式會社董事、新竹米倉利用購買販賣組合專務理事等職務。〔註112〕

平裕和株式會社代表人王學潛（1868～1927），曾任庄長，明治31年（1901）受臺中地方法院囑託舊慣調查事務，與林瑞騰、蔡惠如〔註113〕（1881～1929）等創立或組織製糖公司及竹材會社，辛苦經營，佳績漸多。明治35

〔註108〕林進發，〈新竹州〉，《臺灣官紳年鑑》（臺北：成文出版社有限公司影印民眾公論社昭和10年（1935）版，1999年），頁79。

〔註109〕林進發，〈新竹州〉，《臺灣官紳年鑑》（臺北：成文出版社有限公司影印民眾公論社昭和10年（1935）版，1999年），頁21。

〔註110〕新竹市文化局，〈鄭肇基〉，《人物誌》，檢自新竹市文化局網頁：http://www.hcccb.gov.tw/chinese/05tour/tour_f02.asp?titleId=417，上網日期：2018年2月17日。

〔註111〕林進發，〈新竹州〉，《臺灣官紳年鑑》（臺北：成文出版社有限公司影印民眾公論社昭和10年（1935）版，1999年），頁8。

〔註112〕臺灣新民報社編，《臺灣人士鑑》（臺北市：臺灣新民報社，昭和12年版，1937年），頁318。

〔註113〕蔡惠如（1881～1929），臺中清水人，從事漁業，臺灣文社創辦人之一，臺灣民族運動先驅人物。曾與蔡培火、陳逢源、蔣渭水等人為臺灣議會設置請願運動赴日。參見胡淑賢，〈蔡惠如臺灣民族運動的先覺者〉，《文化臺中》，第64期，2011年，頁25～26。

年（1902）8 月授紳章。〔註 114〕

　　朴子拓殖株式會社代表人黃媽典（1893～1947），是醫生出身的實業家，擔任過、臺南州協議會員、臺灣總督府評議會員、朴子街街長等公職，以及朴子建築信購利組合長、鴻謨株式會社社長、東石自動車株式會社社長等，地方重要代表人物。〔註 115〕

　　株式會社致和洋行代表人蘇先致，基隆市高砂町人，家族爲臺北汐止蘇家，主要經營炭礦業，是臺灣北部實業界有名望人物。〔註 116〕

　　株式會社樹德商行代表人黃逢時（1898～？），生於臺北州海山郡樹林，樹林公學校畢業，曾任樹林紅酒株式會社總經理、合資會社榮隆商行代表社員、海山輕鐵株式會社董事、臺北米穀卸商組合理事長等職務，實業界活躍人物。〔註 117〕

　　新新興業株式會社代表人張園，生於淡水，臺灣總督府國語學校國語部（師範學校前身）畢業，在林本源家族關係會社工作十五年，擔任過林熊徵爲社長的大永興業株式會社、日星商事株式會社的董事，也曾擔任過臺北市協議會員。〔註 118〕

　　草山土地株式會社代表人陳逸松（1907～1999），生於羅東郡，東京大學法學部政治科畢業，1931 年通過高等試驗司法科考試取得律師（辯護士）資格並在東京律師事務所執業二年。1933 年返臺開設事務所，是當時臺灣北部法曹界最年少的律師。〔註 119〕

　　朝深興業合名會社代表人黃朝深（1882～？），臺南州虎尾郡虎尾庄人，擔任過虎尾庄協議會員、保正、虎尾信用購買利用組合等要職，熱心地方公益以

〔註 114〕臺灣總督府，《臺灣列紳傳》（臺北市：臺灣總督府，大正 5 年版，1916 年），頁 185。

〔註 115〕臺灣新民報社編，《臺灣人士鑑》（臺北市：臺灣新民報社，昭和 12 年版，1937年），頁 138；林進發，《臺灣經濟界の動きと人物》（臺北市：成文出版社有限公司影印民眾公論社昭和 8 年（1933）版，1999 年），頁 360。

〔註 116〕林進發，〈臺北州〉，《臺灣官紳年鑑》（臺北：成文出版社有限公司影印民眾公論社昭和 10 年（1935）版，1999 年），頁 125。

〔註 117〕臺灣新民報社編，《臺灣人士鑑》（臺北市：臺灣新民報社，昭和 12 年版，1937年），頁 138。

〔註 118〕林進發，〈臺北州〉，《臺灣官紳年鑑》（臺北：成文出版社有限公司影印民眾公論社昭和 10 年（1935）版，1999 年），頁 11～12。

〔註 119〕林進發，〈臺北州〉，《臺灣官紳年鑑》（臺北：成文出版社有限公司影印民眾公論社昭和 10 年（1935）版，1999 年），頁 163。

及產業開發，深受鄉民信託，臺日融合的實行者，地方有力人士。〔註120〕

興亞產業株式會社代表人林叔恒（1893～？），臺南市人，父林鳳藻為前清代書人，受傳統漢學教育。曾任臺灣製糖株式會社、洲知事官房民事調停課通譯、臺南州水產會議員、町委員、保正、方面委員等要職。1928 年後從事養漁業，經營安順養漁場。1934 年擔任漁鹽組合長。〔註121〕

綜上經營土地相關產業並兼營有價證券業者之代表人，就其個人經歷部分而言，與前述專營有價證券業者相仿，同樣以擔任過公職者居多，且具有家族關係的高度連結。由於從事土地相關產業需要較大資本，基本上應該囊括當時臺灣各地方有名望與財力之大家族，如臺灣五大家族，便是日治時期臺人資本的形象代表稱呼。

土地相關產業採取本業經營外，再兼營有價證券業，應仍是以原土地買賣業務為出發點之緣故，在土地交易買賣時，以有價證券（社債或是株券）為擔保向銀行質押借貸，或是直接以有價證券視同現金充作購地款等形式，逐漸形成有價證券流通管道與相關需求，進而採取在本業經營外兼營有價證券業務的方式。初始思維應為建立在節省土地交易相關成本的基礎上而衍生的。

另值得一提的是，當時的社會流動若身後並無家族支持或擁有顯赫背景，向上流動的方式，便是投入大家族企業中任職，通過表現受到青睞，進而被提拔而受重用。前述用和振業合資會社代表人許智貴與永昌產業株式會社代表人許丙就是一種例證。兩者皆在板橋林家相關事業服務過，然後都曾受林熊徵的賞識與提拔，之後才能擠身上流。這種社會流動的過程，即便在現今社會中，也仍是一種向上流動的便捷方式之一。

三、信託業兼營有價證券業者

信託業兼營有價證券業者代表人中，臺灣五大家族中的基隆顏家與霧峰林家都有經營信託會社，基隆顏家經營的是資本金一百萬日圓的臺灣興業信託株式會社，而霧峰林家則是經營資本金二百五十萬日圓的大東信託株式會社。這兩家信託會社同樣也都有兼營有價證券業務。除此之外，較知名的經

〔註120〕 林進發，〈臺南州〉，《臺灣官紳年鑑》（臺北：成文出版社有限公司影印民眾公論社昭和 10 年（1935）版，1999 年），頁 65～66。
〔註121〕 林進發，〈臺南州〉，《臺灣官紳年鑑》（臺北：成文出版社有限公司影印民眾公論社昭和 10 年（1935）版，1999 年），頁 129。

營者尚有：

屏東信託株式會社代表人蕭恩卿〔註122〕，唸過日本醫學專門學校，擔任過臺灣總督府評議會員、高雄州協議會員、高雄州產業調查委員、高雄州東港郡佳多庄庄長等公職，家族有道路開鑿、撫番之功，經營米穀買賣行業。對社會事業相當關注，頗受庄民敬慕。〔註123〕

屏東信託株式會社代表人李開山（1895～？），生於高雄州東港郡萬丹庄，臺灣總督府國語學校畢業，曾任阿緱廳雇員、萬丹庄長、高雄州農會地方委員、愛國婦人會囑託等公職，並創設李南精米株式會社擔任社長以及擔任屏東信託株式會社總經理等職，熱心公益，是地方稀見的青年實業家。〔註124〕

昭和信託株式會社代表人黃呈聰（1886～1963），生於臺中州彰化郡線西庄，臺灣總督府國語學校實業部畢業。1917 年因經商有成獲頒紳章，並於同年赴日，入早稻田大學政治經濟科就讀至畢業。1920 擔任新民會幹事。1921年任臺中下見口區長，因要求廢除保甲制度而離職。1921 年任臺灣文化協會臺灣青年總會總務幹事。1924 年在線西組織甘蔗耕作組合，以此反抗日本糖業政策，但卻失敗。1925 年赴廈門、漳州，輾轉於南京、上海兩地，其間接受真道，成為真耶穌教會虔誠教徒。1926 年重新經商，在大稻埕永樂町（今迪化街）開設益豐商事會社。1932 年出任《臺灣新民報》論說委員兼社會部長。1934 年辭卸報社職務，往日本經商，在神戶設商事會社分社。1944 年因美機空襲日漸頻繁，乃返臺定居。並將老家改為教堂，為真耶穌會傳佈福音，

〔註122〕臺灣新民報社所編《臺灣人士鑑》中載為蕭恩鄉，應為誤植。林進發撰《臺灣官紳年鑑》所載為蕭恩卿，比對臺灣總督府相關檔案中所載亦為蕭恩卿。參見臺灣新民報社編，《臺灣人士鑑》（臺北市：臺灣新民報社，昭和 12 年版，1937 年），頁 183；林進發，〈高雄州〉，《臺灣官紳年鑑》（臺北：成文出版社有限公司影印民眾公論社昭和 10 年（1935）版，1999 年），頁 64；「商業登記」（1944 年 06 月 28 日），〈官報第 688 號〉，《臺灣總督府府（官）報》，國史館臺灣文獻館，典藏號：0072030688a017；「盧根德外十三名（內閣）」（1945 年 04 月 19 日），〈官報第 955 號〉，《臺灣總督府府（官）報》，國史館臺灣文獻館，典藏號：0072030955a002。

〔註123〕臺灣新民報社編，《臺灣人士鑑》（臺北市：臺灣新民報社，昭和 12 年版，1937 年），頁 183；林進發，〈高雄州〉，《臺灣官紳年鑑》（臺北：成文出版社有限公司影印民眾公論社昭和 10 年（1935）版，1999 年），頁 64。

〔註124〕林進發，〈高雄州〉，《臺灣官紳年鑑》（臺北：成文出版社有限公司影印民眾公論社昭和 10 年（1935）版，1999 年），頁 62。

其教名爲黃以利沙，教會弟兄尊稱其爲黃以利沙長老。〔註125〕

信託業本屬金融產業中的一種，主要業務是接受客戶委託保管財產並利用於其他投資，使受託之財產可獲增值。從事兼營有價證券業務，應爲投資有價證券之餘附帶形成的業務，初始目的應與土地相關產業相仿，亦即降低買賣有價證券之交易成本，並趁機賺取價差。

因本屬金融產業，故資訊來源與金融專業知識優於其他產業兼營者。經營者經歷與其他產業相同都具有擔任公職與經營其他行業會社的經歷。

四、米穀農產業及物品販賣業兼營有價證券業者

代表人的部分較知名者，有中興產業株式會社的簡朗山（1872～？），受漢學私塾教育，父兄皆從商，擔任過臺灣總督府評議會員、桃園辦務署第二區長、桃園廳第一區長、南崁區長、甫子區長、竹園區長等公職，領有紳章以及因社會公益盡心盡力於大正 8 年（1919）獲臺灣總督賜贈銀製手錶。在企業界擔任過桃園軌道株式會社社長、臺灣合同電氣、日本拓殖、東亞工業等會社重役。〔註126〕

怡美商事株式會社代表人郭鳥隆（1878～？），臺北州海山郡人，受傳統漢學教育，主要經營雜穀、糖、麵粉買賣，年營業額達百萬日圓。擔任過稻江信用組合監察人，實業界活躍人物。〔註127〕

振農物產株式會社代表人林其賢（1892～？），臺中州大屯郡霧峰庄人，擔任過保正、大屯郡水利組合評議員、霧峰購買販賣利用組合長、大東信託株式會社會計評議員等要職。熱心社會事業，臺中第一中學校創立、林姓家廟建設、關東大震災救濟等均有所捐輸。〔註128〕

〔註125〕 國家圖書館，〈黃呈聰〉，《臺灣歷史人物小傳——明清暨日據時期》，檢自國家圖書館網頁：http://memory.ncl.edu.tw/tm_cgi/hypage.cgi?HYPAGE=toolbox_figure_detail.hpg&xml_id=0000295901&project_id=twpeop&subject_name=%E8%87%BA%E7%81%A3%E6%AD%B7%E5%8F%B2%E4%BA%BA%E7%89%A9%E5%B0%8F%E5%82%B3--%E6%98%8E%E6%B8%85%E6%9A%8%E6%97%A5%E6%93%9A%E6%99%82%E6%9C%9F&subject_url=toolbix_figure.hpg&dtd_id=15，上網日期：2018 年 2 月 21 日。

〔註126〕 林進發，〈新竹州〉，《臺灣官紳年鑑》（臺北：成文出版社有限公司影印民眾公論社昭和 10 年（1935）版，1999 年），頁 33。

〔註127〕 林進發，〈臺北州〉，《臺灣官紳年鑑》（臺北：成文出版社有限公司影印民眾公論社昭和 10 年（1935）版，1999 年），頁 52。

〔註128〕 林進發，〈臺中州〉，《臺灣官紳年鑑》（臺北：成文出版社有限公司影印民眾公論社昭和 10 年（1935）版，1999 年），頁 169。

　　玉豐商事株式會社代表人盧纘祥（1903～？），宜蘭頭圍人，頭圍公學校畢業，專研漢詩，有詩人之名。擔任過頭圍信用購買組合理事兼組合長、頭圍庄協議會員、臺灣詩報社長等要職，〔註129〕戰後當選宜蘭首任民選縣長（任期：1951 年 6 月 1 日至 1954 年 6 月 2 日）。

　　日華商事合名會社代表人蘇逢炳（1886～？），臺南州新營郡白河庄人，臺北醫學校畢業，1909 年任職臺南醫院醫務助手，主治外科、婦人科、產科，頗受好評。1912 年在布袋庄開設私立醫院，同年被任命為臺灣公醫。擔任其他要職尚有嘉義廳檢疫委員、東石港公學校校醫、嘉義慈惠院囑託、東石信用組合理事、白河庄協議會員等，是地方先覺者。〔註130〕

　　株式會社永豐商店代表人何皆來（1872～？），臺南市安平人，以賣火炭為業，後開設商號，從事雜貨販賣。永豐商店實際創辦與經營者為何皆來長子何傳（1896～1989），永豐商店為永豐餘集團前身。何傳，臺灣省臨時省議會第一屆議員。幼年家境清貧，安平公學校畢業。1924 年，與胞弟何永、何義於臺南市共創何皆來商行，資本額二萬五千日圓，經營肥料、糖、雜糧買賣。

　　1927 年，設何皆來商行高雄出張所，1934 年以二十萬日圓資本金改組為永豐商店，至 1936 年已達資本金百萬日圓，並將支店擴及高雄、臺南、麻豆、新營、臺中、日南、至大甲、臺北及海外的上海、廈門、汕頭、揚州與大連。因受到日本三井物產的信賴，成為永豐商店最重要的交易對象，公司業務蒸蒸日上，故有「臺灣三井」之稱。1939 年，當選高雄州高雄市會議員。1940 年，當選高雄州會議員。1951 年高票當選臺灣省臨時省議會第一屆議員。〔註131〕

　　綜上米穀及物品販賣業者兼營有價證券業務的經營者，同樣都有類似的公職與經營其他事業經歷，但此類產業本身就是單純的買賣業，將有價證券當成一般商品販售交易仍屬相當正常的，尤其米穀價格波動與證券價格波動

〔註129〕林進發，〈臺北州〉，《臺灣官紳年鑑》（臺北：成文出版社有限公司影印民眾公論社昭和 10 年（1935）版，1999 年），頁 153。

〔註130〕林進發，〈臺南州〉，《臺灣官紳年鑑》（臺北：成文出版社有限公司影印民眾公論社昭和 10 年（1935）版，1999 年），頁 78。

〔註131〕臺灣省諮議會，〈何傳〉，《臺灣省臨時省議會——歷屆省議員》，檢自臺灣省諮議會網站：https://www.tpa.gov.tw/opencms/digital/area/past/past02/member0094.html，上網日期：2018 年 2 月 21 日。

類似，加上日本本土有價證券商之發展，也有諸多是從米穀商的兼營買賣開始。故經營米穀或物品販賣業兼營有價證券業務，主要還是著重於商品本身價格特性，此與是否具有金融專業應無關係。

五、綜合分析

日治時期臺灣經營有價證券業的臺籍經營者，不論是專營業者還是兼營業者，其經營者都有著相似的經歷。首先，都受過教育，不管是傳統漢學教育，還是臺灣總督府國語學校，基本上都是具備吸收知識的能力。

其次，為都擔任過日本治理下的公職，其中有更有不少經營者是獲頒伸章，為官方所承認之仕紳階級，顯示這些經營者是受到日本人重視或籠絡的對象。

其三，為有價證券業都不是這些經營者唯一的事業，即便是專營者本身也都還有其他事業同時進行，兼營者更是如此，兼營有價證券只是副業附屬性質的業務。

其四，為具有家族集團在其背後連結運作的經營方式與事業擴張的特色。

從上述四個經營者經歷的特點，可以得知，日治時期臺灣有價證券業的臺籍經營者可以歸屬為精英階層或是仕紳階層，且為頗受日本政府重視以及籠絡的對象。其資本模式以家族式精英資本為主，若單純就兼營模式而論，透過兼營方式擴張事業觸角，應是這些臺籍經營者的主要思維。

這種思維與接受或吸收專業金融知識並沒有直接關連。另一方面，開設有價證券的專業知識在當時應為較粗淺，故容易產生兼營的情況，較為粗淺的專業知識則可透過與金融業間之生意往來是較易取得。故當時經營者會從事有價證券業務，主要仍是著眼於降低成本、商品利潤、開拓新事業等因素所形成的。

與此同時，也透露出日治時期沒有上述四項特點的一般人，或不受日本殖民政府所待見者，既使 1941 年臺灣總督府尚未實施有價證券業許可制前，要不無財力經營此業，要不就是無人脈（官商人脈）使其經營艱難。故日治時期有價證券業並非是對一般人所開放的行業，是有某些「條件」制約，始得經營的行業。

第四章 戰後日產接收與臺灣股票市場之復甦

戰後日產接收以及政府遷臺後臺灣股票市場發展，是建立在穩定臺灣政經情勢的基礎上，以及遏止惡性通貨膨脹與土地改革的背景下，催生出來的。由於中央政府財政供給困難，資金缺乏，為能有效抑制惡性通膨與順利推動臺灣土地改革，採行諸多政策措施因應，這也直接促使臺灣股票市場，本因受戰爭破壞與時局動盪所導致的蕭條，轉而朝向更加蓬勃的發展。故以下將對日產接收、遏止惡性通貨膨脹、推行土地改革、搭發公營事業股票補償地價等，促成臺灣股票市場復甦之過程予以討論整理。

第一節 日產接收時期股票市場之發展

前人論述，對於 1945 年至 1950 年間日產接收時期股票市場之發展，大抵不是忽略，不然就是根本否定股票市場之存在。故為釐清此一時期，臺灣股票市場是否存在，及其發展狀況。經本研究梳理後得出，此時期臺灣股票市場仍有股票發行與流通的現象，但市面處於蕭條狀態，故並未有斷裂與消失的狀況，其相關討論如下：

一、日產接收與處理

1943 年 11 月 23 日由時任中華民國國民政府軍事委員會委員長蔣介石（1887～1975）、英國首相邱吉爾（Sir Winston Leonard Spencer-Churchill，1874～1965）、美國總統羅斯福（Franklin Delano Roosevelt，1882～1945）等三國

領袖，在埃及首都開羅召開會議，商討共同對日本作戰的戰略及戰後國際局勢的安排，同時並制訂盟軍合作反攻在英屬緬甸的日軍與援華方案，會中中國方面獲得美、英兩國領袖支持，可於戰後收回被日本發動九一八事變所佔領的中國東北、以及因甲午戰爭失敗而被割讓的臺灣等土地。根據此項中、美、英三方所達成之共識，蔣介石於開羅會議結束返國後，便開始研擬籌劃並調查臺灣相關資料，爲接收臺灣的工作做準備。

　　1944 年 4 月 17 日，中央政府爲能順利接收臺灣並培養接收臺灣的幹部而在中央設計局內設立臺灣調查委員會，並任命陳儀（1883～1950）擔任主任委員，沈仲九、王芃生、錢宗起、周一鶚、夏濤聲爲委員，由於無一臺人，至 9 月增聘李友邦、謝南光、黃朝琴、游彌堅、丘念臺爲委員。〔註 1〕1945 年 8 月 15 日，日本宣布無條件投降，爲妥愼辦理臺灣各項接收工作，中央政府於 1945 年 10 月 25 日成立臺灣省行政長官公署並調任陳儀爲臺灣省行政長官。隨後臺灣省行政長官公署與臺灣警備總司令部合組成臺灣省接收委員會，並於 1945 年 11 月開始運作，主要負責接收日本在臺產業。

　　臺灣省接收委員會設主任委員一人，由行政長官兼任，副主任委員一人由行政長官公署秘書長兼任並承行政長官暨警備總司令之命綜理會務。置委員若干人，以中央各機關派赴臺灣之特派員、警備總司令部本部參謀長、副參謀長、行政長官公署各處處長、各委員會主任委員及行政長官指派之人員充之。委員會下設民政組、財政金融會計商業組、教育組、農林漁牧糧食組、工礦組、交通組、警務組、文化組、軍事組、司法法制組、總務組。各組皆設常務委員一人委員若干人，由委員會指定之。〔註 2〕

　　1946 年 1 月，爲利於清理接收日本人在臺私產與企業，於是在臺灣省接收委員會下設立日產處理委員會，專責日人財產之清算與接收。〔註 3〕臺灣省接收委員會日產處理委員會設主任委員一人，常設委員三人，委員十一人至十三人，共計十五人至十七人，均由臺灣省接收委員會主任委員遴請行政長

〔註 1〕 國家發展委員會檔案管理局，〈臺灣調查委員會〉，檢自國家發展委員會檔案管理局檔案教學支援網：https://art.archives.gov.tw/Theme.aspx?MenuID=200，上網日期：2018 年 1 月 13 日。

〔註 2〕 臺灣省接收委員會日產處理委員會編，《臺灣省日產處理法令彙編》（臺北：臺灣省接收委員會日產處理委員會，1946 年 9 月），頁 3～4。

〔註 3〕 財政部，〈接收日產相關史料〉，檢自財政部財政史料陳列室：http://museum.mof.gov.tw/ct.asp?xItem=3752&ctNode=33&mp=1，上網日期：2018 年 1 月 13 日。

官分別聘派之。委員會下設秘書室、總務組、調查組、審核祖、處理組、會計室，除秘書室與會計室各設主任秘書一人外，各組皆設組長一人。日產處理委員會各縣市分會設主任委員一人，由縣（市）長兼任，委員五人至七人，由縣（市）長就縣（市）內各有關單位主管及地方法團公正人士中，遴請日產處理委員會聘派之。〔註4〕縣市分會下設秘書室、總務組、調查組、審核祖、處理組、會計室，秘書室設秘書一人，會計室設會計一人，各組設組長一人、辦事員及雇員若干人，均以縣（市）政府職員中調用（圖4-1-1）。

圖 4-1-1　1946 年臺灣省接收委員會日產處理委員會組織圖

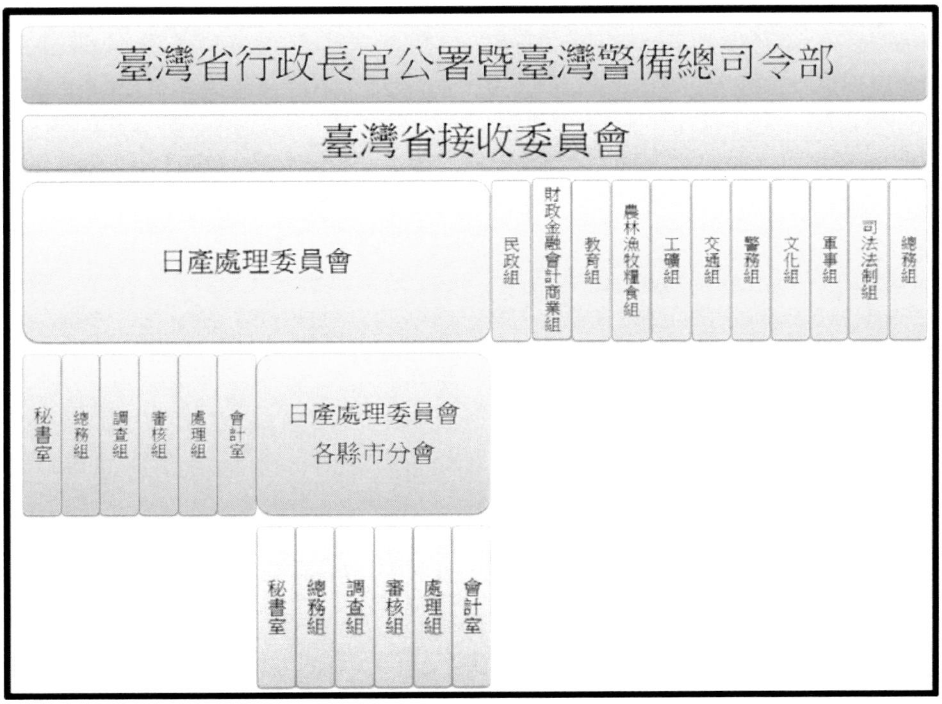

資料來源：本研究製作。

　　日產接收的行政層級分為中央、省政府及縣市政府等三級。中央層級由行政院相關部會派員赴臺成立辦公處辦理接收事宜，如經濟部於 1945 年底，便成立臺灣區特派員辦公處，並在高雄、臺南、臺中、花蓮、新竹等五處設

<hr>

〔註 4〕 何鳳嬌，〈臺灣省行政長官公署令公布臺灣省接收委員會日產處理委員會組織規程暨各縣市分會組織規則〉，《政府接收臺灣史料彙編》（臺北：國史館，1993年），頁 155〜159。

立辦事處。〔註5〕交通部則是在 1946 年 1 月後成立交通部臺灣區特派員辦公處，設特派員一人及接收委員十人至十五人辦理接管交通各部門機關與事業。〔註6〕臺灣省及所屬各縣市層級則由前述臺灣省接收委員會日產處理委員會及所轄各縣市分會辦理接收。

對於日資接收主要分為日本官有產業、日人私產以及日資企業資產等三大類別，其中日本官有產業者，經日產處理機關登記後，原屬日本中央政府所有產業，歸為國有，由中央財政機關接管。原屬臺灣總督府所有產業，歸為省有，由臺灣省行政長官公署接管。縣市政府則接收前州廳所有財產。日人私產部分，除每人得攜帶不超過現鈔一千日圓以及個人與家庭必需使用之物件外，凡不動產及其附屬權益、有價證券、股權等全部予以接收。〔註7〕據財政部統計，總共接收房屋兩萬餘棟、土地近二萬甲，另有工場設備、原料成品、運輸設備及工具等動產，全部價值約合舊臺幣十四億餘元，在接管並經處理後收歸國庫。日資企業資產部分，共有 1,265 單位，其中純日資者 643 單位，日臺合資者 622 單位，價值舊臺幣十八億餘元。〔註8〕

臺灣省接收委員會日產處理委員會將多數接收的日資企業與金融機構劃歸為公營事業（參見表 4-1-1、表 4-1-2）。對於臺灣民眾而言，日本人在臺灣的財產與企業是利用臺灣勞動力、自然資源以及資本等資源互相結合而成的。部分產業甚至是由日本人從臺灣人手中奪取與強買的，故產權全數劃歸為公營事業〔註9〕「殊為無理」〔註10〕。這也開啟其後接收日產糾紛

〔註 5〕 何鳳嬌，〈經濟部臺灣區特派員辦公處呈復調整內部組織及設立辦事處情形〉，《政府接收臺灣史料彙編》（臺北：國史館，1993 年），頁 159～163。
〔註 6〕 何鳳嬌，〈行政院公布交通部臺灣區特派員辦公處組織規程〉，《政府接收臺灣史料彙編》（臺北：國史館，1993 年），頁 135。
〔註 7〕 何鳳嬌，〈臺灣省行政長官公署公告臺灣省處理境內撤離日人私有財產應行注意事項〉，《政府接收臺灣史料彙編》（臺北：國史館，1993 年），頁 152～153。
〔註 8〕 財政部，〈接收日產相關史料〉，檢自財政部財政史料陳列室：http://museum.mof.gov.tw/ct.asp?xItem=3752&ctNode=33&mp=1，上網日期：2018 年 1 月 19 日。
〔註 9〕 歐素瑛，〈臺灣省參議會對日產糾紛之調處（1946～1951）〉，《臺灣學研究》，第 18 期，2015 年 12 月，頁 111。
〔註 10〕 據林獻堂 1947 年 9 月 7 日日記載：林來炎、廖學泉來，言交通會社被公路局接收，而本省人之株亦皆接收，殊為無理，意欲與之分配路線，各自經營，彰化銀行之株千五百株，甚希望與之合作也。參見林獻堂著；許雪姬等編註。灌園先生日記/1947-09-07。上網日期：2018 年 01 月 13 日，檢自中央研究院臺灣史研究所臺灣日記知識庫：http://taco.ith.sinica.edu.tw/tdk/灌園先生日記/1947-09-07。

〔註11〕不斷以及被民間諷刺形容為「劫收」，招致臺灣民眾不滿之濫觴。

表 4-1-1　1946 年經濟部臺灣區特派員呈報接收日資企業劃撥公營企業名冊

公營事業籌備處	主要劃歸日資企業	附帶劃歸日資企業
石油事業	日本海軍第六燃料廠、帝國石油株式會社、日本石油株式會社：高雄製油所、苗栗製油所。臺拓化學工業株式會社、天然瓦斯研究所	臺灣石油販賣有限公司、出光興業株式會社、共同企業株式會社、日本油業株式會社臺灣支店、日本油槽船株式會社、日本石油聯合會株式會社臺北事務所
鋁業公司	日本鋁株式會社：高雄工場、花蓮工場、臺灣出張所	
銅礦業	日本礦業株式會社：金瓜石礦山事務所、臺灣支社	日本礦業株式會社平林礦山事務所（附屬金瓜石礦山事務所）、臺灣化學工業株式會社（附屬臺灣支社）、里仁炭礦
臺灣電力股份有限公司	臺灣電力株式會社	
臺灣肥料製造股份有限公司	臺灣電化株式會社、臺灣肥料株式會社、有機合成株式會社	日窒產業株式會社
臺灣製碱工業股份有限公司	南日本化學工業株式會社、旭東化工業株式會社、鍾淵曹達工業株式會社	株式會社南華公司
臺灣機械造船股份有限公司	株式會社臺灣鐵工所、臺灣船渠株式會社	東光興業株式會社
臺灣紙業股份有限公司	臺灣興業株式會社、臺灣紙漿株式會社、鹽水港紙漿株式會社、東亞製紙株式會社、臺灣製紙株式會社	臺灣紙漿株式會社冷水掘炭礦、奈良製作所、林田山事務所
臺灣糖業股份有限公司	日糖興業株式會社、明治製糖株式會社、臺灣製糖株式會社、鹽水港製糖株式會社	日本糖業聯合會臺灣支部、株式會社福大公司、南投輕鐵株式會社、東亞礦業株式會社、酒精輸送株式會社、新興產業株式會社、東亞冰糖株式會社、日本製菓株式會社、株式會社吉村鐵工所

〔註11〕　「彰化銀行日籍股東股票轉讓呈請案」（1946 年 03 月 15 日），〈關於日人債務卷〉，《臺灣省行政長官公署檔案》，國史館臺灣文獻館，典藏號：00326620054015；「金銅礦業接管委員會重油等沒收呈復案」（1946 年 05 月 21 日），〈礦業接收糾紛〉，《臺灣省行政長官公署檔案》，國史館臺灣文獻館，典藏號：00347513002001；歐素瑛，〈臺灣省參議會對日產糾紛之調處（1946〜1951）〉，《臺灣學研究》，第 18 期，2015 年 12 月，頁 101。

公營事業籌備處	主要劃歸日資企業	附帶劃歸日資企業
臺灣水泥股份有限公司	臺灣水泥株式會社、淺野水泥株式會社：高雄水泥板工場、臺灣工場。臺灣化成工業株式會社、南方水泥株式會社	臺灣石灰石株式會社、臺灣ブロッソ株式會社、臺灣製袋株式會社、臺灣水泥管株式會社
臺灣煤礦股份有限公司	基隆炭礦株式會社、南海興業株式會社、山本炭礦、近江產業合資會社	汐止鎮礦業事務所、臺灣產業株式會社、武山炭礦株式會社、永裕炭礦、臺灣焦炭株式會社板橋炭礦、愛國產業株式會社、株式會社賀田組、七堵運煤輕便鐵道
臺灣紡織股份有限公司	臺灣紡織株式會社、新竹紡織株式會社、臺南製麻株式會社、臺灣纖維工業株式會社、帝國纖維株式會社	南方纖維工業株式會社、臺灣織布株式會社
臺灣窯業股份有限公司	臺灣煉瓦株式會社、臺灣窯業株式會社	
臺灣玻璃工業股份有限公司	臺灣硝子株式會社、臺灣高級硝子工業株式會社、拓南窯業株式會社	理研電化工業株式會社、有限會社南邦鋁製作所、臺灣魔法瓶工業株式會社、臺灣板金工業株式會社、厚生商會
臺灣油脂工業股份有限公司	臺灣花王有機株式會社、臺灣油脂株式會社	臺灣花王有限會社、臺灣殖漆株式會社、齊籐商店臺灣造林部、臺灣日本油漆株式會社、日本特殊黃油株式會社臺灣工場
臺灣電工業股份有限公司	臺灣通訊工業株式會社、臺灣乾電池株式會社	東京芝浦電氣株式會社：臺北事務所、臺灣事業部、臺北工場。臺灣高密工業株式會社、臺灣音響電機株式會社
臺灣印刷紙業股份有限公司	臺灣書籍印刷株式會社、吉村商會印刷所、盛進商事株式會社、盛文堂印刷所、臺灣照相製版株式會社、臺灣交通商事株式會社、寶文社印刷所、臺灣印刷油墨工業株式會社、山本油墨株式會社、昭和纖維工業株式會社、藤本製紙株式會社、蓬萊紙業株式會社、臺灣櫻井興業株式會社	三宅オフセット印刷所、臺灣紙業株式會社、臺灣興亞紙漿工業株式會社
臺灣鐵工製造股份有限公司	株式會社武智鐵工所、臺灣精機工業株式會社、株式會社日立製作所臺灣出張所、北川製鋼株式會社、株式會社中田製作所、臺灣自動車整備配給株式會社、東洋製罐株式會社、中國鐵工所、中林鐵工所、臺灣合同鑄造株式會社、株式會社新高製作所、南方電氣工業株式會社、臺灣鋼業株式會社、東洋鐵工株式會社、臺灣鐵線株式會社	株式會社小川組、株式會社產機製作所、臺灣合成工業株式會社、株式會社大庭鐵工所、北川產業海運株式會社、株式會社小高鐵工所、臺灣利器工具製作所

公營事業籌備處	主要劃歸日資企業	附帶劃歸日資企業
臺灣鋼鐵股份有限公司	興亞製鋼株式會社、櫻井電氣製鋼所、前田砂鐵鋼業株式會社	鍾淵工業株式會社、吉田砂鐵工業所
臺灣化學製品工業股份有限公司	帝國壓縮瓦斯株式會社臺北支店、臺灣酸素合名株式會社	臺灣橡膠株式會社、鹽野化工株式會社、小川產業株式會社、臺灣曾田香料有限會社
臺灣工程股份有限公司	大倉土木組、鹿島組、大林組、清水組、日本鋪路組	
臺灣工礦器材有限公司	臺灣火藥統制株式會社、臺灣金屬統制株式會社、臺灣爆竹烟火株式會社、高進產業株式會社、古河電氣工業株式會社臺北出張所、野村洋行、株式會社共益社、日東工業株式會社、合名會社本田電氣商會、東光株式會社、日蓄株式會社	

資料來源：據《政府接收臺灣史料彙編》（臺北：國史館，1993 年），頁 194～200 整理製作。

表 4-1-2　1946 年至 1948 年日資金融企業接收整併公營金融機構表

單位：舊臺幣

類別	公營金融機構	資本額	成立時間	被整併日資金融機構
銀行	臺灣銀行	6,000 萬	1946 年 7 月 1 日	臺灣銀行、臺灣儲蓄銀行、日本三和銀行
	臺灣土地銀行	6,000 萬	1946 年 9 月 1 日	日本勸業銀行
	臺灣第一商業銀行	—	1947 年	臺灣商工銀行
	華南商業銀行	2,500 萬	1947 年 3 月 1 日	華南銀行、臺灣信託
	彰化商業銀行	1,500 萬	1947 年 3 月 1 日	彰化銀行
金庫	臺灣省合作金庫	2,500 萬	1946 年 10 月 5 日	臺灣產業金庫
人壽保險	臺灣人壽保險有限公司	—	1947 年 12 月 1 日	千代田、第一、帝國、明治、野村、安田、住友、三井、第百、日產、大同、富國徵兵、第一徵兵
產物保險	臺灣產物保險股份有限公司	1,000 萬	1948 年 3 月 12 日	大成、東京、同和、日產、大倉、大阪、住友、興亞、海上運送、安田、日新、千代田、大正
無盡會社	臺灣合會儲蓄股份有限公司	—	1946 年 9 月 1 日	臺灣勸業、臺灣南部、東臺灣、臺灣住宅

資料來源：參考《臺灣戰後經濟分析》（臺北：人間出版社，2001 年）暨本論文補充整理。

二、企業接收與股權處理

　　戰後接收的法源乃以中華民國行政院 1945 年 11 月 23 日頒佈的〈收復區敵僞產業處理辦法〉爲根本原則，該辦法第四項有關處理敵僞產業之原則共有八項規定，而界定接收後產業歸屬權的規定共有三項分別是：〔註12〕

　　　　（一）產業原屬本國、盟國或友邦人民，經查明確實由日方強迫接
　　　　　　　收者，應發還原主，但原主應備股實保證始得領回。

　　　　（二）產業原屬華人與日僞合辦者，其主權均歸中央政府。前項產
　　　　　　　業如由處理局查明確實證據並經審議會通過認爲與日僞合辦
　　　　　　　係屬強迫性質者，得呈請行政院核辦。

　　　　（三）產業原爲日僑所有或已歸日僑出資收購者，其產權均歸中央
　　　　　　　政府所有。

　　僅從此辦法可見歸屬權之認定相當模糊，各接收區情況不同難以一體適用。以臺灣當時所處的環境來說，臺灣爲清廷於中日甲午戰爭失敗後簽訂馬關條約而將臺灣主權割讓與日本政府，其後又因日本於第二次世界大戰戰敗投降後將臺灣主權移轉給中華民國政府，在此期間主權與治權皆屬日本完全領有支配，這種體制與滿洲國及汪僞南京政權屬本身享有主權但實際受日本控制的體制有極大差異。因此臺灣並沒有「敵僞」之問題，因爲對於臺灣而言當時的政府就是日本政府，至於「被強迫」的認定與否得視日本政府政策而定，由接收的中華民國政府來認定不免流於報復或是主觀臆測，極易產生爭議與糾紛。

　　日本統治時期的臺灣，各項產業發展與商貿往來，不論日本人還是臺灣人都交流頻繁，當時日本人的身份優於臺灣人，享有許多臺灣人沒有的權利，例如行政通關的便捷或資材調度等，日人都優於臺人。另一方面，1923 年以前日本商法並未在臺灣實施，臺人所創辦之股份有限公司想要取得合法地位與保障，引進日籍股東可以提供掩護。〔註13〕故臺資企業引進日本資本參與不僅具有吸引力也相當流行，倘若都以附敵附僞來論處，臺灣當無不是敵僞之企業。且〈收復區敵僞產業處理辦法〉中審議會之成員構成乃由行政院指

〔註12〕臺灣省接收委員會日產處理委員會編，《臺灣省日產處理法令彙編》（臺北：臺灣省接收委員會日產處理委員會，1946 年 9 月），頁 12。

〔註13〕葉榮鐘，《近代臺灣金融經濟發展史》（臺北：晨星出版有限公司，2002 年），頁 105、122。

派有關機關首長及地方公正人士所組成。〔註14〕解釋權明顯屬於政府機關，故產權歸屬亦操之在政府機關。

　　對企業資產接收部分，臺灣省行政長官公署接收處理日資與臺日合資企業是以 1946 年 6 月 29 日依據行政院頒訂之〈收復區敵偽產業處理辦法〉為法源制訂〈臺灣省接收日人財產處理準則〉，於 1946 年 7 月 13 日經行政院核准施行後〔註15〕，據此訂定〈臺灣省接收日資企業處理實施辦法〉〔註16〕來處理日資與臺日合資企業。茲列舉其要項如下：〔註17〕

　　四、本省接收之日資企業應由原接收機關報經主管機關（即行政院

　　　　所規定或行政長官所指定之機關）會同日產處理委員會視該企

　　　　業之性質依左列四種方法分批列單呈請行政長官公署核定處理

　　　　之。除為事實所不需者外，均應一律使之迅速復工為原則。

　　　　甲、撥歸公營：凡企業合於公營者。

　　　　乙、出售：凡企業未撥公營及其他處理者。

　　　　丙、出租：凡企業業權尚有爭議或認為適宜於出租或出售一時

　　　　　　無人承購者。

　　　　丁、官商合營：凡企業無人承購或承租或適宜於官商合營者。

　　七、撥歸公營之企業如原有本國人民之股份時仍保障其權益，但有

〔註14〕臺灣省接收委員會日產處理委員會編，《臺灣省日產處理法令彙編》（臺北：臺灣省接收委員會日產處理委員會，1946 年 9 月），頁 11。

〔註15〕臺灣省接收委員會日產處理委員會編《臺灣省日產處理法令彙編》所載之法令名稱為〈臺灣省接收日人財產處理辦法〉，此與國史館臺灣文獻館所藏《臺灣省行政長官公署檔案》檔案不符，故法令名稱本論文採《臺灣省行政長官公署檔案》所載檔案。參見臺灣省接收委員會日產處理委員會編，《臺灣省日產處理法令彙編》（臺北：臺灣省接收委員會日產處理委員會，1946 年 9 月），頁 25；「臺灣省接收日產處理準則等 4 種辦法公告案」（1946 年 06 月 29 日），〈訂定臺灣省接收日產處理準則公告眾知〉，《臺灣省行政長官公署檔案》，國史館臺灣文獻館，典藏號：00301630004001。

〔註16〕「臺灣省接收日產處理準則等 4 種辦法公告案」（1946 年 06 月 29 日），〈訂定臺灣省接收日產處理準則公告眾知〉，《臺灣省行政長官公署檔案》，國史館臺灣文獻館，典藏號：00301630004001。

〔註17〕臺灣省接收委員會日產處理委員會編，《臺灣省日產處理法令彙編》（臺北：臺灣省接收委員會日產處理委員會，1946 年 9 月），頁 67～69；「接收日資企業處理實施辦法抄發案」（1947 年 02 月 10 日），〈接收敵偽金融機構整理清理辦法〉，《臺灣省行政長官公署檔案》，國史館臺灣文獻館，典藏號：00326620009005。

關國防事業及其他必要情形時，得另規定限制之。

十、標售之企業如有本國人民之股份時應依左列標準辦理。

　　甲、日人股份超過股份總數半數者，以整個企業標售按股份配
　　　　售得價款，但原有本國人民股份不願出售呈准者不在此
　　　　限。

　　乙、本國人民股份超過股份總數半數者，原屬日人之股份照財
　　　　產總額估計其股權之現值標賣之。

　　前項日人股份與本國人民股份相等時依照甲款之規定辦理。

十一、標售之企業，如為該企業之原創辦人確被日政府徵購能提出
　　　證明者，或為該企業之現有本國人民全部股份代表人（須備
　　　有委任書），或該企業現有主持人，或重要技術人員著有成績
　　　可資證明者，得按最高標價有優先承購之權。

十八、企業出售出租舉行投標時，應由辦理機關先期函請監察及民
　　　意機關派員蒞場監視。

又據 1946 年 8 月 20 日《臺灣省行政長官公署檔案》中有關處理臺日合資企業日人股份之檔案載：[註18]

　　工礦處批示，據何傳 35（1946）年 8 月呈請將新營興業股份有限
　　公司即新營紙板製造所日人股份核准轉讓接收案，查該所係日臺合資
　　應由日產處理委員會接收清算決定股價後再將日股股份公開標售，
　　原有臺股股東依法可申請優先承購。

政府對於所接收之企業股票（株券）與公司債（社債）相關規定，是以 1946 年 5 月 24 日臺灣省行政長官公署公布〈臺灣省各企業金融機構資產處理辦法〉為原則，該辦法中第一項就規定：[註19]

〔註18〕「新營紙板製造所日臺合資股份處理方法批示案」（1946 年 08 月 20 日），〈工礦處接收日產清理〉，《臺灣省行政長官公署檔案》，國史館臺灣文獻館，典藏號：00326620109001。

〔註19〕臺灣省接收委員會日產處理委員會編，《臺灣省日產處理法令彙編》（臺北：臺灣省接收委員會日產處理委員會，1946 年 9 月），頁 70；「臺灣省各金融機構資產處理辦法」（1946 年 05 月 24 日），〈宣傳委員會接收經費及處理〉，《臺灣省行政長官公署檔案》，國史館臺灣文獻館，典藏號：00326620006006；「臺灣省各金融機構資產處理辦法抄送案」（1946 年 03 月 06 日），〈金融機構資產處理辦法〉，《臺灣省行政長官公署檔案》，國史館臺灣文獻館，典藏號：00326230001001。

對於本省已接收監理會社債及株券（即公司債及股票），由各會社分
別整理清算，其辦法如後：

(一) 對日人所有之社債及株券予以接收封存。

(二) 本省人民所有之社債及株券予以登記，並在原券上加蓋戳記
　　　以示區別，登記竣事後仍許在市面流通或換發新券市面流
　　　通。

屬於臺資企業及臺籍股東權益的部分，接收相關法令並未見單獨處理臺
資企業的法規，應是採行政府 1946 年 4 月 12 日修正公布之〈公司法〉將臺
資企業列入本國企業處理。〈公司法〉第一百五十八條規定「公司非經設立登
記後，不得發行股票」而第一百六十條規定「公司之股份，非於設立登記後
不得轉讓」。另據 1946 年 6 月 2 日《民報》的社論稱：〔註20〕

本省人民所有的公司債和股票在該公司登記後，可以在市面流通。

省外而為我中央政府接收之公司，如滿鐵公司債及股票等，不久由

省公署令飭台銀限期辦理登記。

因此，政府對於臺資企業的處理方式應是以前述《公司法》第一百五十
八條、第一百六十條暨〈臺灣省各企業金融機構資產處理辦法〉第一項第二
款為依據，資產不需要凍結封存，企業之經營、營業以及股份招募與股票流
通皆比照本國企業，惟須該公司登記後，此可視為報備許可制。但若經檢舉
為敵偽企業或正在審理是否為敵偽企業則仍可維持營業但資產將由有權處理
機關（事業主管之接收機關）保管。〔註21〕

政府對於臺籍股東權益維護的立場上，如 1946 年 5 月 15 日臺灣省接收
委員會日產處理委員會電復臺灣省行政長官公署農林處關於「日臺人合股會
社所得紅利處理規定由」中載：〔註22〕

(一) 臺股可照章程配發紅利。

(二) 日股部分應將紅利專戶存儲臺灣銀行報由本會彙案處理。

以及臺籍股東投資日人企業的部分，據 1946 年 12 月 5 日臺灣省行政長

〔註20〕　〈社論：如何處理有價證券〉，《民報》，1946 年 6 月 2 日，第 1 版。
〔註21〕　何鳳嬌，〈經濟部為關於各企業奸偽股份申報辦法等案擬具意見函請轉陳鑒
　　　　　核〉，《政府接收臺灣史料彙編》（臺北：國史館，1993 年），頁 200～202。
〔註22〕　臺灣省接收委員會日產處理委員會編，《臺灣省日產處理法令彙編》（臺北：
　　　　　臺灣省接收委員會日產處理委員會，1946 年 9 月），頁 71～72。

官公署財政處對各縣市政府的公告中載：〔註23〕

> 查本省人民在光復以前投資於在日本之企業，如股票（即株券）或
> 公司債（即社債）等，前經辦理法團持有人登記業已竣了。近查尚
> 有少數人民來處申請，茲為維護人民權利起見，特自公告之日起至
> 本年（35）12月底止，凡我台胞持有上列股票或公司債等，務希於
> 規定期間內逕向各該管縣市政府填具申請登記書彙送本處，以憑彙
> 請中央向日本政府索賠。

這都揭示政府處理相關接收政策上的立場是站在保障及維護臺籍股東權
益上的。但在林獻堂日記1947年11月6日中記載：〔註24〕

> 糖業公司九時在公司事務所開董、監事會，出席者：董事長吳兆洪、
> 總經理沈鎮南、副曾昭承、黃朝琴、游彌堅、劉明朝及余外十餘名，
> 其提出之議案十餘條，皆無甚討論。惟本省之股份，光復以後政府
> 與公司皆無表明如何辦法，余與朝琴追究結果，方知省人股份三十
> 八萬股（舊、新總共）在省政府四成之內（資源委員會六成，計三
> 十億資本金），兩年間之純益金千二百萬元皆分配與股東，每股得三
> 元餘而已。

實際執行股利分紅時的情況卻又相當草率不盡人意，且分配比例偏低，
主要紅利皆為政府所有。以及1949年後因政府內戰失敗，從中國大陸遷往臺
灣，主客觀情勢發生變化，於是政府在1952年4月與日本政府簽訂「中日和
約」時，主動放棄戰爭索賠。〔註25〕致使擁有日本股份的臺籍股東求償無門。
故政府即便處於保障臺籍股東權益的立場，但實際執行僅為流於形式而已。

梳理上述政府接收臺灣相關史料中可以勾勒得出，政府在臺灣接收企業
的政策是採臺日資本分流為處理原則，在維護股東權益的部分亦同。首先將
企業區分為日本官有產業、日資企業、臺日合資企業以及臺資企業等四種類
型，再依各類型企業分開處理，其處理方式整理如下：

〔註23〕 「臺灣省人民光復前投資日本企業股票等申請登記案」（1946年12月05日），
〈企業公司股票申請登記辦法〉，《臺灣省行政長官公署檔案》，國史館臺灣文
獻館，典藏號：00307682008001。

〔註24〕 林獻堂著；許雪姬等編註。灌園先生日記/1947-11-06。上網日期：2018年01
月22日，檢自中央研究院臺灣史研究所臺灣日記知識庫：http://taco.ith.sinica.
edu.tw/tdk/灌園先生日記/1947-11-06。

〔註25〕 黃自進，〈抗戰結束前後蔣介石的對日態度：「以德報怨」真相的探討〉，《中
央研究院電子報》，第18期，2005年6月9日。

（一）日本官有產業：凍結所有資產與股份，經清算後依經營狀況出
　　　售、出租或撥歸為公營事業。

（二）日資企業：除商店習慣正常營業外，所有日籍人民公私財產（包
　　　含動產及不動產）禁止轉讓買賣或更姓過戶。〔註 26〕凍結所有資
　　　產與股份，經清算後依經營狀況出售、出租或撥歸為公營事業。

（三）臺日合資企業：此種企業的處理分為三種。其一，臺資股份大於
　　　日資者，原屬日人之股份財產總額估計其股權現值，報請行政院
　　　核准讓售與全體股東，不願承讓者再行標售。〔註 27〕其二，日資
　　　股份大於臺資者，整個企業標售賣之，按股份分配價款，但臺資
　　　股東股份不願賣者可保留股份。其三，臺資與日資持有股份相當，
　　　比照日資股份大於臺資股份的企業，整個企業標售後再分配價
　　　款。股東權益僅保障臺籍股東且擁有優先承購日人股份之權益；
　　　屬日籍股東權益全部由主管機關接管處理。

（四）臺資企業：除經檢舉或審理中有附敵附偽之企業外，企業經營與
　　　股權流通皆不受管制。臺籍股東權益完全受保障。

三、股票流通與發行

　　雖然臺灣民間自日治時期起要求建立證券交易所的呼聲不斷，但在政府
接收臺灣後仍然沒有成立正規組織的證券交易所，所以至少表面上並無公開
的股票流通與發行市場。

　　從前揭 1946 年 6 月 2 日《民報》社論所述，公司債與股票流通先需該公
司完成登記後，這顯示自 1945 年 10 月 25 日中央政府正式接收臺灣起至 1946
年 5 月 24 日臺灣省行政長官公署公布〈臺灣省各企業金融機構資產處理辦法〉
後或是 1946 年 6 月 2 日報載前這段時間，公司債與股票是在市面上流通應該
相當困難，甚至無法流通。但仍不排除仍存在私下議價或黑市流通之可能性，
惟受限於尚無史料可資證明，但仍應有趁時局混亂之故，意欲低價出售賣股

〔註 26〕「彰化銀行日籍股東股票轉讓呈請案」（1946 年 03 月 15 日），〈關於日人債務
　　　　卷〉，《臺灣省行政長官公署檔案》，國史館臺灣文獻館，典藏號：
　　　　00326620054015。

〔註 27〕「日臺合資企業出售日股其原有土地應一併估價核算股值案」（1947 年 08 月
　　　　09 日），〈承買日產處理〉，《臺灣省行政長官公署檔案》，國史館臺灣文獻館，
　　　　典藏號：00326720003006。

求現的賣方，以及想趁亂套利低價收購股份的買方所形成之流通需求。

1946 年 5 月 24 日〈臺灣省各企業金融機構資產處理辦法〉實施後臺灣本地股票是可公開流通的，所以流通方式不脫私下議價交易或經由公營行庫，如臺灣銀行、彰化銀行等行庫辦理股票買賣之手續。至於日治時期即存的有價證券商（株式現物問屋）等，除專營證券買賣的臺灣有價證券株式會社及臺灣有價證券組合被臺灣銀行接收外，〔註 28〕應僅存兼營證券買賣的商號或從事地下交易的黑商。

民間證券業者實際交易情形，受限於無史料記載，尚不得而知。但從日治時期以來，這些買賣證券的商號就多是利用收音機收聽東京證券交易所的證券行情來與客戶對賭，〔註 29〕故不排除這種交易模式依然存在，只是股票標的從東京股票交易所轉變成上海證券交易所。當然應該也存在實際替客戶發電文向上海證券交易所買賣股票的情況。

另由於政府接收日產後所掌握的公營事業皆為規模龐大的基幹產業，依仲介買賣通常都是以市面上具有知名度的標的為目標的市場法則來說，當時的民營企業應難以成為有價證券商交易熱絡的標的，故可以有效率仲介交易的股票標的，只有接收日產後所成立的公營事業所新發行的股票最有條件，而此時持有股票者，大抵為政府官員與新公營事業員工，而原持有股份的民股股東則要到政府遷臺後經由清算估價後才獲得股份歸還，此時仍處於股權凍結狀態。

從需求面來說，重組後的金融機構連帶也承接很多日治時期的金融資產，據當時媒體估計，全省金融機構共持有價值約三十三億舊臺幣的有價證券，〔註 30〕其中日本國債十四億、公司債二億、股票十六億及戰時債券一億一仟萬。〔註 31〕這些金融資產若是不能有效利用，予以資金活化，對於剛

〔註 28〕 「電復前臺灣有價証券會社等仍應由該行接收清理希知照由」（1949 年 01 月 21 日），〈臺灣有價證券會社等移交案〉，《臺灣省級機關檔案》，國史館臺灣文獻館（原件：臺灣省政府），典藏號：0042950007902001。

〔註 29〕 彭光治，《股戲：走過半世紀的臺灣證券市場》（臺北：早安財經文化有限公司，2003 年），頁 16。

〔註 30〕 1946 年 5 月 20 日臺灣銀行改組成立後發行面額一圓、五圓、十圓、五十圓、一百圓之新券（即舊台幣）與日治時期所發行臺灣銀行券等值流通。同年 9 月 1 日正式公告等值收兌臺灣銀行券。參見葉榮鐘，《近代臺灣金融經濟發展史》（臺北：晨星出版有限公司，2002 年），頁 160。

〔註 31〕 〈社論：如何處理有價證券〉，《民報》，1946 年 6 月 2 日，第 1 版。

完成重組的金融機構發展與營運是不利的，所以當時並不缺乏股票流通上的
需求。

　　根據《臺灣銀行》檔案可以得知經過接收重組後的公營事業，除原股東
外，公營事業所屬員工可以以優待辦法承購股票，〔註32〕金融機構也有代售、
代購股票的業務，〔註33〕甚至有貸付股款之事。〔註34〕在公營事業之間也存
在相互轉讓持股的交易。如彰化銀行購買新竹汽車客運股份有限公司之股票
五百股，〔註35〕與《臺灣機械股份有限公司檔案》相關記錄：〔註36〕

　　　臺機公司辦理接收臺灣工礦公司所接管之臺灣鋼材販賣統制株式會
　　　社有價證券，註銷臺灣工礦公司舊印鑑卡並奉還，以及議價讓售臺

〔註32〕　「查本行同仁購置投資企業股票優待辦法規定同仁認購本省工礦股份公司火
　　　　柴股份有限公司化學工業製藥有限公司等股票可先繳三成現金七成以股票作
　　　　押由信託部貸付」，1948 年 12 月 10 日，王肇嘉，《臺灣銀行》，檔號：
　　　　A307200000N/0037/0080.05/0001/08/040，國家發展委員會檔案管理局藏。

〔註33〕　「函爲檢附本部同仁認購投資企業股票明細表共三張即請查收惠予登記
　　　　由」，1948 年 3 月 31 日，臺灣銀行總行發行部，《臺灣銀行》，檔號：
　　　　A307200000N/0037/0080.05/0001/11/060，國家發展委員會檔案管理局藏；「查
　　　　本部代售臺糖臺紙公司股票以金圓折合臺幣出售近來有顧客以金圓購買是否
　　　　可行乞示」，1948 年 6 月 3 日，臺灣銀行總行秘書室，《臺灣銀行》，檔號：
　　　　A307200000N/0037/0080.01/0001/02/071，國家發展委員會檔案管理局藏；「電
　　　　送代售臺糖臺紙股票存根并未售出股票及股票收據請查收代爲繳還央行
　　　　由」，1949 年 2 月 18 日，臺灣銀行信託部代理部，《臺灣銀行》，檔號：
　　　　A307200000N/0038/0080.03/0001/05/041，國家發展委員會檔案管理局藏；「爲
　　　　貴部代售臺糖臺紙兩公司股票案內所餘股票等件經函送央行國庫局去後除股
　　　　款收據退還暫由滬行保管外茲據開送收條乙紙轉請查收由」，1949 年 2 月 26
　　　　日，臺灣銀行上海分行，《臺灣銀行》，檔號：A307200000N/0038/0080.05/0001/
　　　　04/051，國家發展委員會檔案管理局藏；「爲送同仁購買企業公司股票 290 股
　　　　請查收見覆由」，1949 年 4 月 22 日，臺灣銀行總行信託部，《臺灣銀行》，檔
　　　　號：A307200000N/0038/C0/0001/17/002，國家發展委員會檔案管理局藏。

〔註34〕　「爲工礦公司員工購買優先股以股票爲質請本部墊付由」，1947 年 5 月 22 日，
　　　　臺灣銀行信託部，《臺灣銀行》，檔號：A307200000N/0036/0080.05/0001/03/
　　　　021，國家發展委員會檔案管理局藏。

〔註35〕　據林獻堂日記 1947 年 8 月 5 日載：「金海商新竹客運有限公司欲買受日人之
　　　　股份，專務陳性希望彰銀應得一部分讓其買收，遂決定五百股。」，參見林獻
　　　　堂著；許雪姬等編註。灌園先生日記/1947-08-05。上網日期：2018 年 01 月
　　　　22 日，檢自中央研究院臺灣史研究所臺灣日記知識庫：http://taco.ith.sinica.
　　　　edu.tw/tdk/灌園先生日記/1947-08-05。

〔註36〕　「本公司持有工礦公司股權」，1949 年 1 月 26 日，臺灣機械股份有限公司，《臺
　　　　灣機械股份有限公司》，檔號：A313370000K/0038/辛 DD/2，國家發展委員會
　　　　檔案管理局藏。

　　灣工礦、農林兩公司股票予臺灣銀行等事宜。

　　可以說此一時期臺灣的股票流通，大致只有在上海證券交易所交易上市企業股票或透過公營行庫買賣尚未上市公營事業股票，以及公營事業間議價轉讓持股與民間買賣（含私人議價、仲介買賣、兜售等）等四種方式流通。

　　在股票發行方面，可區分為公營事業與民間企業兩方面來討論。在公營事業處理股票發行的部分，如 1948 年 9 月將新組成的臺灣糖業股份有限公司與臺灣電力股份有限公司分別在上海證券交易所上市發行股票。〔註 37〕可見當時政府對於臺灣的股票發行是想透過與仰賴甫經復業的上海證券交易所來執行。

　　民間企業招募股份的部分，尤其不少隨政府接收臺灣而來的大陸籍商賈攜帶著少量資本，欲藉由日資離臺後的真空牟利，吸引臺灣民間資金的加入，而積極在臺灣各產業領域創辦新公司。但當時臺灣大部分產業基本上都被政府透過公營化所控制，尤其各領域的基幹產業，這使民間新辦公司所能經營的領域相當有限，且營業規模不如公營事業。

　　招募股份的方式，除透過私下人際網絡尋找股東外，利用報紙刊登廣告也是常見的形式，以現存《民報》檔案資料中就有 1946 年 2 月 6 日第 2 版龍華商業股份有限公司欲募集股本二百萬臺幣的〈招股啟事〉：〔註 38〕

　　　　龍華商業股份有限公司募集股東，一股臺幣金一千元，全額募集二
　　　　千股，希望者來談。相談所：龍華大酒館內。東家：王龍波。

　　以及 1946 年 9 月 4 日第 2 版〈臺灣互正股份有限公司募股啟事〉：〔註 39〕

　　　　本公司為便利光復後諸工商各界事業停頓、人事復員、民生安定起
　　　　見，我同人相謀發起組織，左記事業部門應機接濟，伏祈諸位先生
　　　　贊同合意，傾向本公司籌備處申報，無盡歡迎。

　　　　本公司經營事業：第一生產部門：1.農村生產助長，以救疲弊工
　　　　作。2.農產物加工工作。3.輕重工業製造修理設計工作。第二復興工
　　　　作部門：1.被炸家屋復舊援助工作。2.交通道路橋樑修造和復舊工
　　　　作。3.水利灌溉修造援助工作。第三輸送工作部門：1.農產物運搬工

<hr>

〔註 37〕　〈台兩公司發行股票日內在京開會商討〉，《中央日報》，1948 年 9 月 1 日，第
　　　　　2 版；〈招商台糖股票十日左右發行〉，《中央日報》，1948 年 9 月 3 日，第 2
　　　　　版。
〔註 38〕　〈招股啟事〉，《民報》，1946 年 2 月 6 日，第 2 版。
〔註 39〕　〈臺灣互正股份有限公司募股啟事〉，《民報》，1946 年 9 月 4 日，第 2 版。

作。2.商品運搬工作。3.船舶輸送工作。

本公司總資本金：臺幣壹千萬元，全部繳納。每股壹千元，總股數壹萬股。募股期限：民國35年10月10日爲限。募股方式：近日募股委員造訪勸募。籌備處：臺北市下奎府町一之一八二，臺灣互正股份有限公司籌備處，電話二三九八號。

發起人：許清輝、黃根土、陳春金、林挺生、黃添樑、黃定建、張晴川、劉明、陳永良、鄭鴻源、黃玉對、陳逢源、唐丙丁、李仁貴、王超英、陳春生、陳再根、蔣渭川、葉仁和、張聰明。

從這則臺灣互正股份有限公司的募股啓事可得知此公司是由臺灣本土菁英所發起。其中較知名者如日治時期社會運動領袖蔣渭水（1890～1931）之弟，擔任過臺灣省議會參議員、內政部次長的蔣渭川（1896～1975）、前大同公司董事長林挺生（1919～2006）、前臺灣省議會參議員陳春金（1901～？）、前臺灣省煤礦工業同業公會常務理事張聰明（1885～？）及前私立泰北中學董事葉仁和（1908～？）等，再從欲募集一千萬元股本來說，也顯示這家公司將具有一定規模。這點可以從表5-1-2彰化銀行與臺灣產物保險公司的股本做對照。這也間接反映臺灣接收初期政府大量將企業公營化的背景下，臺灣民間資本仍有參與戰後臺灣經濟重建與投資的積極意願與企圖。

按照市場理論而言，當資金與需求都存在，就會形成市場。就此觀點而論，臺灣民營企業股票發行市場，在此一時期，應如股票交易市場般，不論是私下勸募還是登報公開招攬，基本乃是以店頭市場模式發展。沒有正規的股票市場集中發行與交易，民間企業營運與擴張事業所需求的資金募集是困難的，更是難以與國家資本控制的公營事業競爭。

四、綜合分析

戰後政府對臺灣的接收，若從資本勢力的角度去分析，不論是對日資企業還是臺日合資企業的處理，顯示最主要的目標就是公營化或應稱之爲國有化爲目的。這樣的發展，一方面是承接自戰前日本政府獨佔的國家資本的遺留，另一方面則是政府威權體制下利用國家資本追求階級至上性格、企圖壟斷資源的自然發展。而以戰後初期的臺灣資本環境而言是比其中國大陸上其他區域，有著更適宜發展公營化的條件，畢竟驅逐日資直接取而代之有其便捷性，甚至也有爲中國大陸各省區做樣版的可行性。

隨著國家資本而來的還有大陸民間資本，這些來自於大陸的民間資本最初或許僅是盤算填補日資離開臺灣後的真空，但隨著政府將大部分企業予以公營化，囊括各領域主要事業的處理，發展空間一如臺灣本土資本般受到壓抑。

隨後在 1948 年 8 月後政府因國共內戰所導致的軍事耗損增加，造成大陸經濟混亂。政府遂強行發動財貨徵收、發行金圓券與管制資本等緊急措施，這使為數不少的大陸資金流入臺灣。這些資金一方面是為逃避大陸混亂的局面，另一方面則是藉由臺灣貨幣市場較為穩定而欲進行投機。這些大陸資金大舉移入臺灣，並在相當短的時間內鞏固其在臺灣的地位，甚至促成政府遷臺後購買力的社會性重組及社會窮困化時期的財富再分配。〔註 40〕

所以可以說從 1945 年戰後臺灣接收起至 1950 年政府遷臺為止，此一時期各資本勢力仍是以爭奪產業領域控制權為主，且國共內戰、大陸經濟崩潰、惡性通膨與二二八事件等政經混亂，致使此時期股票市場處於不明顯的發展階段。甚至有主張此時臺灣根本不存在證券市場，此時僅有愛國公債流通之說。〔註 41〕當然若嚴格定義股票市場之存在必須具有一定規模且具有組織性而論，此時期臺灣的確是不存在股票市場，甚至日治時期臺灣股票市場是以店頭市場形式之發展，亦可謂之不存在乎？

但本研究認為所有市場的形成，一定有一段自由發展，由攤販或店頭等為主體構成的發展時期。日產接收時期仍是有股票流通與股票發行的行為現象，故此時期臺灣是存在股票市場的，只是規模相當小，市面處於蕭條狀態。但股票的流通與發行功能未受阻礙，只是效率不高，並未有斷裂發展甚至市場消失的情況。

第二節　政府遷臺初期穩定金融與土地改革政策

政府遷臺當時，對外面臨著共軍隨時準備渡海來襲，對內則面對一個民心士氣不穩，且經濟疲敝、惡性通膨充斥的臺灣。政府為能站穩腳根，不得不採取相關穩定措施，使局面得以安定，以應付來自對岸共軍的隨時可能渡臺來襲的威脅。當務之急，以穩定金融與土地改革最為重要，尤以抑制惡性

〔註 40〕劉進慶，《臺灣戰後經濟分析》（臺北：人間出版社，2001 年），頁 64～67。
〔註 41〕劉進慶，《臺灣戰後經濟分析》（臺北：人間出版社，2001 年），頁 226。

通膨最甚。此兩項穩定措施的實施，為其後臺灣股票市場的復甦奠定基礎。故梳理其梗概如下：

一、遏制通膨穩定金融

　　第二次世界大戰爆發後，臺灣為配合日本戰時需要，使臺灣經濟中斷了工業化的腳步，轉換成為日本戰時總動員下的戰時經濟體系，進入戰爭狀態。社會生產的戰時化，民用企業被大量徵為軍用，導致軍需生產量大增，排擠民生必需品的供給。而美軍對臺灣本地的轟炸，又讓許多大型且頗具規模的生產設施受到摧毀，損失慘重，使生產力大幅銳減。同時，日軍在太平洋戰場的節節敗退，也使得臺灣無法從海運上獲得物資的輸入。直至戰爭末期，臺灣經濟已呈現無以為繼，甚至是處於經濟崩潰的邊緣。

　　若從經濟指標的表現看，以 1937 年的生產指數為基準（基期為 100），戰爭初期生產逐年增加，至 1940 年達到 126.3 的最高點；之後則一路下跌，至 1945 年僅為 24.0，不及最高峰時的五分之一。農業生產同樣也受到戰爭的嚴重影響，包括農業資源投入減少、肥料缺乏供應、水利設施遭受毀壞、農村青壯勞力被徵召參戰等因素，使得生產指數從 1939 年的 108.2 最高點跌至 1945 年的 34.2 最低點，不及最高峰時的三分之一。工業設施受戰火摧毀，勞力、原材料供給中斷，生產指數由 1938 年的 104.8 跌至 1945 年的 2.7，幾乎完全處於停頓狀態。礦業生產情形稍好，生產指數由 1940 年的 139.5 跌至 1945 年的 44.3，但也不及最高峰時的三分之一。〔註42〕

　　1945 年日本戰敗，中央政府接收臺灣後，開始清算整併日產與工業設施，並將大部分轉成公營企業。一方面，受到戰時破壞以及財政失衡的原因，被破壞的生產設施恢復有限，且當時臺灣缺乏進口修復器材所需要的外匯，原材料供給也中斷，技術、管理人才不足，生產幾乎處於停頓狀態。即使勉強維持生產的一些產業，產量多不及戰前的一半，有的更是在十分之一以下。〔註43〕

　　另一方面，經濟體系由原先依靠日本的結構，轉換成仰賴中國大陸，而中國大陸爆發國共內戰，政局動盪，使臺灣經濟體系轉換失敗，頓失依賴。

〔註42〕 李非，〈光復初期臺灣經濟的重建與恢復〉，《海峽兩岸臺灣史學術研討會論文集》（廈門：廈門大學臺灣研究所中心，2004 年），頁 303。

〔註43〕 李非，〈光復初期臺灣經濟的重建與恢復〉，《海峽兩岸臺灣史學術研討會論文集》（廈門：廈門大學臺灣研究所中心，2004 年），頁 304。

臺灣當時社會經濟，處於生產力低下、物資缺乏、生活水準降低，財政無力的窘境。此窘境讓臺灣經濟處於一種半封閉的經濟狀態，而這種狀態也使戰後經濟復甦的進程受到相當大的阻礙。

1949 年 12 月 7 日，政府因國共內戰的全面失敗，致使政府對中國大陸地區的統治權易主，將首都遷往臺灣臺北，並試圖以臺灣為立足點，打造成「反共復興基地」，期以能「反攻大陸」恢復其對中國大陸的統治權。然而，不論是大陸地區還臺灣本地，都受多年戰爭（第二次世界大戰）破壞的影響，經濟早已承受不住。國共內戰的接續爆發，更讓殘破的經濟遭受致命的打擊，這也是中央政府內戰失敗的主因之一。

臺灣雖然並未受內戰戰火波及，但因二戰期間臺灣為日本的殖民地，同時也是日本南進的基地，公共設施與工業設施因政策所需而大量轉移為軍用，這使臺灣被推向盟軍為削弱日本戰爭能力而必須攻擊的目標。這使臺灣主要的生產設備及交通公用設施遭受美軍轟炸而損失嚴重。

其結果導致戰後臺灣處於生產力大幅下降、財政入不敷出、經濟陷入困難、物資嚴重短缺等困境。此時大陸地區因內戰之故戰火紛飛，政治經濟情勢混亂，使政府無暇提供臺灣在經濟方面所急需之接濟。這讓臺灣各項公用與工業設施無法從二戰中的破壞獲得恢復，導致電力供應失衡，生產陷入停頓，使臺灣經濟陷入極為艱難的狀態。

復因戰後臺灣民間物資需求量大增，以及大陸地區通貨膨脹擴散，並散播影響至臺灣本地，使得臺灣本地物價飛漲。自 1946 年 11 月至 1949 年 6 月實施舊臺幣換新臺幣的幣制改革時止，在此二年七個月的時間內，臺北物價上漲一千一百餘倍，實際上已達惡性通貨膨脹的嚴重階段。〔註 44〕

臺灣金融環境如此惡劣，隨著中央政府因內戰失敗被迫將政府機關遷往臺灣，與此同時，湧入隨政府撤退來臺將近兩百餘萬的軍民。這不僅增加臺灣本地民間物資需求的龐大壓力，也使經濟金融混亂的情勢更加雪上加霜。

為挽回與穩定臺灣經濟疲憊的頹勢，政府遂展開多項措施因應。包括幣制改革、黃金儲蓄存款、利率政策、財政政策等措施。再加上美援經費的挹注以及物資的支援運用，才將臺灣經濟金融秩序回復正軌。〔註 45〕

〔註 44〕趙既昌，《美援的運用》（臺北：聯經出版事業公司，1985 年），頁 6。
〔註 45〕張紹台、王偉芳、胡漢楊等編，《臺灣金融發展史話》（臺北：財團法人臺灣金融研訓院，2005 年），頁 26。

在貨幣政策部分，1949 年 2 月，中央銀行總裁俞鴻鈞〔註46〕（1898～1960）從大陸運來九十二萬兩黃金。1949 年 6 月 15 日，〔註47〕政府依據所制定之〈臺灣省幣制改革方案〉及〈新臺幣發行辦法〉宣佈以黃金八十萬兩作爲幣制改革的準備，另又撥款美金一千萬元，充作臺灣省進出口貿易運用資金。〔註48〕

幣制改革的要點主要有三項：〔註49〕

（一）新臺幣以美金爲計算標準，新臺幣五元折合美金一元。

（二）新舊臺幣之折合比率爲舊臺幣四萬元兌換新臺幣一元。

（三）新臺幣發行總額以折合美金四千萬元爲準，合新臺幣二億元。

然而，僅靠幣制改革一項措施的推動，仍未能解決臺灣當時所招逢惡性通膨的肆虐。1950 年消費者物價年增率仍高達 305.01%。這顯示民間尚無法信任市面上所流通之新臺幣，民間信心不振致使貨幣購買力不足。迫使政府不得不採行其他相關的配套措施。

1949 年 5 月 20 日公佈實施的〈臺灣銀行黃金儲蓄辦法〉，〔註50〕其作用便是爲提振民間對政府穩定金融的信心所實施的政策之一。該辦法允許人民可以將存在臺灣銀行的短期存款，按到期日，依據公告價格兌換成黃金。開辦初期，黃金價格訂爲固定每市兩折合新臺幣二百八十元收存。這在實務上造成存款者得以用低於市價的公定價格購存黃金，且利息也可提取黃金，促使當時有財力者無不爭相以臺幣存入「黃金儲蓄存款」的戶頭，藉以獲利與保值。

〔註46〕俞鴻鈞（1898～1960），廣東新會人，上海聖約翰大學西洋文學系畢業，曾任外交部英文秘書、上海市長、中央信託局局長、財政部政務次長、外匯管理委員會委員、美援運用委員會主任委員、臺灣省保安司令、財政部長、中央銀行總裁、臺灣省政府主席、行政院長等職。

〔註47〕臺灣銀行經濟研究室編，《臺灣之金融研究（第一冊）》（臺北：臺灣銀行，1969年），頁39。

〔註48〕張紹台、王偉芳、胡漢楊等編，《臺灣金融發展史話》（臺北：財團法人臺灣金融研訓院，2005年），頁26。

〔註49〕臺灣銀行經濟研究室編，《臺灣之金融研究（第一冊）》（臺北：臺灣銀行，1969年），頁39。

〔註50〕〈臺灣銀行黃金儲蓄辦法〉從 1949 年 5 月 20 日起實施，1950 年 12 月 27 日臺灣銀行宣佈暫停收存，1951 年 8 月 13 日由臺灣省政府宣佈廢止，共實施約 2 年 3 個月。參見張紹台、王偉芳、胡漢楊等編，《臺灣金融發展史話》（臺北：財團法人臺灣金融研訓院，2005 年），頁28。

　　當時「黃金儲蓄存款」所吸納的資金，高達新臺幣四億四千多萬元，超過新臺幣發行總額二億元的二倍。這項措施對於抑制市面上的貨幣流通發揮了功效，也使得對通貨膨脹的控制產生了明顯的作用。〔註51〕

　　1950年4月15日公佈實施的〈臺灣省各行庫舉辦優利儲蓄存款辦法〉則是以月息七分，按複利計算折合年息125%的高利率政策來吸納資金。此高利率政策乃是屬於短期的權宜措施，推出後即有明顯效果。

　　1950年5月至6月間，物價不漲反跌，分別較前月下跌了10.2%及5.2%。優利儲蓄存款額由實施前1950年3月的一百七十二萬五千元上升至實施後1950年5月的三千二百一十八萬元，成長18.7倍。短短二至三個月內便已達到相當不錯的成效，這也使通貨膨脹獲得遏止，臺灣金融情勢也漸趨穩定。〔註52〕

　　在財政政策部分，為了抑制惡性通貨膨脹，採取開源與節流兩方面的措施。在開源的部分有如下措施：〔註53〕

（一）發行公債：從1950年5月至1953年2月止，發行名為「三十八年愛國公債」，期限十五年，年息4%，實銷總額達新臺幣四億七千六百萬元。

（二）發行愛國獎券：從1950年4月11日至1987年12月27日止，主要為了籌措建設經費，由臺灣省政府委託臺灣銀行發行。

（三）徵收防衛捐：1949年下半年開始起徵，遍及營業事業所得稅、營業稅、娛樂稅、田賦、地價稅等，起徵一年的時間內，即徵收新臺幣一億一千餘萬元。

（四）整頓稅收：由於欠稅風氣嚴重，政府研擬改良相關徵收制度與技巧，使財政收入的挹注獲得不少提增。

（五）增加菸酒公賣收入：政府於1950年起開始管制洋菸洋酒，由公賣局專責引進銷售，並配合省產菸酒，壓低價格打擊私煙私酒，使公賣收入獲得穩定。

〔註51〕張紹台、王偉芳、胡漢楊等編，《臺灣金融發展史話》（臺北：財團法人臺灣金融研訓院，2005年），頁27～28。

〔註52〕張紹台、王偉芳、胡漢楊等編，《臺灣金融發展史話》（臺北：財團法人臺灣金融研訓院，2005年），頁29。

〔註53〕張紹台、王偉芳、胡漢楊等編，《臺灣金融發展史話》（臺北：財團法人臺灣金融研訓院，2005年），頁30～31。

（六）清算出售日產與中央在臺物資：政府將接收自日產的機械廠房、
　　　戰時囤積物資、日人所留 119,452 棟房產中除公用 6,623 棟外，連
　　　同美援物資，悉數出售，所得全歸國庫所有。

在節流的部分，採取凡是非急需的事業均予以縮減業務或是直接停辦，
不必要的機構予以裁撤或是整併。於此同時，裁汰機關冗員、整頓國營事業
等。當時國營事業主要都來自於整併日產，遍及金融、工礦、交通等各產業。
雖然大體完成整併，但是仍存在諸多尚待清理的問題，諸如業務範圍、冗員
等。此時政府更進一步予以整頓，特別還制定整頓的原則，如機構需按實際
業務需要調整存廢、對於業務範圍需考量實際需要與未來發展、厲行緊縮員
額、機構之管理費用與業務開支從嚴審核等。

在美援物資運用方面，美國對臺灣經濟援助的主要目的，是以平衡國內外
收支、協助維持經濟穩定、增強防衛力量、增加農業與工業的生產，以利擴大
出口貿易，為經濟發展奠定基礎，進而提高人民生活水準為目的。〔註54〕

1950 年 2 月 15 日至同年 6 月 30 日止，美國政府對臺灣撥款八百五十萬
美元，這筆撥款全數用於採購產自美國的物資，如原棉、肥料、黃豆、小麥
等物資，以助當時政府穩定經濟情勢。此類物資雖非生產資財，但對於增加
糧食生產、紡織品製造、榨油及麵粉等民生物資的供應，有著相當大的幫
助。而這些用美援款項購入的物資，在出售之後，所收回的臺幣繳存於臺灣
銀行之「相對基金專戶」〔註55〕中，這也產生收回通貨的作用，有助於金融
之穩定。〔註56〕

在各項穩定經濟金融政策的推動下，臺灣在 1952 年春季達成初步穩定，

〔註54〕趙既昌，《美援的運用》（臺北：聯經出版事業公司，1985 年），頁 10。
〔註55〕相對基金專戶：美國對臺灣各項經濟援助，依照雙方協議，不論其為物資器
　　　材或勞務技術，除一部份可免繳或緩繳臺幣價款外，大部分須由我政府或受
　　　援單位在規定期限內繳納等值之臺幣價款，存入當時設置在臺灣銀行（中央
　　　銀行復業後改存中央銀行）各種專設之特別帳戶。這些由美援產生的臺幣，
　　　統稱為「美援相對基金」（Counterpart Fund Agreement）。相對基金設立於 1951
　　　年 6 月，止於 1965 年 6 月，共計 14 個年度，財源總計新臺幣 32,963,376,000
　　　元。參見趙既昌，《美援的運用》（臺北：聯經出版事業公司，1985 年），頁
　　　39～41。
〔註56〕趙既昌，《美援的運用》（臺北：聯經出版事業公司，1985 年），頁 11～13；
　　　李國鼎口述、劉素芬編著，《李國鼎：我的臺灣經驗》（臺北：遠流出版事業
　　　股份有限公司，2005 年），頁 84～85。

經濟有顯著進步，據 1952 年 5 月 5 日《徵信新聞》報導指稱：〔註57〕

今年春季本省經濟情形已有顯著進步，據某熟悉經濟情形人士指出，第一、由於政府徹底執行預算，整頓稅收，已使財政日趨健全，第二、由於美援物資及一般進口物資以及省內生產的增加，省內物資供應極為充沛，物價始終保持穩定局面，第三、由於物價穩定，一般人民對幣值信用增強，各行庫存放款均有增加，金融日趨穩固。

該篇報導也對當時具體經濟情況有詳盡的描述，茲將其要點歸納如下：〔註58〕

（一）財政方面：1952 年第一季（1 月至 3 月）稅收共達二億九千四百二十六萬七千餘元；公賣收入增至一億九千餘萬元；海關收入達一億一千六百三十萬元。臺灣省省庫亦有結餘，1952 年 3 月底庫存結餘達三千二百餘萬元。由於稅收激增執行預算徹底，因此臺灣省政府不在撥款補助貧瘠縣市。

（二）金融方面：新臺幣限內發行額，始終未逾二億限額；新臺幣限外發行額〔註59〕，由於收購餘糧及撥貸製糖資金，增發五千萬元，1952 年 4 月底發行額為二億三千九百六十五萬元，因財政健全，發行正常，故新臺幣幣值極為穩固。

（三）各行庫存款：各行庫存款不斷激增，1951 年底各行庫存款餘額為十二億八千二百七十萬元，1952 年 2 月底達十四億一千七百九十八萬元，增加 10.5%。其中優利存款的增加尤為顯著，1951 年底至 1952 年 4 月，由一億五千餘萬增至三億元，增加一倍之譜。

（四）物資供應與物價方面：1952 年第一季進口美援物資達三千二百八十三萬九千餘美元；一般進口物資有二千一百九十五萬三千美元，大部分為工業建設器財源料及一般民生必需品。

通過《徵信新聞》的報導，可以揭示政府自遷臺以來，為穩定臺灣經濟

〔註57〕〈財政健全物價穩定　本省經濟顯有進步〉，《徵信新聞》，1952 年 5 月 5 日，第 1 版。

〔註58〕〈財政健全物價穩定　本省經濟顯有進步〉，《徵信新聞》，1952 年 5 月 5 日，第 1 版。

〔註59〕限外發行額：系指貨幣在限額內發行時，為保證準備制，超過發行額度後，即為限外發行，須提列同額現金發行準備。參見季子，《中外金融大辭典》（臺北：聯經出版事業股份有限公司，2014 年），頁 146。

與金融所採取的各項政策與措施，是達到其所預期的成效。這對於爭取臺灣民心對政府支持的幫助相當重要，也提高與鞏固政府對臺灣統治的合法性。畢竟經濟就是檢驗政權維繫與否的唯一標準，經濟搞不好的政權，只有走向滅亡一途。

綜上，在臺灣接收初期乃至於整個 1950 年代，政府的金融政策是以防止通貨膨脹為首要，各項改革的政策措施皆是以此目的推行的。〔註60〕對於推動經濟成長的相關政策較為消極，限制性的政策措施為決策主流，如限額發行、緊縮信用、限制放款等，皆為收緊通貨的政策。緊縮過甚的結果，會使生產事業所需的融通資金受到排擠，不利於生產事業的發展。但促進經濟穩定與重建金融信心，使社會民心恢復安定，對整體臺灣的發展仍是有相當大的助益。

二、推動土地改革

戰後政府在接收臺灣時，並不熱衷租佃關係的改善。〔註61〕由於受到惡性通膨的影響，社會各階層皆遭受貧困化的困擾，社會各方面陷入不安與恐懼未來的窘境，農村及農業生產也不能倖免。1948 年時臺灣農業人口約 3,779,652 人，佔臺灣總人口數 56%，在 597,333 農戶中，自耕農戶佔 35%、半自耕農戶佔 26%、佃農戶佔 39%。〔註62〕農村擁有眾多人口，且受貧困化的影響，農村治安也出現惡化，加上中共派員潛伏滲透等因素。〔註63〕為維持臺灣穩定的局面，政府迫使必須從事相關土地的改革。

此外，政府也鑑於在中國大陸的失敗，是沒有實施土地改革的結果。以及當時臺灣本地對於糧食需要有著急迫性。〔註64〕所以政府在臺灣推動土地改革完全是在存亡利害的考量下所採行的政策。主要目的，乃是為緩和當時與農民之間的階級緊張關係，確保臺灣本地安定的一種改革措施。〔註65〕

〔註60〕趙既昌，《美援的運用》（臺北：聯經出版事業公司，1985 年），頁 15。

〔註61〕劉進慶，《臺灣戰後經濟分析》（臺北：人間出版社，2001 年），頁 72。

〔註62〕趙既昌，《美援的運用》（臺北：聯經出版事業公司，1985 年），頁 117。

〔註63〕「土地改革資料彙編：共黨方面意見或建議：臺灣省共黨對三七五減租之看法與破壞陰謀——內政部調查局」，〈土地改革資料彙編（八）〉，《陳誠副總統文物》，國史館藏，數位典藏號：008-010805-00011-034。

〔註64〕王作榮，《壯志未酬：王作榮自傳》（臺北：天下遠見出版股份有限公司，1999 年），頁 87。

〔註65〕劉進慶，《臺灣戰後經濟分析》（臺北：人間出版社，2001 年），頁 72。

此也與前述對於推行恢復經濟穩定與重建金融信心等各項措施之基本邏輯一致。

臺灣的土地改革分為三個階段：

（一）1949 年耕地三七五減租

1949 年 4 月 14 日，臺灣省政府在中美聯合農村復興建設委員會〔註66〕（簡稱：農復會）的協助下，頒佈〈臺灣省私有耕地租用辦法〉開始進行土地的改革。該辦法限定私有耕地地租額不得超過主要作物正產品全年收穫總量37.5%，並需訂定書面租約以及撤約規範，但對違法行為無清楚罰則。〔註67〕

1951 年 5 月 25 日，政府制定〈耕地三七五減租條例〉並於同年 6 月 7 日公佈實施。該條例對於租佃關係與租佃契約訂定等相關事項均有所規定，如耕地地租租額不得超過主要作物正產品全年收穫總量千分之三百七十五，原約定地租超過千分之三百七十五者，減為千分之三百七十五，不及千分之三百七十五者，不得增加；耕地租佃期間不得少於六年，其原約定租期超過六年者，依其原約定；耕地租約應一律以書面為之，租約之訂立、變更、終止或換訂，應由出租人會同承租人申請登記；地租之數額、種類、成色標準、繳付日期與地點，以及其他有關事項，應於租約內訂明，其以實物繳付需由承租人運送者，應計程給費，由出租人負擔等。〔註68〕

該條例也補強對於違法行為的罰則，如出租人以強暴脅迫方法，強迫承租人放棄耕作權利者，處三年以下有期徒刑；違反規定終止租約者、收回自耕者、拒絕續訂租約者處一年以下有期徒刑或拘役；違反規定超收地租者、預收地租或收取押租者處拘役或二百元以下罰金等。〔註69〕

〔註66〕 為中美合作的機構，主要為推動受美國援助國家實施土地改革為目的之合作組織。1948 年 8 月 5 日，中美雙方同意合組中美聯合農村復興建設委員會，同年 10 月 1 日在南京正式成立，12 月遷往廣州，1949 年 8 月由廣州遷往臺北辦公。

〔註67〕 趙既昌，《美援的運用》（臺北：聯經出版事業公司，1985 年），頁 118；瞿宛文，《臺灣戰後經濟發展的起源》（臺北：中央研究院、聯經出版事業股份有限公司，2017 年），頁 125。

〔註68〕 「行政院咨請審查耕地三七五減租條例草案定於中山堂北辰室舉行初步審查會議」（1950 年 12 月 27 日），〈三七五減租條例〉，《臺灣省級機關檔案》，國史館臺灣文獻館（原件：臺灣省政府），典藏號：0040734011758001。

〔註69〕 「行政院咨請審查耕地三七五減租條例草案定於中山堂北辰室舉行初步審查會議」（1950 年 12 月 27 日），〈三七五減租條例〉，《臺灣省級機關檔案》，國史館臺灣文獻館（原件：臺灣省政府），典藏號：0040734011758001。

　　耕地三七五減租的主要目的在於調整租佃關係，原本佃農耕種農地的所得收益，一半以上要交給地主，實施三七五減租後，地主只能拿 37.5%，佃農則可得 62.5%，這讓佃農的收益獲得提高也使得政策推動相當成功。〔註70〕合計訂立新的私有耕地租約的佃農戶數 29.6 萬戶，佔臺灣農戶數 44.5%，半自耕農及佃農戶數 74.7%，私有耕地面積 38%。〔註71〕

　　然而，政策獲得成功並不表示沒有阻礙。1949 年 9 月，農復會專家會同臺灣省地政局就減租辦理情形進行實地考察，發現仍有少數地土規避減租。1950 年，發現在臺灣南部縣市有地主以威脅利誘等手段讓佃農自行退耕等事件。至 1952 年 6 月為止，地主與佃農間租佃糾紛件數達 35,313 件，其中退耕案件達 11,525 件。〔註72〕

　　為確保減租政策之成果，1951 年起政府開始建立經常性的減租督導檢查制度，並利用政令宣導、制止退耕及調解糾紛等方式，才使退耕與糾紛等事件得到制止。〔註73〕

　　三七五減租的實施仍然收到不小的成效，如農民生活獲得改善，實施三七五減租後，平均水田每甲少繳納租穀一千二百斤，全省三十萬六千多戶佃農，平均增加 20%至 30%的年總收益；農業產值也因為佃農收益增加，有餘力購買肥料耕牛等生產工具，進而使農業產值獲得提升；隨著三七五減租的施行，地主不得任意撤佃，佃農所租耕地獲得保障，佃農地位也相對提高，生產積極性也較以往充滿熱忱。〔註74〕

（二）1951 年公地放領

　　政府接收臺灣時，臺灣省所有之公有耕地計有 176,021 公頃，約為全省公私有耕地 21%，其中公營事業所有 72,289 公頃，放租農民耕種有 103,742 公頃。在 1951 年以前，臺灣省政府以小規模試辦的方式，將公有耕地 3,283 公

〔註70〕李國鼎口述、劉素芬編著，《李國鼎：我的臺灣經驗》（臺北：遠流出版事業股份有限公司，2005 年），頁 292。

〔註71〕瞿宛文，《臺灣戰後經濟發展的起源》（臺北：中央研究院、聯經出版事業股份有限公司，2017 年），頁 125。

〔註72〕劉進慶，《臺灣戰後經濟分析》（臺北：人間出版社，2001 年），頁 74；瞿宛文，《臺灣戰後經濟發展的起源》（臺北：中央研究院、聯經出版事業股份有限公司，2017 年），頁 126。

〔註73〕趙既昌，《美援的運用》（臺北：聯經出版事業公司，1985 年），頁 118～119；劉進慶，《臺灣戰後經濟分析》（臺北：人間出版社，2001 年），頁 74。

〔註74〕〈耕者已有其田〉，《聯合報》，1955 年 10 月 25 日，第 8 版。

頃（1948 年）放領予現耕佃農，以四分之一地租額放租，但以合作農場爲對象。耕地三七五減租推行後，政府決定擴大公地放領，以扶植自耕農，並作爲私有地耕者有其田之示範，其放領地價收入則作爲實施耕者有其田政策之基金。〔註75〕

1951 年起政府全面推動公地放領，時任行政院院長陳誠（1897～1965）指示：凡國營企業所有之土地，除必須保留者外，應依公地放領辦法放領。1951 年起至 1976 年止政府先後辦理公地放領九次，放領土地計 138,956 公頃，創設自耕農 286,287 戶。放領地價爲土地正產物年收穫的 2.5 倍，由受領農民分十年以實物清償。〔註76〕

（三）1953 年耕者有其田

耕者有其田政策是政府推行土地改革三階段中的最後一個，也是最重要的一個，對臺灣經濟後續發展影響頗大。當時的參與者與許多學者專家及國內外人士都認爲這是一個重大的成功與貢獻。

但這個辦法實際上是抄襲日本的，日本政府於 1946 年在盟軍總部指令下，頒佈〈耕者有其田設定法〉（Owner-Farmer Establishment Law of 1946），實施耕者有其田，約於 1949 年完成，這即是政府參考的藍本，內容大同小異，精神則完全一致。〔註77〕

耕者有其田政策的實施，是從 1951 年即開始籌議。前述公地放領政策也是基於耕者有其田政策所施行的前置試驗政策。農復會鑑於臺灣省全省耕地分配資料缺乏，必須先完成地籍歸戶，才能有效實施耕者有其田政策。以當時政府所掌握的土地資料，爲日治時期的土地台帳以及政府接收臺灣後的土地登記簿。都是以土地爲準，輔以土地所有人之記錄，即該土地所屬何人，卻無土地所有人擁有多少土地之記錄。故無法釐清每一土地所有人，在全臺各地總共擁有多少筆土地，因而無法進行限田。

1951 年 1 月，政府即先在高雄及屏東兩縣政府試辦地籍總歸戶，作成詳明之地權分配資料。同年 9 月全面在全臺開辦，1952 年 3 月完成。此項地籍

〔註75〕 趙旣昌，《美援的運用》（臺北：聯經出版事業公司，1985 年），頁 119；瞿宛文，《臺灣戰後經濟發展的起源》（臺北：中央研究院、聯經出版事業股份有限公司，2017 年），頁 127。

〔註76〕 趙旣昌，《美援的運用》（臺北：聯經出版事業公司，1985 年），頁 120。

〔註77〕 王作榮，《壯志未酬：王作榮自傳》（臺北：天下遠見出版股份有限公司，1999 年），頁 89。

總歸戶利用臺灣完備的戶籍資料，以土地所有人住所爲依歸，先做地籍卡片，再做歸戶卡片，再將土地所有人在各地擁有的土地資料彙集一處，如此建立了推行耕者有其田政策的基礎。〔註78〕

　　1952 年初，完成地籍總歸戶後，政府制定〈實施耕者有其田條例〉，並於 1953 年 1 月 26 日公佈施行，開始推行耕者有其田政策。其重點爲地主之出租耕地得保留中等水田三甲，超過者予以徵收；共有之出租耕地原則上一律徵收；出租兼自耕之地主，其出租地之保留面積與自耕農合計不得超過保留標準；政府徵收之耕地應放領現耕農民；徵收補償之地價按正產物年收穫量 2.5 倍計算，以實物土地債券七成及公營事業股票三成搭配發放；放領地價按徵收地價同一標準計算，加收年息 4%，由承領農民於十年分二十期清償。〔註79〕

　　耕者有其田政策推行時，其處理程序（圖 4-2-1）爲第一層分別爲機關清查與所有權人自行申請兩類，主要爲釐清地權並建立相關資料。第二層爲實地複查，分別針對業主、佃戶、自耕農的資料做現地查核，並編造審核清冊。第三層將審核清冊送鄉鎮租佃會審議。第四層鄉鎮審議後送縣市局租佃會審議。第五層送縣市政府與臺灣省政府核定。核定後由縣市或省政府公告徵收及放領。若是公告徵收則發給補償地價，土地所有權轉爲公有。若是公告放領則徵收補償地價，土地所有權轉爲現耕農民。

　　耕者有其田政策施行結果，徵收放領之耕地有 139,249 公頃，承領農民 194,823 戶，補償地主之地價爲稻穀 1,272,842 公噸，甘藷 434,709 公噸。農復會補助地籍總歸戶及耕者有其田政策之經費爲美援臺幣 13,944,124 元。〔註80〕

　　綜上，臺灣實施土地改革後，從公地放領到耕者有其田政策在臺灣本地所徵收與放領之耕地，共計有 278,205 公頃，連同此後農民自行協議購買地主之耕地 72,649 公頃，共達 350,854 公頃。自耕農因而大增，也完成政府扶持自耕農的目標。1977 年時，全省農戶 872,509 戶中，自耕農已增至 82%，半

〔註78〕　瞿宛文，《臺灣戰後經濟發展的起源》（臺北：中央研究院、聯經出版事業股份有限公司，2017 年），頁 127。

〔註79〕　「實施耕者有其田條例臺灣省施行細則」（1952 年 4 月 23 日），〈土地改革資料彙編（七）〉，《陳誠副總統文物》，國史館藏，數位典藏號：008-010805-00010-015；趙旣昌，《美援的運用》（臺北：聯經出版事業公司，1985 年），頁 120。

〔註80〕　趙旣昌，《美援的運用》（臺北：聯經出版事業公司，1985 年），頁 121。

自耕農及佃農各減為 9%。〔註81〕自耕農的增加，使農民生活水準獲得提升，農業生產也同步增加，這也讓農村安定獲得不小的助益，對於往後臺灣經濟發展也有著深遠的影響。

圖 4-2-1　實施耕者有其田辦理流程圖

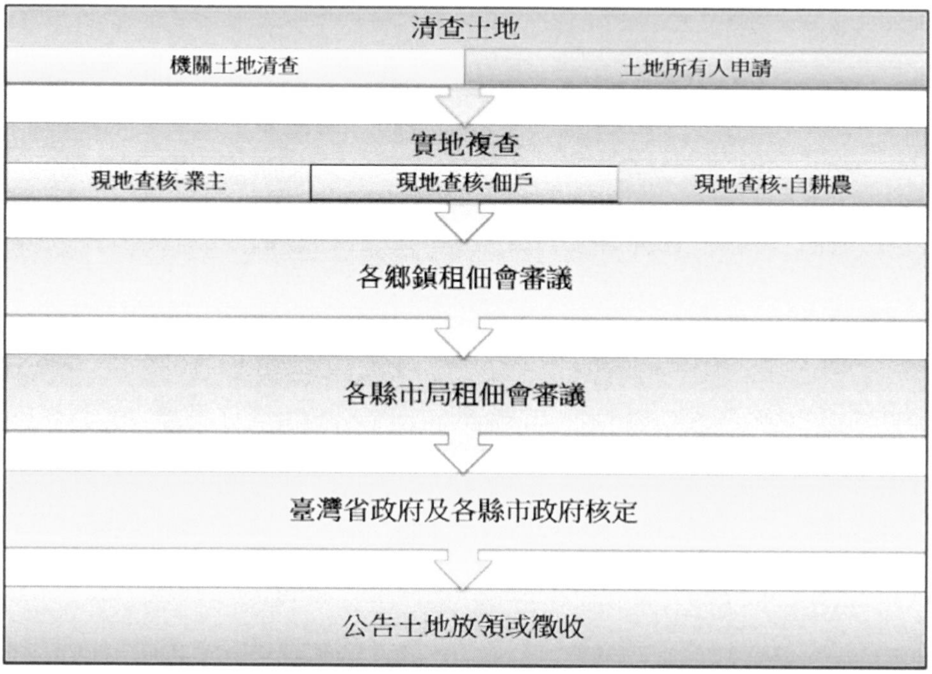

清查土地	
機關土地清查	土地所有人申請

實地複查		
現地查核-業主	現地查核-佃戶	現地查核-自耕農

各鄉鎮租佃會審議

各縣市局租佃會審議

臺灣省政府及各縣市政府核定

公告土地放領或徵收

資料來源：本研究繪製。

政府撤退臺灣以來，所施行的金融與土地改革，對於恢復經濟的穩定與金融信心的重建以及農村安定，這些都對於穩定政治局勢有所助益。而金融與土地的改革是相輔相成的，重點還是在於民間信心的重建與提振，不論是對執政當局的信心，還是對於臺灣未來發展的信心。

當信心獲得重建，後續的發展才能順利。以耕者有其田政策的有效推動，是以交付實務土地債券以及配發公營事業公司股票才得以順利施行，若沒有對執政當局以及對未來發展的信心，這是推不動的。雖然仍有許多地主認為給予債券與股票來換取土地是一種損失，但這種損失又何嘗不是建立在信任這些債券與股票有價值的信心上的認知嗎？若是沒有這種認知，就只能當成

〔註81〕趙既昌，《美援的運用》（臺北：聯經出版事業公司，1985 年），頁 121。

是政府是直接奪取地主土地。要是這樣，所付出的成本與代價就會相當的大，甚至會使政府力圖安定的局面陷入更為動盪的地步。

　　土地改革的成功，將地主所擁有的土地轉化為資金，這對臺灣經濟發展的工業化進程產生相當大的作用。地主可保留土地面積受限於三甲，而地主因徵地所受補償的資金不能在用於土地收購上，如此地主就必須另尋增加收益的機會，轉而投入工商業領域發展的投資，就是當時少數的選擇之一。

　　另外，土地改革也使農民收入增加，1955 年至 1966 年全體農民儲蓄增加七倍之多，這些儲蓄也為臺灣國內資本的形成，提供有效的助益。而農民收入的增加，也提高購買力，據農復會統計，全省受惠農戶有二十九萬七千五百九十五戶，每戶每年增加新臺幣二千一百七十六元，農村購買力總值每年平均增加五億八千二百萬元。農民購買力增加與消費內容的變化，促使工業生產獲得持續發展條件，也使臺灣社會經濟結構從農業社會轉換成工業社會。〔註82〕

　　有穩定安定的局面，才有後續經濟發展的基礎，臺灣股票市場也是基於此背景下，得以獲得復甦，進而走向發展更為完備更為現代化的正規市場。

第三節　公營事業股票搭發與臺灣股票市場之復甦

　　臺灣的股票市場自日治時期的萌芽發展至戰前已有相當的規模，受到第二次世界大戰的影響，臺灣身為日本殖民地為配合日本作戰，經濟與金融體系均轉為戰時體系，並受到嚴格管制，這使得臺灣股票市場的發展受到的阻礙。

　　隨著日本的戰敗，政府接收臺灣，臺灣經濟因受戰爭破壞尚未恢復元氣，以及中國大陸內戰與經濟混亂等多重影響，導致物資缺乏、民生疲斃、社會經濟活動停滯，此時的股票市場幾近停擺。加上政府以日資日產為由接收大部分臺灣企業並將其全部轉為公營事業，這些公營事業約佔臺灣整體企業的70%。臺灣股票發行市場除少數企業仍維持股票發行籌資外，公營事業也僅有臺糖、臺電兩家公司赴上海證券交易所發行股票並從事交易，臺灣股票流通

〔註82〕黃天才、黃肇珩，《勁寒梅香：辜振甫人生紀實》（臺北：聯經出版事業股份
　　　　有限公司，2005 年），頁 312。

市場則幾乎消失。〔註83〕

　　1949 年政府敗退臺灣，為穩定臺灣與安定民心，著手推行穩定金融與土地改革等政策，其中以土地改革第三階段的耕者有其田政策對臺灣股票市場的復甦，有著重大的決定性影響。在耕者有其田政策的推動中，為因應徵收土地時的財源不足，政府決定採取配發七成實物土地債券與三成公營事業股票當作徵收款給予被徵收的地主作為補償。

　　這項措施的結果，對臺灣股票市場直接產生了三項影響，其一，為臺灣股票流通市場提供了大量的籌碼（貨源），促使臺灣股票市場的復甦；其二，為臺灣股票市場的未來擴大發展提供參與者：「股民」的養成；其三，為證券業的發展與股票市場的現代化、制度化等發展奠下基礎。而這三項影響的交互作用下，也使得臺灣股票市場由原先的停滯轉而獲得了復甦。

一、搭發公營事業股票決策與立法

　　政府為實施耕者有其田政策在補償地主採以搭發公營事業股票方式徵收之發想，源於 1952 年臺灣省政府民政廳地政局所草擬之〈臺灣省扶植自耕農實施方案〉，該方案提交省府委員會的討論中，需要慎重考慮的首要問題，即為資金的籌措。而資金籌措的部分，包括以現金補償、出售公營工廠或發行有價證券等方式皆納入方案執行考量。

　　1952 年 5 月 17 日，時任臺灣省主席吳國楨（1903～1984）在接受媒體訪問時表示：〔註84〕

　　　　該項辦法業經地政局草擬完成，刻正在民政廳研究中，量近即將提

〔註83〕 戰後接收時期（1945～1950）雖無史料證據足以顯示當時民間股票交易店頭市場的存在，但是不論是買家、賣家與中介商（株屋或有價證券商）都還是存在，且也並無來自於政府法令上的限制，故本研究認為臺灣在當時有限度的股票店頭交易仍是存在的。畢竟除政府將 70% 企業轉公營外，尚有約 30% 企業存在，而這 20% 企業的營運活動仍是需要籌資、股權轉換、投資等需求，既然有需求，則必然會有供給的市場的存在。如 1953 年 9 月 29 日《聯合報》第 5 版刊載一篇題為〈商場分析　股票‧公債‧債券〉的報導中提及：「自光復以來，直到現在，又不可否認，股票有人交易。單就報紙上的廣告，每天都有許多人公開徵求股票、公債和債券。他們都是在做這種買賣。然而沒有正式市場，交易零散，沒有大批的資力，不能起了作用。」，這顯示 1945 年以來至 1953 年間臺灣股票市場是維持存在的，規模與市場作用的發揮是衰弱的。除此之外足以證明股票交易情形的史料仍然相當缺乏，故相關的研究尚待新的史料與檔案等資料出土與挖掘才能有更充足的論述。

〔註84〕 〈扶植自耕農方案　已全部草擬完成〉，《聯合報》，1952 年 5 月 18 日，第 2 版。

出省府會議討論。吳主席說：在提出省府會議之前，他將召集地政
專家舉行一次座談會，以研討實施的技術細節，政府將充份顧及各
項事實，如補償問題，現金及債券之搭發比例問題，出售那一個省
營工廠，發行股票較爲適宜，政府均將作愼密之籌劃。

其後該方案更名爲〈臺灣省扶植自耕農實施辦法〉，並提交臺灣省臨時省
議會審議及報請中央政府核定。

另據李國鼎〔註85〕（1910～2001）回憶：〔註86〕

耕者有其田條例中規定：發給四個公營事業的股票抵付一部份的地
價，具我的瞭解，這是嚴家淦和尹仲容會商的結果；這樣一來，耕
者有其田就把大地主取消了。地主的損失是因爲四大公司股票折算
的標準是照稻米價格折算，折算之後，還得看田地的多寡和肥沃情
況，如果大地主有很多肥沃的田的話，他所得到的股份也就愈多。

由於李國鼎的回憶並未詳述時間，故無法得知與臺灣省政府地政局對於
以搭發公營事業股票爲補償地價的方案爲發想的先後次序。但仍可得知，以
搭發公營事業股票補償地主地價方案，在中央政府與臺灣省政府推動此方案
方面，應具有共同默契與看法。

中央政府的部分，行政院於 1952 年 11 月 12 日經行政院第 267 次會議討
論決議：「〈實施耕者有其田條例〉草案修正通過，送請立法院審議」，並於同
年 11 月 28 日函送立法院審議。

該條例草案立法原則如下：〔註87〕

（一）爲全國性之立法，內容以適合臺灣省實況爲準，如土地面積及耕
地等則〔註88〕標準等。

〔註85〕李國鼎（1910～2001），祖籍安徽婺源，出生於南京，國立中央大學物理系畢業，
　　　曾赴英國劍橋大學學習物理，因中日戰爭放棄學位返國。曾任臺灣造船公司總經
　　　理、臺灣區生產事業管理委員會委員、經濟安定委員會工業委員會專任委員、美
　　　援運用委員會秘書長、經濟部長、財政部長、行政院經濟建設委員會委員等職。
〔註86〕李國鼎口述、劉素芬編著，《李國鼎：我的臺灣經驗》（臺北：遠流出版事業
　　　股份有限公司，2005 年），頁 293～294。
〔註87〕〈政院函送立院　並促提前審議〉，《聯合報》，1952 年 11 月 30 日，第 1 版。
〔註88〕等則：臺灣本地地目等則是沿用日據時期的舊制，按照土地使用種類區分地
　　　目，並依據土地可收益的高低訂定不同等則。惟沿用以來，土地登記及地價
　　　謄本的地目記載與目前實際土地使用現況多已不相符。經邀集相關機關召開
　　　會議並報請行政院同意後，自 2017 年 1 月 1 日起廢除地目等則制度。參見內
　　　政部地政司網站：https://www.land.moi.gov.tw/chhtml/hotnews.asp?cid=413&
　　　mcid=4805，上網日期：2018 年 7 月 26 日。

（二）所有出租其耕地之地主，一律得保留其出租耕地七則至十二則水田三甲，以維持地主生活，超過三甲部份一律徵收。共有耕地，公私共有之私有耕地，政府代管之耕地等，一併徵收，轉放現耕農民承領。照條例草案估計，臺灣全省徵收面積可達十七萬餘甲。

（三）徵收耕地之地價，依其主要作物正產品全年收穫總量之二倍半計算，以公營事業股票及實物土地債券各半補償之，輔導地主將其土地資金轉移至工業，以促進工業建設發展。

（四）實物土地債券年利率百分之四（4%），分十年均等償清，承領耕地之農民，亦分十年以實物繳清承領地價，同按年息四厘加收實物利息。

（五）臺灣省政府於 1953 年 3 月底辦竣全省地籍總歸戶工作，故明定以 1953 年 4 月 1 日地籍冊上之戶為準，藉免偽託分戶逃避徵收。

（六）地主保留之出租耕地，於本條例施行一年後，以貸款方式協助佃農自行購買。

〈實施耕者有其田條例〉經立法院審議通過後，於 1953 年 1 月 26 日公佈實施。其中該條例第十五條明訂：「徵收耕地地價之補償，以實物土地債券七成，及公營事業股票三成搭發之。」〔註 89〕此與前述該條例草案之立法原則：「實物土地債券與公營事業股票各半補償之。」以及送交立法院審議之草案第十四條：「徵收耕地地價之補償，以公營事業股票及實物土地債券各半搭發之，輔導地主將其土地資金逐項移轉於工業。」的構想有所差異。

臺灣省政府經臺灣省臨時省議會審議通過的補償原案，為實物土地債券七成半，公營事業股票二成半，全部補償地價估計維新臺幣二十一億元，其中現金計二千三百萬元，公營事業股票五億五千萬元，實物土地債券十五億五千萬元。而行政院的修正版本，改為實物土地債券與公營事業股票各半搭發，估計全部補償地價為十七億九千萬元。相較臺灣省政府提出之原案估計少三億三千三百萬元。〔註 90〕最後立法院決議版本，為實物土地債券七成，公營事業股票三成。這也突顯三方對於補償方案的立場不同。

〔註 89〕〈實施耕者有其田條例〉（1953 年 1 月 20 日制定，1953 年 1 月 26 日公布），立法院國會圖書館立法院法律系統，網址：https://lis.ly.gov.tw/lawsingleusr/00017/download.htm?1167979640，上網日期：2018 年 7 月 24 日。

〔註 90〕〈「耕」案內容的修訂〉，《徵信新聞》，1953 年 1 月 21 日，第 1 版。

這點可以由實物土地債券與股票的性質來解析：實物土地債券採無記名式，利息固定為年息 4%，分十年清償，除澎湖縣每年償還一次外，其餘縣市每年分上下兩期各償還一次。其面額分為稻穀與甘藷兩種：稻穀面額有五十公斤、一百公斤、五百公斤、一千公斤、五千公斤、一萬公斤六種；甘藷面額有一百公斤、五百公斤、一千公斤，五千公斤、一萬公斤、三萬公斤六種。〔註91〕

以圖 4-3-1、圖 4-3-2 為例，此為 1953 年（民國 42 年）臺灣省實物土地債券兌付稻穀實物券，面額一千公斤，表示憑此債券在約定期限內即可兌換一千公斤實物（稻穀）依時價折付連同本息的現金。而股票的性質只能透過股票依其市價轉讓交易或憑股票記載之股權領取營業紅利等方式獲取現金。

圖 4-3-1 1953 年臺灣省實物土地債券兌付稻穀實物券

資料來源：行政院客家委員會客家文化發展中心數位典藏。

〔註91〕 「實施耕者有其田條例釋論：臺灣省實物土地債券條例」（1953 年 5 月），〈實施耕者有其田條例釋論〉，《陳誠副總統文物》，國史館藏，數位典藏號：008-010805-00030-003。

圖 4-3-2　1953 年臺灣省實物土地債券兌付稻穀實物券（局部放大）

資料來源：行政院客家委員會客家文化發展中心數位典藏。

　　當時臺灣並沒有具備制度性與保障性的集中交易市場，只有個人間私下轉讓交易，或透過從事證券買賣生意的仲介商等，以店頭市場模式的交易始可變現，交易安全與流通甚為不便。加上當時臺灣除少部分擁有股票經驗的精英外，大部分地主或民眾對於股票的認知與信任仍相當有限。

　　許多地主認為股票就只是一張紙，沒有收益，且擁有股份又少，對公司經營毫無發言權，為了要領取股息，還必須跑到大都市的銀行才能辦理，相當不便。〔註 92〕僅就變現的便利性而言，實物土地債券是優於公營事業股票。

　　基於上述的解析，在臺灣省政府的立場而言，省方屬於執行單位，是貼近被徵地地主第一線的執行者，為求徵地執行順利，提高實物土地債券的比例，執行說服地主或安定地主信心，使其接受徵收地價補償的效率會較高。

　　行政院的立場會傾向支出成本降，這點從行政院較臺灣省政府對於補償地價金額的估算少三億三千三百萬元可以窺見其立場偏好。實物土地債券最終到期時仍需支付現金償還，只是償付時間的延後，但公營事業的股票就不一樣，因為這批公營事業大部分都是接收日資日產而來，雖然認列為國有資產，但實際上取得成本很低。以此來補償地價，只有財政數字上的減損，並不需要支付現金，而且將公營股票散入民間，若公營事業營運較佳，更能吸引民間資本投入。

〔註92〕李國鼎口述、劉素芬編著，《李國鼎：我的臺灣經驗》（臺北：遠流出版事業股份有限公司，2005 年），頁 294。

　　立法院是民意機關，縱使當時的立法委員代表人民的正當性不足，但立場上立法院仍是比較偏向民間，加上有諸多立委對於股票交易會引起金融動盪，有著戒慎戒恐的心態，甚至有立委表達反對設立證券交易所，以防止人為的投機操縱。〔註 93〕故經立法院內政、經濟、財政及民刑商法四個委員會多次會議討論乃至於最終表決拍版定案，以實物土地債券七成，公營事業股票三成為地價補償方案。相較於行政院版本，立法院定案的版本比較符合當時民間對於實物土地債券與公營事業股票的接受度，意即民間對於債券兌換現金的變現性質信任度大於股票，這點也同樣適用不熟悉股票的官員與民代。

　　最終實施的補償方案推出後，被當時許多人稱為「巧思」而受到稱道，因其優點可防止通貨膨脹，因地價補償金額超過新臺幣二十億元，相當於當年度新臺幣發行總額，若以現金發放，會使大量通貨氾濫市場；其次，這保障地主的實物收益，因土地實物債券是以實物計價，地主所收債券不受物價影響，更不會受到通貨膨脹所波及；最後則是可誘導土地資金投向工業發展，因為地主收到的是債券與股票，變現後又不能買土地，只能尋求轉往工商業投資的機會增加收益。〔註 94〕

二、公營事業估價與股權重分配

　　〈實施耕者有其田條例〉完成立法程序，相關配套之〈臺灣省實物土地債券條例〉及〈公營事業移轉民營條例〉的法令修訂也同時完成，並與〈實施耕者有其田條例〉於 1953 年 1 月 26 日同日實施。此前，政府為配合耕者有其田政策之施行，以公營事業股票搭發的方式補償地價，在未完成立法程序前，便先行於 1952 年 11 月 8 日由行政院邀集財政部、經濟部、審計部、臺灣省臨時省議會、臺灣省政府地政局等單位，成立「公營事業估價委員會」，該委員會由時任經濟部部長張茲闓〔註 95〕（1900～1983）為召集委員。

〔註 93〕〈耕者有其田條例完成立法程序後　各方面意見均表示慶幸〉，《聯合報》，1953 年 1 月 21 日，第 3 版。
〔註 94〕黃天才、黃肇珩，《勁寒梅香：辜振甫人生紀實》（臺北：聯經出版事業股份有限公司，2005 年），頁 301～302。
〔註 95〕張茲闓（1900～1983），廣東樂昌人，曾任經濟部部長、行政院經濟安定委員會委員、臺灣銀行董事長等職。

　　公營事業估價委員會成立後，在 1952 年 11 月 14 日所召開之第二次會議中作成二項決議，其一，依據行政院〈實施耕者有其田條例〉草案，行政院提出將出售水泥、紙業、肥料、工礦、農林等五家公營事業以補償地價，因尚未接奉正式命令，故先呈請核定後，再行收集資料進行估價。其二，為公營事業進行估價須以三項標準估價，此三項標準分別為：〔註 96〕

（一）依照該公司工廠原設置時原價折舊。

（二）依照該公司工廠現在時價折舊。

（三）依照該公司工廠現有盈餘能力，先對每一個公司工廠用每一個標準分別進行估價，然後再行平均，確定所值。

　　為使公營事業估價順利執行，公營事業估價委員會共分成五組進行分別對應五家公營事業，每組由三位委員組成，其中一位為省議員，負責審議。經歷六個月的運作，共舉行十三次常會，於 1953 年 5 月 9 日完成指定出售之五家公營事業估價，即國省合營之水泥、肥料、紙業等三公司及省營之工礦及農林等二公司之資本淨值予以審定。〔註 97〕

　　其估價結果為：〔註 98〕

（一）臺灣水泥公司淨值二億七千四百六十七萬一千二百五十二元九角四分（274,671,252.94 元，約 2.7 億）。

（二）臺灣紙業公司淨值三億零三百五十四萬八千二百八十七元八角二分（303,548,287.82 元，約 3.4 億）。

（三）臺灣肥料公司淨值一億八千六百三十六萬九千七百六十八元八角六分（186,369,768.86 元，約 1.9 億）。

（四）臺灣工礦公司淨值二億五千二百八十五萬四千六百五十元六角四分（252,854,650.64 元，約 2.5 億）。

（五）臺灣農林公司淨值一億五千零三萬四千四百五十五元九角二分（150,034,455.92 元，約 1.5 億）。

（六）合計五公司淨值一十一億六千七百四十七萬八千四百一十六元一角八分（1,167,478,416.18 元，約 11.7 億）。

〔註 96〕〈公營事業估價　決定三項標準〉，《聯合報》，1952 年 11 月 15 日，第 5 版。

〔註 97〕〈出售五公營單位　全部已估價完成〉，《聯合報》，1953 年 5 月 12 日，第 3 版。

〔註 98〕〈出售五公營事業計畫　省臨議會昨通過〉，《聯合報》，1953 年 7 月 15 日，第 1 版。

前述估價結果，經行政院第 291 次會議中通過。但顧慮此五家公營事業估價後，有資本額變更登記、發行股票以及新舊股票換算時，為避免畸零股權處理之困難，行政院將各公營事業所估之淨值，取其金額整數定為資本額，所餘金額數轉為充作資本公積〔註 99〕。並為便於補償地價時，各公營事業股票搭發比例之計算，故將各公營事業公司股票面額均定為每股 10 元。其結果如下（表 4-3-1）：〔註 100〕

表 4-3-1　1953 年政府重估核定五家公營事業之淨值、資本額及股數

單位：新臺幣

公營事業	淨　　值	資 本 額	資本公積	股　　數
臺灣水泥公司	274,671,252.94	270,000,000	4,671,252.94	27,000,000
臺灣紙業公司	303,548,287.82	300,000,000	3,548,287.82	30,000,000
臺灣肥料公司	186,369,768.86	184,000,000	2,369,768.86	18,400,000
臺灣工礦公司	252,854,650.64	250,000,000	2,854,650.64	25,000,000
臺灣農林公司	150,034,455.92	150,000,000	34,455.92	15,000,000
合　　計	1,167,478,416.18	1,154,000,000	13,478,416.18	115,400,000

資料來源：依據 1953 年 7 月 15 日《聯合報》，第 2 版及《徵信新聞》，第 4 版整理製作。

（一）臺灣水泥公司：淨值二億七千四百六十七萬一千二百五十二元九角四分，以二億七千萬元作為資本額，分為二千七百萬股，所餘四百六十七萬一千二百五十二元九角四分充作資本公積。

（二）臺灣紙業公司：淨值三億零三百五十四萬八千二百八十七元八角二分，以三億元作為資本額，分為三千萬股，所餘三百五十四萬八千二百八十七元八角二分充作資本公積。

（三）臺灣肥料公司：淨值一億八千六百三十六萬九千七百六十八元八

〔註 99〕　資本公積（Additional Paid In Capital）：指超出額定資本額的資本，來源非營業結果所產生之盈餘，可以由資本交易、貨幣貶值、處分固定資產、企業合併、贈與資產等形式產生。

〔註 100〕〈出售公營公司省股　補償徵收地價計畫〉，《聯合報》，1953 年 7 月 15 日，第 2 版；〈出售五公營公司　徵收土地三成地價計畫案〉，《徵信新聞》，1953 年 7 月 15 日，第 4 版。

角六分，以一億八千四百萬元作爲資本額，分爲一千八百四十萬
股，所餘二百三十六萬九千七百六十八元八角六分充作資本公
積。

（四）臺灣工礦公司：淨值二億五千二百八十五萬四千六百五十元六角
四分，以二億五千萬作爲資本額，分爲二千五百萬股，所餘二百
八十五萬四千六百五十元六角四分充作資本公積。

（五）臺灣農林公司：淨值一億五千零零三萬四千四百五十五元九角二
分，以一億五千萬元作爲資本額，分爲一千五百萬股，所餘三萬
四千四百五十五元九角二分充作資本公積。

上述五家公營事業之資本額總計爲十一億五千四百萬元，共發行股票
一億一千五百四十萬股，其各公營事業公司股權重新調整分配如下（表
4-3-2）：〔註 101〕

（一）臺灣水泥公司：原有股權五十萬股，民股有 3,513 股、法團股（現
今法人持股，下同）38,805 股、臺灣省政府官股 180,966 股、中央
政府官股 276,716 股。現重定股權數額爲二千七百萬股，原有股東
新舊換股比例爲舊股 1 股可換發新股 54 股。換發新股後民股爲
189,702 股、法團股爲 2,095,470 股、臺灣省政府爲 9,772,164 股、
中央政府爲 14,942,664 股。除民股與法團股保留外，官股合計
24,714,828 股，將全數出售，價值以每股面額新臺幣 10 元計，爲
新臺幣 247,148,280 元（2.47 億元）。

（二）臺灣紙業公司：原有股權六十萬股，民股有 7,249 股、法團股
152,707 股、臺灣省政府官股 174,009 股、中央政府官股 266,035
股。現重定股權數額爲三千萬股，原有股東新舊換股比例爲舊股 1
股可換發新股 50 股。換發新股後民股爲 362,450 股、法團股爲
7,635,350 股、臺灣省政府爲 8,700,450 股、中央政府爲 13,301,750
股。除民股與法團股保留外，官股合計 22,002,200 股，將全數出
售，價值以每股面額新臺幣 10 元計，爲新臺幣 220,022,000 元（2.2
億元）。

〔註 101〕　〈出售公營公司省股　補償征收地價計畫〉，《聯合報》，1953 年 7 月 15 日，
　　　　　第 2 版；〈出售五公營公司　征收土地三成地價計畫案〉，《徵信新聞》，1953
　　　　　年 7 月 15 日，第 4 版。

表 4-3-2　1953 年出售公營事業股權分配數額統計

公營事業	換股比例	股東身份	原始股數	更換新股數	價值（元）	官股出售股數	出售價值（元）
臺灣水泥公司	1:54	中央官股	276,716	14,942,664	149,426,640	24,714,828	247,148,280
		省府官股	180,966	9,772,164	97,721,640		
		法團股	38,805	2,095,470	20,954,700		
		民　股	3,513	189,702	1,897,020		
		合　計	500,000	27,000,000	270,000,000		
臺灣紙業公司	1:50	中央官股	266,035	13,301,750	133,017,500	22,002,200	220,022,000
		省府官股	174,009	8,700,450	87,004,500		
		法團股	152,707	7,635,350	76,353,500		
		民　股	7,249	362,450	3,624,500		
		合　計	600,000	30,000,000	300,000,000		
臺灣肥料公司	1:115	中央官股	92,883	10,681,545	106,815,450	17,618,115	176,181,150
		省府官股	60,318	6,936,570	69,365,700		
		法團股	4,718	542,570	5,425,700		
		民　股	2,081	239,315	2,393,150		
		合　計	160,000	18,400,000	184,000,000		
臺灣工礦公司	1:10	中央官股	0	0	0	18,408,830	184,088,300
		省府官股	1,840,883	18,408,830	184,088,300		
		法團股	323,686	3,236,860	32,368,600		
		民　股	335,431	3,354,310	33,543,100		
		合　計	2,500,000	25,000,000	250,000,000		
臺灣農林公司	1:7.5	中央官股	0	0	0	14,321,445	143,214,450
		省府官股	1,909,526	14,321,445	143,214,450		
		法團股	21,502	161,265	1,612,650		
		民　股	68,972	517,290	5,172,900		
		合　計	2,000,000	15,000,000	150,000,000		
總　計			5,760,000	115,400,000	1,154,000,000	97,065,418	970,654,180

資料來源：依據 1953 年 7 月 15 日《聯合報》，第 2 版及《微信新聞》，第 4 版整理製作。

（三）臺灣肥料公司：原有股權十六萬股，民股有 2,081 股、法團股 4,718
　　　股、臺灣省政府官股 60,318 股、中央政府官股 92,883 股。現重定
　　　股權數額爲一千八百四十萬股，原有股東新舊換股比例爲舊股 1 股
　　　可換發新股 115 股。換發新股後民股爲 239,315 股、法團股爲
　　　542,570 股、臺灣省政府爲 6,936,570 股、中央政府爲 10,681,545
　　　股。除民股與法團股保留外，官股合計 17,618,115 股，將全數出
　　　售，價值以面額新臺幣 10 元計，爲新臺幣 176,181,150 元（1.76
　　　億元）。

（四）工礦公司：原有股權二百五十萬股，民股有 335,431 股、法團股
　　　323,686 股、臺灣省政府官股 1,840,883 股。現重定股權數額爲二
　　　千五百萬股，原有股東新舊換股比例爲舊股 1 股可換發新股 10
　　　股。換發新股後民股爲 3,354,310 股、法團股爲 3,236,860 股、臺
　　　灣省政府爲 18,408,830 股。除民股與法團股保留外，官股合計
　　　18,408,830 股，將全數出售，價值以面額新臺幣 10 元計，爲新臺
　　　幣 184,088,300 元（1.84 億元）。

（五）農林公司：原有股權二百萬股，民股有 68,972 股、法團股 21,502
　　　股、臺灣省政府官股 1,909,526 股。現重定股權數額爲一千五百萬
　　　股，原有股東新舊換股比例爲舊股 1 股可換發新股 7.5 股。換發新
　　　股後民股爲 517,290 股、法團股爲 161,265 股、臺灣省政府爲
　　　14,321,445 股。除民股與法團股保留外，官股合計 14,321,445 股，
　　　將全數出售，價值以面額新臺幣 10 元計，爲新臺幣 143,214,450
　　　元（1.43 億元）。

　　以上總計，五家公營事業公司由原始股權五百七十六萬股擴增至一億一
千五百四十萬股，總價值爲新臺幣十一億五千四百萬元。除保留民股總計
4,663,067 股，總價新臺幣 46,630,670 元及法團股總計 13,671,515 股，總價值
新臺幣 136,715,150 元外，臺灣省政府共出售公營事業官股數爲 58,139,459
股，總價爲新臺幣 581,394,590 元，中央政府共出售公營事業公司官股數爲
38,925,959 股，總價爲新臺幣 389,259,590 元。中央與省府總計共出售公營事
業官股數爲 97,065,418 股（9,706 萬股），總價爲新臺幣 970,654,180 元（9.7
億）。

　　若僅以原始股權由五百七十六萬股擴增至一億一千五百四十萬股論，政

府出售之公營事業，透過重新估價，在出售前便已提高二十倍左右的股權數量。而公營事業資本額，據時任臺灣省議員陳逢源稱：公營事業資本提高了十倍，其生財折舊率未增加，將來拿到股票時必無利可圖。〔註102〕

顯見其估價結果在當時便受到不小的質疑，更導致參與公營事業估價委員會陳逢源、王雲龍、何傳、張芳燮、郭秋煌等五位省議員以公營事業估價方法不合實際、估價太高以及有欠公允等理由辭去估價委員會委員職務。〔註103〕

雖然搭發之公營事業股票估價方式受到質疑，但以股票流通的觀點而言，這恰是促成臺灣股票市場由戰後蕭條停滯階段轉為復甦階段，使股票交易恢復活絡的關鍵因素。

因為股票之流通，不論其是否有利可圖，只要有足夠的股票數量在市面流通交易，市場便能自然的運行，有利可圖只是刺激流通量的誘因之一，股票流通市場之功能尚有調節、變現等諸誘因，沒有充足的流通量，股票市場就難以發揮功能，雖不會消失，但只能是呈現一派蕭條與窒息的景色。

三、公營事業股票發放

〈實施耕者有其田條例〉於 1953 年 1 月 26 日公告實施後，關於搭發公營事業股票三成補償地價的部分，由中央政府與臺灣省政府聯合組成之「實施耕者有其田有關問題處理委員會」於 1953 年 6 月 16 日在臺灣省政府舉行的第二次會議，由時任臺灣省主席俞鴻鈞主持，與會者有時任經濟部長張茲闓，時任財政部長嚴家淦〔註104〕（1905～1993），時任內政部長黃季陸〔註105〕

〔註102〕〈股票無利可圖　搭配不能選擇〉，《聯合報》，1953 年 6 月 27 日，第 3 版。
〔註103〕〈公營事業估價方法　尚有待商榷處〉，《徵信新聞》，1953 年 1 月 25 日，第 4 版；〈五位省議員　退出估價會〉，《聯合報》，1953 年 1 月 25 日，第 3 版。
〔註104〕嚴家淦（1905～1993），江蘇吳縣人，上海聖約翰大學理工學院畢業。曾任福建省政府財政廳長、福建省政府建設廳長、戰時生產局採辦處長、臺灣省行政長官公署交通處長、臺灣省行政長官公署財政處長、交通部臺灣特派員、臺灣銀行董事長、臺灣省政府財政廳長、中國石油董事長、經濟部長、財政部長、美援運用委員會主任委員、臺灣省主席、行政院長、中華民國副總統、中華民國總統等職。
〔註105〕黃季陸（1899～1985），四川敘永人，日本東京慶應大學肄業，美國俄亥俄衛斯理大學畢業。曾任大元帥府法制委員會委員長、廣東省政府委員、立法委員、國大代表、內政部長、考選部長、教育部長、行政院政務委員、國史館館長等職。

（1899～1985），時任臺灣土地銀行總經理陳勉修〔註106〕（1912～1989），時任臺灣省政府財政廳長徐柏園〔註107〕（1902～1980），時任農復會主委蔣夢麟〔註108〕（1886～1964），時任臺灣省政府專員劉大柏等二十餘人。

　　該會議中決議：公營事業未能估價出售以前，為按期完成徵收及放領手續，先發給股票掉換憑證，地主執此掉換憑證，股票發出後掉換正式公營事業股票，政府為了示信於民起見，並決定此項股票掉發換憑證載明為三成實物，由內政部長、經濟部長、臺灣省政府主席署名負責。〔註109〕

　　該項會議對於地價補償中有關畸零尾數部分作成決議：如每戶應補償之實物土地債券七成內，其不滿同類債券最低面額之畸零尾數，併入應補償之公營事業股票內，以股票搭發之，其仍不足股票最低面額之畸零尾數以現金找付之，同時，原耕地所有權人每戶應補償之實物土地債券及公營事業股票，應儘先配搭最高面額券，其不足最高面額者，配搭次高面額券。

　　實施耕者有其田有關問題處理委員會於 1953 年 10 月 14 日所召開的會議中通過兩項辦法草案為辦理搭發公營事業股票之依據。此兩項草案分別為〈實施耕者有其田公營事業移轉為民營辦法〉與〈實施耕者有其田出售之公營事業輔導辦法〉。同時，會中也決議：水泥、紙業、工礦、農林等四家公營事業公司全部價值約台幣七億九千萬元，除補償地價約需六億餘元外，其餘約一億元股票亦全部出售；以及按政府原先估計全省所徵收土地共為十七萬餘甲，經詳細調查後，僅徵收十四萬餘甲，以股票補償三分之二地價，僅需新臺幣六億餘元，故原來決定出售之肥料公司，現保留不予

〔註106〕陳勉修（1912～1989），浙江青田人，國立交通大學畢業，英國倫敦政治經濟學院碩士。曾任重慶大學教授、國防最高委員會經濟委員會專門委員、南京市議會議員、臺灣土地銀行總經理、臺灣銀行董事長、外貿審議委員會委員、中央銀行常務理事、交通銀行董事長、世華銀行董事長等職。

〔註107〕徐柏園（1902～1980），浙江蘭谿人。1926 年畢業於上海商科大學，並曾於1930 年赴美國芝加哥伊莉諾大學研究財經金融理論。1933 年回國後，歷任上海電氣公司副總經理、郵政儲金匯業總局副局長、財政部政務次長、中央銀行副總裁等職。1950 年到臺灣後，曾任臺灣區生產事業管理委員會常務委員兼主任秘書、臺灣銀行董事長、臺灣省政府財政廳長、財政部長、中央銀行總裁、國際貨幣基金會執行董事等職。

〔註108〕蔣夢麟（1886～1964），浙江餘姚人，美國加州大學畢業，美國哥倫比亞大學哲學博士。曾任北京大學校長、浙江省教育廳長、教育部長、行政院秘書長、國府委員、中國農村復興聯合委員會主任委員等職。

〔註109〕〈征收耕地搭發股票　先發掉換憑證〉，《聯合報》，1953 年 6 月 17 日，第 3版。

出售。〔註110〕

　　這表示原本估價方案是以全部出售水泥、紙業、工礦、農林、肥料此五家公營事業公司股票用以補償地價。現經詳細調查後僅需出售四家公營事業股票便已足夠，所以便將肥料公司排除在配發之外，保留不出售。〔註111〕

　　〈實施耕者有其田公營事業移轉為民營辦法〉於1953年12月22日公佈實施，其中對於搭發公營事業股票作業之重要規定如下：〔註112〕

（一）臺灣水泥股份有限公司、臺灣紙業股份有限公司、臺灣農林股份有限公司、臺灣工礦股份有限公司所有政府官股，全部出售。

（二）水泥、紙業兩公司整售整營，農林、工礦兩公司按各該公司業務分類情形，分售經營。〔註113〕

（三）公營事業四公司以全部出售民營為原則，水泥、紙業兩公司官股，按補償地價三成總額，比例搭發，其不足之數，以農林、工礦兩公司官股股票比例配發之。

（四）農林、工礦兩公司全部官股於補償後剩餘之股票，仍分別單位繼續出售，並准人民以實物土地債券掉換股票，如仍有剩餘，另依法標售，售完為止。

（五）由經濟部、內政部、臺灣省政府、臺灣土地銀行及出售各公司各派一人組織搭發公營事業股票委員會，以經濟部代表為主任委員，臺灣省政府代表為副主任委員。

（六）搭發公營事業股票委員會，其業務由各公司委託臺灣土地銀行辦理，所需費用由各公司按出售官股金額比例分攤。

（七）應發每戶地主股票總價額，依據臺灣土地銀行所發股票掉換憑證記載實物數量，按四十一年（1952年）十二月全省平均市價稻穀

〔註110〕〈政府出售公營事業　初步訂定兩辦法〉，《聯合報》，1953年10月15日，第5版。

〔註111〕「王議員雲龍質詢」，〈臺灣省議會第二屆第二次定期大會〉，《臺灣省議會公報》（第四卷第九期），1960年11月21日，臺灣省議會史料總庫藏，典藏號：003-02-02OA-04-6-3-01-00289，頁409。

〔註112〕「臺灣土地改革紀要：附錄——實施耕者有其田案公營事業移轉民營辦法」（1953年12月22日），〈臺灣土地改革紀要〉，《陳誠副總統文物》，國史館藏，數位典藏：008-010805-00037-015；臺灣省政府，〈實施耕者有其田案公營事業移轉民營辦法〉，《臺灣省政府公報》，1954年秋字第2期，頁19～20。

〔註113〕臺灣農林股份有限公司下轄之茶業、水產、畜牧、鳳梨等分公司，如鳳梨分公司經分售後變成獨立的臺灣鳳梨股份有限公司。

每百公斤新臺幣一百六十元，甘藷每百公斤新臺幣三十八元八角五分計算。

（八）搭發股票爲記名式，一戶數人共有時，僅填寫其代表人一人，並記載姓名住址於股東名簿，姓名須與留存印鑑相符。

（九）搭發股票地點依臺灣土地銀行發股票掉換憑證之十八地區分別辦理。

依據前述辦法，經濟部邀集內政部、臺灣省政府、臺灣土地銀行及四家公營事業公司代表各一人，於 1954 年 1 月 12 日成立「搭發公營事業股票委員會」，並召開第一次會議辦理搭發公營事業股票相關問題。公營事業股票正式發放日期爲 1954 年 3 月 1 日起至 1954 年 4 月 30 日止，期限爲二個月，凡持有股票掉換憑證的地主攜帶身份證極印鑑，可至臺灣土地銀行所屬各地十八個分行處所辦理換發正式股票。地主領取股票後即可自由交換流通。

臺灣土地銀行在辦理公營事業股票發放作業時，採行的是各地分行處所分區逐日逐地發放。以苗栗縣爲例，分別爲 3 月 1 日至 2 日苗栗鎮、3 月 3 日至 4 日公館鄉、3 月 5 日至 6 日頭屋鄉、3 月 8 日至 9 日三灣鄉、3 月 10 日至 11 日頭份鎮、3 月 12 日治 13 日南莊鄉、3 月 15 日卓蘭鄉、3 月 16 日獅潭鄉、3 月 17 日大湖鄉、3 月 18 日治 19 日竹南鄉、3 月 20 日三叉及四湖兩鄉、3 月 22 日銅鑼鄉、3 月 23 日造僑鄉、3 月 24 日至 25 日後龍鎮、3 月 26 日至 27 日通霄鎮、3 月 30 至 31 日苑裡鎮、4 月 1 至 4 月 30 日不分鄉鎮及補發。〔註114〕

臺灣土地銀行自行統計，爲實施耕者有其田補償征收耕地之三成地價所需搭發公營事業股票，連同備用股票張數 20%，總計需三百二十一萬三千六百張。

其中依股票面額區分，股票面額 1,000 股共計 155,200 張，價值新臺幣十五億五千二百萬元；股票面額 100 股共計 431,700 張，價值新臺幣四億三千一百七十萬元；股票面額 50 股共計 150,000 張，價值新臺幣七千五百萬元；股票面額 10 股共計 1,070,000 張，價值新臺幣一億七百萬元；股票面額 5 股共計 274,500 張，價值新臺幣一千三百七十二萬五千元；股票面額 1 股共計 1,132,200 張，價值新臺幣一千一百三十二萬二千元；合計總價值新臺幣二十

〔註114〕〈四公營公司移轉民營　今起發正式股票〉，《聯合報》，1954 年 3 月 1 日，第 5 版。

一億九千零七十四萬七千元。〔註 115〕

依據經濟部〈實施耕者有其田案公營事業移轉民營辦法〉中，關於四家公營事業公司股票補償地價之搭發四公司股票百分比及每戶配發四公司股票數額計算公式如下：〔註 116〕

（1）搭發四公司股票百分比：

$$水泥公司股票百分比 = \frac{水泥公司官股股票總額 \times 10}{全省補償三成地價總額} = P_1\%$$

$$紙業公司股票百分比 = \frac{紙業公司官股股票總額 \times 10}{全省補償三成地價總額} = P_2\%$$

$$農林公司股票百分比 = \frac{農林公司官股股票總額}{農林工礦兩公司官股股票總額}$$
$$\times (100 - P_1 - P_2)\% = P_3\%$$

$$工礦公司股票百分比 = \frac{工礦公司官股股票總額}{農林工礦兩公司官股股票總額}$$
$$\times (100 - P_1 - P_2)\% = P_4\%$$

說明：$P_1 + P_2 + P_3 + P_4 = 100$

（2）每戶配發四公司股票數額：

$$水泥公司股票數額 = \frac{每戶補償三成地價數額}{10} \times P_1\% = Q_1 尾數\ q_1 元$$

$$紙業公司股票數額 = \frac{每戶補償三成地價數額}{10} \times P_2\% = Q_2 尾數\ q_2 元$$

$$農林公司股票數額 = \frac{每戶補償三成地價數額}{10} \times P_3\% = Q_3 尾數\ q_3 元$$

$$工礦公司股票數額 = \frac{每戶補償三成地價數額}{10} \times P_4\% = Q_4 尾數\ q_4 元$$

$$\frac{q_1 + q_2 + q_3 + q_4}{10} = Q_5 尾數\ q_5 元$$

〔註 115〕 〈四公營公司移轉民營　今起發正式股票〉，《聯合報》，1954 年 3 月 1 日，第 5 版。

〔註 116〕 「臺灣土地改革紀要：附錄──實施耕者有其田案公營事業移轉民營辦法」（1953 年 12 月 22 日），〈臺灣土地改革紀要〉，《陳誠副總統文物》，國史館藏，數位典藏號：008-010805-00037-015；臺灣省政府，〈實施耕者有其田案公營事業移轉民營辦法〉，《臺灣省政府公報》，1954 年秋字第 2 期，頁 19～20。

如：Q_5＝1 配發農林公司股票一張

　　Q_5＝2 配發農林及工礦公司股票各一張

　　Q_5＝3 配發農林公司股票兩張，工礦公司股票一張

尾數 q_3 元，找付現金。

依前述搭發四公司股票百分比之公式計算，四家公營事業公司股票配發百分比為水泥公司 37.21%、紙業公司 33.12%、農林公司 12.76%、工礦公司 16.91%，意即每 100 股股票中，水泥公司配發 37 股、紙業公司配發 33 股、農林公司配發 13 股、工礦公司配發 17 股。〔註117〕

臺灣土地銀行辦理公營事業股票搭發作業，自 1954 年 3 月 1 日起開始發放後，截至同年 10 月 11 日止（原訂截止日期為 4 月 30 日），發放成效為90%，臺灣省政府為能早日將股票發放完成，特規定最後領取期限為 10 月 31日，逾期一律依法提存。〔註118〕其臺灣土地銀行代發四家公營事業公司股票發放執行情形，據 1954 年 7 月 31 日的統計（表 4-3-3），執行率約 80%至86%，共計應配發股票 66,018,530 股，實際配發股票 57,032,809 股，差額共8,985,721 股。

四家公營事業公司股票發放完成後之統計，據 1955 年 4 月 30 日統計（表4-2-4），政府所出售四家公營事業公司搭發補償地價作業，共計應配發股票66,013,395 股，實際配發股票 63,234,579 股，差額共 2,778,816 股，執行率為95.79%。

四、搭發公營事業股票對臺灣股票市場之影響

臺灣股票市場自 1943 年因戰爭轉入金融統制的戰時體系起，股票市場便由充滿自由與活力的市況，轉為被管制交易，股票流通受到阻礙。1945 年政府接收臺灣後，將大部分企業轉成公營事業，股票籌碼被高度集中在政府手中，雖然股票發行市場的運作仍存續，但規模受到限制；而股票流通市場受限於僅存少數民營企業以及公營事業股票籌碼被政府掌握，市場交易逐漸由市面轉為地下，流通市場幾乎窒息。

〔註117〕〈公營事業股票　三月一日發放〉，《聯合報》，1954 年 1 月 13 日，第 5 版；
　　　　彭光治，《股戲：走過半世紀的臺灣證券市場》（臺北：早安財經文化有限公
　　　　司，2003 年），頁 19～20。

〔註118〕〈搭發股票債券　逾期依法提存〉，《聯合報》，1954 年 10 月 11 日，第 4 版。

表 4-3-3　臺灣土地銀行代發四家公營事業公司股票償付地價全省換發
數額統計　　　　　　　　　　　　　　　　　　　　新臺幣／元

行處別	戶數（戶）	公司及股數（股）					現金尾款
		共　計	水泥公司	紙業公司	農林公司	工礦公司	
總行債券部	9,159	5,811,125	2,146,553	1,914,031	759,920	990,621	35,352.71
基隆分行	147	64,650	23,846	21,266	8,491	11,047	754.79
宜蘭辦事處	4,667	3,534,120	1,305,343	1,163,948	462,332	602,497	22,680.87
桃園辦事處	7,339	8,898,110	3,288,679	2,932,678	1,161,366	1,515,387	35,765.31
新竹分行	4,514	3,743,690	1,382,913	1,233,129	489,520	638,128	21,692.25
苗栗辦事處	4,797	2,836,600	1,047,158	933,675	371,760	484,007	23,168.79
臺中分行	10,436	7,873,926	2,908,090	2,593,161	1,030,078	1,342,597	50,400.55
南投辦事處	2,997	1,679,645	619,969	552,806	220,200	286,670	14,539.65
員林辦事處	10,251	5,734,483	2,116,677	1,887,263	751,888	978,655	49,945.08
斗六辦事處	5,599	3,911,117	1,444,326	1,287,885	511,974	666,932	27,097.75
嘉義支行	5,624	2,227,579	821,417	732,262	293,118	380,782	26,990.82
新營辦事處	4,558	1,559,554	574,756	512,351	205,601	266,846	22,061.84
臺南分行	3,884	1,428,072	526,448	469,310	188,078	244,236	18,766.59
高雄分行	4,840	2,549,895	941,025	839,064	334,523	435,283	23,458.38
屏東辦事處	6,068	4,394,317	1,622,901	1,447,136	575,000	749,280	29,711.42
臺東辦事處	362	243,706	89,988	80,256	31,906	41,556	1,865.24
花蓮支行	560	494,675	182,771	162,971	64,641	84,292	2,761.12
澎湖辦事處	998	47,545	17,075	15,140	6,831	8,499	5,019.76
總　計	86,800	57,032,809	21,059,935	18,778,332	7,467,227	9,727,315	412,032.92
應發股票數	107,943	66,018,530	24,373,508	21,732,119	8,649,287	11,263,615	518,150.39
差　額	21,143	8,985,721	3,313,573	2,953,787	1,182,060	1,536,300	106,117.47
執行率(%)	80.41%	86.39%	86.41%	86.41%	86.33%	86.36%	79.52%

說明：統計時間截至 1954 年 7 月 31 日止。
資料來源：內政部統計處，《中華民國內政統計提要（民 45～82 年）》（臺北：內政部，1958
年），頁 51 整理製作。

表 4-3-4　截至 1955 年 4 月 30 日四家公營事業股票償付地價數額統計

單位：股

種類項目	水泥公司	紙業公司	農林公司	工礦公司	合　計	價值（元）
應補償地價總計	24,369,814	21,728,333	8,651,229	11,264,019	66,013,395	660,133,950
實付業主地價	21,648,077	21,648,077	8,617,533	11,320,892	63,234,579	632,345,790
差　額	2,721,737	80,256	33,696	−56,873	2,778,816	27,788,160

資料來源：依據臺灣省文獻委員會編，《臺灣省通志‧卷四‧經濟志金融篇》（南投：臺灣省文獻委員會，1970 年），頁 157，整理製作。

　　1950 年政府遷臺後，政局動盪，惡性通貨膨脹肆虐。政府採取穩定經濟金融安定與推動土地改革等量方面的政策，藉以穩定臺灣的政經局面。此時政府施政重點無暇顧及股票市場之發展，股票市場本身依然維持幾乎窒息的狀況。在這種背景下，隨著耕者有其田政策的推動，大量配發的公營事業股票湧出市面，[註119] 反而促使臺灣股票市場的復甦，再次出現活力。

　　於此同時，搭發公營事業股票補償地價措施對於臺灣股票市場的發展產生了三項重要影響，其一，爲臺灣股票流通市場提供了大量的籌碼，促使臺灣股票市場的復甦；其二，爲臺灣股票市場的未來擴大發展提供參與者：「股民」的養成；其三，爲證券業的發展與股票市場的現代化、制度化等發展奠下基礎。這三項影響對於臺灣股票市場未來之發展，包含證券交易所的設立、集中市場的建立、證券商管理、股票市場現代化、證券市場體系制度化、甚至金融市場國際化，皆有著深遠的重要影響性。

　　故本研究對於搭發公營事業股票補償地價措施對臺灣股票市場所產生的三項重要且深遠之影響，分別展開討論如下：

（一）為臺灣股票流通市場提供了大量的籌碼，促使臺灣股票市場的復甦

　　不管甚麼樣的政策推出，一定有正反兩面的評價，有人因此而獲利，相對的就有人被犧牲，畢竟不存在完美的政策與措施。耕者有其田政策以公營事業股票三成補償地主地價措施也是如此。有些地土利用所獲補償地價資金以及所配發的股票投入工商業的發展取得的很大的事業成功。

―――――――――――――――

[註119]〈四公司股票漸熱絡　成交達二萬股〉，《聯合報》，1954 年 3 月 7 日，第 5版。

　　如日治時期五大家族中的鹿港辜家，其掌門人辜振甫（1917～2005）搖身一變，成為臺灣水泥股份有限公司的經營者，並藉此為開端，擴大其在臺灣工商業界的影響，擔任工商協進會理事長達三十三年（任期：1961～1994）、全國工業總會理事長（任期：1981～1987）等職。並且受到政府重視與重用，如擔任臺灣證券交易所第一任董事長（任期：1962～1964）、財團法人海峽交流基金會董事長（任期：1990～2005）以及總統府資政（任期：1991～2005）等職，其後更是開創資產龐大的和信集團。

　　相反的，也有很多地主是被犧牲的，如缺乏經營工商業經驗又無法理解股票概念的地主，對於他們來說，耕者有其田政策即便有補償措施，無疑還是一種強制性質的買賣，是一種對土地的掠奪，是政府對他們的一種剝削。加上政府沒有後續配套措施來輔導這些地主轉型，而是任其自謀出路，這遭致不少地主心中的不滿，有些地主及其子弟甚至遠走日本，謀求臺灣獨立。〔註120〕這些地主就是被犧牲的一群。

　　再者，政府將四家公營事業公司股票出售以補償地價，使公營公司改成民營公司，經營權轉移給民間持有，此時即便有 86,800 戶的地主獲得股權，但是股權大小並不是均分，而是按所徵收土地依比率配發。這就產生原本就擁有諸多土地者，擁有較多的股權，擁有較少土地者，股權就少，那麼依現代公司股份制度的運作體制下，實際所有權仍是掌握在少數大地主手上，對於眾多一般地主或中小型地主而言，既沒有控制權，甚至連發言權都沒有。

　　就土地改革可以促使財富重分配的角度而言，臺灣當時的地主實際上並未受惠於此。一方面，土地改革後臺灣經濟開始逐漸恢復活力，地價與物價皆隨之上漲，且補償地價七成所配發的實物土地債券，一年可以領取兩次，且按時價領取，而三成股票部分又因政府未重視，也沒有便於交易的股票集中市場，〔註121〕股票甫一發放，股票面額 10 元，券商喊價 3.5 元，尚鮮有成交。〔註122〕股票發放半年後，市價仍僅在 3 至 4 元起落。〔註123〕這使得許多

〔註120〕郭岱君，《臺灣經濟轉型的故事：從計畫經濟到市場經濟》（臺北：聯經出版事業股份有限公司，2015 年），頁 75。

〔註121〕彭光治，《股戲：走過半世紀的臺灣證券市場》（臺北：早安財經文化有限公司，2003 年），頁 20。

〔註122〕〈四大公司新股票　已出現證券市場〉，《聯合報》，1954 年 3 月 5 日，第 5 版。

〔註123〕〈誰在爭奪股票？〉，《聯合報》，1954 年 8 月 6 日，第 5 版。

地主相當失望。

另一方面，很多地主家族依循臺灣傳統，土地多為祖宗遺產，祖產是不分割的，兄弟親族共同持有土地的情況很多，而政府配發之股票多為共同持有，一戶僅有一人可為代表，這就產生無法分產或是出現糾紛等問題。基於上述因素，為了便於分產、避免糾紛或對股價失望等原因，而渴望將股票轉為現金，於是不少地主將股票競相求售、紛紛轉讓。因此，四大公司的股權逐漸集中在非地主手中，此與政府原先規劃差異很大。

就臺灣股票市場短期而言，可以諷刺的說，許多地主拋售所配發股票的行為，在短時間內使自 1943 年以來受戰爭管制與破壞、臺灣接收、政府遷臺、惡性通膨、政局動盪等影響而萎縮的臺灣股票市場提供了大量的交易籌碼，有如一攤死水中傾倒大量活水般，直接促使臺灣股票市場的復甦。

（二）為證券業的發展與股票市場的現代化、制度化等發展奠下基礎

這些大量籌碼短時間內擁入市面，使股權交換交易的頻率與需求大增。為消化這些籌碼，證券商（股票仲介商）的活絡就自然而然的應運而生。當時的證券商來源主要有二，一是臺灣本地從日治時期以來就從事證券仲介買賣的商號（株屋），二是隨政府撤退來臺原在上海證券交易所從事證券買賣生意的商人。

以當時政府的立場而言，鑑於此前在中國大陸敗退前夕，遭受過上海證券交易的投機風潮，動搖政府的執政威信。政府遷臺後對於證券交易的態度，是為避免投機炒作而不允許證券的仲介買賣，意即股票、債券等證券可以自由流通，但不得有仲介買賣的行為。

然而，一方面，當時政府重心都放在控制通貨膨脹上，且臺灣股票市場是處於萎縮蕭條的局面，影響層面相當微小，對管理券商一事，雖宣示從事證券仲介買賣的商號是違法的，也有對此進行取締。但管理政策搖擺，如 1952 年 10 月 16 日《聯合報》報導：〔註124〕

> 有關當局據報，在政府尚未核准設立證券交易所前，目前已有部份公司行號先行暗中進行場外交易除已隨時派員密切監視不法行為外，並決嚴予取締。

但隔日 10 月 17 日《聯合報》的報導，政府又否認有取締之事：〔註125〕

〔註124〕〈證券交易　當局取締〉，《聯合報》，1952 年 10 月 16 日，第 5 版。
〔註125〕〈證券買賣事　政府不取締〉，《聯合報》，1952 年 10 月 17 日，第 5 版。

昨日某通訊社發佈當局將取締證券交易的消息後，使此間股票買賣
情形陷於停頓，記者特走訪財經主管當局，詢以目前證券市場尚未
成立，證券究竟可否買賣，據稱：證券可以買賣，外傳政府將取締
一節，於法無據，並非事實。

再隔日 10 月 18 日《聯合報》又報導臺灣省政府奉令取締之事：〔註126〕
臺灣省府頃奉行政院電令關於本省證券交易所，政府尚未核准立，
目前市面已有不少商號私自經營證券交易業務，並有大新證券商事
社，以證券行名義公開營業，此種投幾商人應加取締，以免發生不
良效果。

政府對於證券商之管理政策搖擺不定與前後不一，可見一斑。

另一方面，政府對於證券商本無制定相關管理法令，為因應耕者有其田
政策以搭發公營事業股票補償地價措施，民間有不少學者專家呼籲政府應
儘速設立證券交易所，為這些即將釋出的公營事業股票便於流通於市面上，
以及為將土地改革後形成的土地資本、市場游資轉化為工商資本作準備。
〔註127〕臺灣省政府 1953 年的財政施政計畫也將「創立證券買賣」，列入計畫
範圍內。〔註128〕

另大地主將補償的土地資本藉由公營事業轉民營的機會，而投入工商業
經營，轉變成工商資本。為了讓企業有效經營，籌資與增資的需求必定伴隨
企業成長而增加，為滿足這個需求，發行股票與股票交易的頻率就會增加，
同時也產生交易安全、信用制度、風險控管的需求，而這股需求所帶來的動
力，就有助於促進股票市場朝向有健全制度的集中化以及現代化發展。

基於前述股票流通籌碼量、設立證交所、證券管理等諸因素的影響，政
府於 1954 年 2 月 19 日公佈實施〈臺灣省證券商管理辦法〉，這為臺灣證券業
走向制度化與現代化發展建立法律基礎，也提供了此後設立證券交易所的前
置準備，更為臺灣股票市場的發展茁壯奠下基礎。

（三）為臺灣股票市場的未來擴大發展提供參與者：「股民」的養成

搭發公營事業股票以補償地價措施，地主無疑是最受影響的一群，對於

〔註126〕〈省府奉政院令　取締証券商號〉，《聯合報》，1952 年 10 月 18 日，第 5 版。
〔註127〕〈設立證券交易所的基本問題〉，《聯合報》，1952 年 8 月 6 日，第 2 版；〈論
設立證券交易所問題〉，《聯合報》，1953 年 1 月 18 日，第 2 版。
〔註128〕〈臺省府下年度施政計畫綱要〉，《聯合報》，1952 年 12 月 31 日，第 3 版。

股票市場而言，這也是臺灣本地自日治時期以來，首次出現大量持有股票的人，而且持有股票的目的並不是因爲經營企業或投資產業，甚至不是因爲投機炒作。這是完全在政府直接干涉介入的情況下所產生的特性。

這個特性，也與世界各國股票市場的發展迴異。以亞洲各國爲例，股票來自於西方列強的輸入，最早接觸這些股票的人，是與洋商有往來的買辦或商人。其後爲仿效西方制度創立股份制公司，本國商人間才開始出現股票，隨股票流通量逐步增加，股票市場也逐步形成。此時，持有股票者大多爲經營企業者或與之相關者，其次是響應政府號召出資進行現代化產業的投資者，最後則是少部分理解股票性質的投機者。

不論上述何者，對於股票或多或少都有認知與理解才會持有股票。而臺灣的土地改革創造出一大批對股票不理解、無法認知、只當股票是一張紙的大量持有股票者，對於世界股票市場發展史而言，是一種相當特殊的現象。

這些拿到股票的地主，雖然有不少在取得之初，就紛紛拋售，但是仍有不少地主及其家族相關人士，會開始嘗試去理解股票的作用與用途，而這些人也就具備成爲未來「股民」的身份。

另一方面，土地改革對於原本是佃農的人，受益應該是最大。佃農幾乎是在無償的情況下取得農地，而在臺灣本地發展逐漸都市化的過程中，鄰近都市的耕地或重要交通設施以及主要幹道周邊的耕地，土地價格飛漲，造就不少富戶，也創造出另一個財富分配不均的溫床。〔註 129〕

佃農因獲得土地，進而轉賣土地後致富，將財富投入股票市場的情形在 1980 年代的臺灣更是屢見不鮮，而爲了投入股市參與投機，同樣也必須具備於股票的理解，這些人也同樣具備「股民」的身份。

不論在土地改革時，身份爲地主或是佃農，當大量股票出現在周遭之後，必然會有被其吸引的人投入，而爲了能夠藉此獲利，必然導致相關知識的普及，進而創造更多的股民。所以搭發公營事業股票補償地價措施，對於臺灣股票市場的發展而言，間接提供了增加市場參與者數量與「股民」養成的貢獻。

綜上，對於搭發公營事業股票以補償地價措施對於臺灣股票市場所產生的三項重要且深遠的影響，對臺灣股票市場而言，無疑評價是相當正面的。

〔註 129〕王作榮，《壯志未酬：王作榮自傳》（臺北：天下遠見出版股份有限公司，1999年），頁 90。

若擴大視角來檢視，舉凡扶植私營企業、金融體制現代化、民間資本崛起等發展皆間接肇因於此，甚至可說臺灣經濟會創造出 1980 年代稱之為「臺灣錢淹腳目」的經濟奇蹟，此等亮眼成果，這些影響也是起源之一。